兰州财经大学丝绸之路经济研究文库

项目来源：兰州财经大学重大招标项目《西北丝路旅游时空演变研究》（LZUFE2017A04）
兰州财经大学丝绸之路经济研究院重点项目《丝绸之路入境旅游流时空演变研究》（JYYZ201602）
兰州财经大学青年学术英才计划项目（QNYC710）
国家社科项目《非传统安全视域下西北民族地区旅游危机预警管控研究》（15XMZ047）

丝路旅游发展模式研究

——入境旅游卷

窦开龙　等著

中国财经出版传媒集团
中国财政经济出版社

图书在版编目（CIP）数据

丝路旅游发展模式研究．入境旅游卷／窦开龙等著．--北京：中国财政经济出版社，2021.11

（兰州财经大学丝绸之路经济研究文库）

ISBN 978-7-5223-0584-4

Ⅰ.①丝… Ⅱ.①窦… Ⅲ.①丝绸之路-旅游经济-经济发展模式-研究 Ⅳ.①F592.74

中国版本图书馆CIP数据核字（2021）第108637号

责任编辑：葛 新　　责任校对：胡永立

封面设计：陈宇琰　　责任印制：史大鹏

丝路旅游发展模式研究——入境旅游卷

SILU LÜYOU FAZHAN MOSHI YANJIU RUJING LÜYOUJUAN

中国财政经济出版社 出版

URL：http：//www.cfeph.cn

E-mail：cfeph@cfeph.cn

社址：北京市海淀区阜成路甲28号　邮政编码：100142

营销中心电话：010-88191522　编辑部门电话：010-88190666

天猫网店：中国财政经济出版社旗舰店

网址：https：//zgczjjcbs.tmall.com

北京财经印刷厂印刷　各地新华书店经销

成品尺寸：170mm×240mm　16开　18印张　269 000字

2021年11月第1版　2021年11月北京第1次印刷

定价：56.00元

ISBN 978-7-5223-0584-4

（图书出现印装问题，本社负责调换，电话：010-88190548）

本社质量投诉电话：010-88190744

打击盗版举报热线：010-88191661　QQ：2242791300

前　言

丝绸之路，也被称为“玉石之路”“皮毛之路”“香料之路”“宝石之路”“佛教之路”“陶瓷之路”，横贯东西，纵横古今，是一条文化廊道。在中西方文化交流历史上，丝绸之路一度非常兴盛，人员、物资交流非常频繁，不同族群南来北往、西去东走，商贸往来特别活跃，促进了边疆发展与人类和平，后来由于气候变化与沿海开发等因素逐渐衰落。丝绸之路也是一条举世闻名的旅游黄金走廊。这里，名胜古迹随处可见，现代建筑星罗棋布，民俗风情奇异多彩，古迹遗址数不胜数。当年驼铃悠悠回响，使者商旅跋涉前行，游客学者游览考察。改革开放以来，丝路旅游得到发展，景点林立，景区串联，线路成熟，并且在联合国教科文组织的推动下，中、哈、吉三国联合申报的丝绸之路项目被列入《世界遗产名录》，受到世界关注。因此，研究丝路旅游势在必行。

基于此，我们组织了一些年轻学者，形成科研团队，经过仔细论证，确定选题，拟策划撰写一套研究丛书。经过资料分析、实地调研、问卷调查，结合访谈，反复琢磨，最终形成了本系列成果。

本丛书包括4卷，不侧重理论体系建构，而是围绕重点、热点与难点，多角度、多层面、多视野分析了丝路旅游的历史、现状与未来。其中，《入境旅游卷》依据国家权威统计数据和模型，开展计量分析，对西北地区入境旅游流的流质、流量、竞争态等做了测算比较，分析了背后机理与影响因素；《区域旅游卷》选择省级区域与特色县域，阐述了旅游发展模式的时空差异；《文化旅游卷》将名人文化、红色文化、遗址文化等做了细致梳理，同时侧重经世致用，提出了文旅融合发展的若干对策建议；《城乡旅游卷》

选择典型城市与乡村，揭示了丝路旅游在城乡之间的差异、表现与特征。

本丛书的出版得到了兰州财经大学领导的大力支持，兰州财经大学丝绸之路经济研究院与科技处给予了经费支持，中国财政经济出版社蔡宾先生多次协商沟通具体细节，倾注了汗水与智慧。在此一并表示由衷的感谢。

旅游发展无止境，学术研究无尽头。我们会继续关注丝路旅游，推出新的研究成果。同时，也祝愿在“一带一路”与“丝绸之路经济带”建设背景下，丝路旅游在高质量发展、创意创新驱动、一体化建设方面有新的突破，为中国崛起与世界和平发展做出更大贡献。

窦开龙

2020 年 6 月 29 日

目 录

第一章 绪论

第一节 研究背景和意义

一、研究背景

（一）我国入境旅游地位重要但出现新型问题需要给予高度关注

作为旅游发展的三大板块（入境游、国内游、出境游），入境旅游对旅游业和经济社会发展具有特殊而重要的推动作用。1978 年以后，出于对当时国际国内局势变化的正确认识，国家领导人提出新的国家发展战略，集中精力搞经济建设，开启改革开放和现代化建设新局面。由于缺少外汇，旅游业采取了截然不同于先前的外事接待模式与西方“先国内、后入境与出境”的发展模式，大开国门，积极迎客，大力支持和优先发展入境旅游。由于长期处于封闭状态，全世界对中国悠久历史、壮美自然和多彩民俗充满向往，入境游客接待量持续升高。此后，伴随形势的不断转变，入境旅游呈现出一定波折性，面临新的问题：一是自然灾害、天气气候、政治事件、经济危机等因素对入境旅游有一定影响，而国内居民收入倍增、观念转变、休闲时间增多，国内游和出境游兴起，入境游“一花独秀”的局面被打破；二是由于缺少新型产品和形象，入境旅游创收创汇的贡献率有所下降；三是国内各地条件千差万别，旅游业水平各不相同，东西部—南北部—区域之间的入境旅游分化现象加剧，长三角、珠三角、京津冀等典型区域成为入境流积聚扩散中心，北京、上海、广州、西安、桂林、杭州、苏州、青岛、成都、重庆等城市成为热点增长极，西北民族地区、东北地区、中部地区受到挤压，出现较大的边缘化压力；四是伴随市场经济的进一步发展和改革开放的深入进行，国内外经济、文化、科技交流频次趋于增多，人口流动规模趋于增大，入境旅游面监新机遇新挑战。在入境旅游保持稳步增长、“一带一路”沿线国家旅游活力较强、我国入境旅游市场持续增长背景下，如何因势利导，有所作为，值得思考。

（二）丝路入境旅游前景看好但面临诸多问题需要加以切实解决

纵观全球和中国旅游发展格局，丝绸之路必占一席之地，是重要地带，主要依据有三：其一，历史上，丝绸之路就是中国和全球入境旅游先发展地区。西汉之前，丝绸之路处于萌芽阶段，以玉石等器物交流为主；汉代，张骞出使西域、汉匈战争促使丝绸之路得以开通；隋唐时期，丝绸之路得到大发展大繁荣；明代以后，海上交通兴起、丝路沿线战争不断、封闭保守政策的实行，使陆上丝绸之路趋于衰落。在漫长的历史发展中，伴随战争、文化交流、人口种族迁移、宗教传播、商业贸易，丝绸之路成为一条入境旅游流汇集地带，政治家、军事家、商人、使者、僧侣、传教士、探险家、考古学家、军士等来来往往，驻足停留，赋诗作词，题记抒怀，形成了蔚为大观的入境旅游现象、旅游文化和旅游历史。其二，现实中，丝绸之路中国段入境旅游具有自身发展诉求和特殊任务。在入境旅游发展的初期，东南沿海和发达地区具有天然优势，利用改革开放政策支持、区位优势以及先发展机遇优势，吸引了境外大批游客，西南地区利用奇山异水、气候和地理优势，在入境旅游中也获得了一定地位，西北丝绸之路由于交通不便、经济落后、理念滞后、缺少资本驱动，入境旅游态势堪忧。但在新时期，西北丝路旅游则具有了天时、地利与人和优势，可以获得新发展：天时方面，后发展的背后内涵是所拥有的原始生态和人文环境未被破坏，具有较好的旅游资源优势和旅游吸引力，面对新一轮发展格局的重新布局，丝路沿线省区无不倡导发展旅游；地利方面，丝路沿线地区自然景观荟萃，高原、山川、河流、冰川、草原、戈壁、森林均有分布，历史、民俗、宗教文化不同，旅游廊道空间内景点景区多样；人和方面，沿线居住多个少数民族和族群，历史上交流交往密切，现实中求同存异，平等团结互助的关系特征十分突出，尤其是伴随国家新政策的陆续出台，国家对丝路沿线各民族各族群发展极其重视。如何利用难得的有利条件，迎头赶上，跨越发展，后来居上，值得研究。其三，未来发展格局中，丝绸之路入境旅游和国家崛起战略与人类发展命运息息相关。具体原因有四：一是在巨大区域差距背景下，西北丝路沿线地区区域经济尤其是旅游经济相对落后，如果客流继续过度集中在其他地区，区域差距问题得不到彻底扭转，将影响到西北边疆稳定和国家安全，只有缩小差距，发展丝路旅游，才能稳定边疆。二是丝绸之路经济带建设中包含旅游经济建设。依托沿线占全球总数 74% 的世界文化遗产、约占全球 53% 的自然保护区、约占全球 34% 的自然遗产，打造旅游经济廊道或旅游经济带，可以旅游经济为平台，实现经济带建设愿景。三是西北丝绸之路连接中亚、西亚、非洲、欧洲，贯通多个经济区和文化带，入境旅游的发展可以扩大对外交流，有助于提升中国文化影响力，有助于增强中华文明和世界文明的交流融合，有助于实现资源的全人类共享共建，有助于促进世界开放合作和全球化发展，有助于建设人类命运共同体。四是丝绸之路旅游品牌影响大。丝绸之路旅游涉及 60 多个国家，约 44 亿人口。长城旅游带、长江旅游带和丝绸之路旅游带并称为入境游客最受关注的旅游带；“丝绸之路”为首批 12 条中国国家旅游线路之首、10 条国家精品旅游带之一，国际影响力毋庸置疑。

因此，打造丝路旅游经济文化带、发展入境旅游，不但是区域发展的必然选择，也是国家发展需要，更是人类发展的必然选择。

二、选题意义和价值

（一）理论意义

旅游业的快速持续发展，使旅游流成为旅游学研究重点，并取得很大成就。但国内外学术界研究多关注沿海发达地区，尤其是北京、上海、广州三大口岸及周边区域入境旅游流，对西部多民族多族群地区缺少关注。丝绸之路是中国典型黄金旅游地带和战略地带，入境旅游流具有异于其他地区的自身特质。因此，选择丝绸之路入境旅游流为研究对象，系统探究其外在规律和内在机理，有助于丰富旅游流发展内容，更有助于补充和完善旅游学理论研究。

（二）实践意义

丝绸之路是永不衰落的旅游黄金地带。“一带一路”倡议开启了丝绸之路旅游新视野和新前景。伴随时间演化，丝绸之路旅游流已经发展成为流量规模庞大、空间分布广大、影响力强大的复杂网络。但由于内外部因素影响，其演变亦具有显著差异、结构分化和非均衡特征，对区域经济社会和文化发展效率产生直接或间接影响。在国家“一带一路”倡议和“新丝路”建设大背景下，深入分析其时空动态规律和演化机理，对丝绸之路旅游资源开发、市场拓展、产业经营管理具有重大现实意义和实践应用价值，同时能为制定产业政策和调控旅游流提供学术依据。

第二节 研究述评

一、旅游流研究热点概述

（一）相关概念分析

首先，何谓旅游流的研究，有广义概念和狭义概念，狭义概念如马耀峰、李天顺、刘新平（1999）认为，旅游流就是旅游者的流动规模及各自模式[①]。广义概念如唐顺铁、郭来喜（1998）认为旅游流不但使旅游者的空间流动，而且包括信息流、资本流等，因为旅游者空间移动带来的效应比较多维[②]。其次，学者对旅游流的相关概念也进行了界定，最重要的是"流量"和"流质"，大部分学者认为，流质和流量实际是旅游流基于规模和质量视角进行的分析和评价，流量指的是某目的地在某时段内接待的游客数量特征，流质指的是旅游客流的结构和效益特征。最后，一些学者还提出了不同旅游流模型，典型的是Origin - Destination（O - D）空间模型。

（二）基本特征分析

一些学者在实地调研和计量总结基础上提出理论观点，例如：Taylor（1971）提出距离衰减规律模式；Mckercher（2008）分析了目的地内部旅游流流量的基本特征；吴必虎（1994）对上海城市游憩者流动行为进行了分析，认为空间因素使旅游流具有"距离衰减"规律[③]；吴晋峰（2005）、包浩生通过研究支持吴必虎的研究结论，但一些研究则显示具有"反距离衰

① 马耀峰，李天顺，刘新平．中国入境旅游研究［M］．北京：科学出版社，1999.
② 唐顺铁，郭来喜．旅游流体系研究［J］．旅游学刊 1998（3）：38 - 41.
③ 吴必虎．上海城市游憩者流动行为研究［J］．地理学报，1994（6）：117 - 127.

减”特征①。更多学者则是开展实证分析，对各地实际态势进行总结，例如：Douglas G. P（1995）总结分析了日本旅游流特征；Prideaux（1999）基于澳大利亚和韩国个案分析，认为入境旅游流具有双边不平衡特征；陆林、宣国富、章锦河（2002）对海滨型与山岳型旅游地客流季节性进行了比较分析②；卢松、陆林、王莉（2004）基于古村落分析了时间差异特征；Jae H. Kim（2005）分析了澳大利亚国际旅游流量；杨国良、张捷、刘波、李敏、万全友（2007）对四川省进行了实证分析，认为1996—2005年旅游流流量出现分形结构变化特征③；汪宇明、高元衡（2008）对上海与长江流域各省区间旅游流特性进行了分析；阎友兵、贺文娟（2013）总结了国内旅游流流量与流质特征及态势，认为流质指数缓慢上升，流量指数经历了稳步发展—快速发展—较快复苏三阶段④；李伟、胡静、陆汝瑞、程绍文、邢增丽（2013）对武汉市进行了分析；刘军胜、马耀峰、李振亭（2013）分析了中部六省集聚与扩散波动演变特点，认为存在“东—西”递进和内部转移演化规律⑤；李伟、胡静、陆汝瑞（2013）基于武汉市分析了特殊时段旅游流时空特征⑥；李幼龙、胡敏、马耀峰（2013）对新疆进行了实证分析，认为入境旅游流与区域经济系统耦合协调度趋于提升，但同时体现出非平衡发展特点；唐承财、宋昌耀、厉新建（2014）对河北省进行了实证分析，认为入境旅游的特点在规模方面具有很大差异，但出现缩小态势；王钦安、孙根年、顾梦雅（2014）对安徽省进行了研究，认为旅游流流量流质的显著特点是：危机敏感性、抗经济周期性、演替阶梯式、量质不同步性和综合水平下滑

---

① 吴晋峰，包浩生．旅游流距离衰减现象演绎研究［J］．人文地理，2005（2）：62－65.

② 陆林，宣国富，章锦河．海滨型与山岳型旅游地客流季节性比较——以三亚、北海、普陀山、黄山、九华山为例［J］．地理学报，2002（6）：731－740.

③ 杨国良，张捷，刘波，李敏，万全友．旅游景区分布约束下的四川旅游流齐夫结构发育特征［J］．旅游学刊，2007（8）：17－23.

④ 阎友兵，贺文娟．国内旅游流流量与流质的时空演化分析［J］．经济地理，2013（4）：181－185.

⑤ 刘军胜，马耀峰，李振亭．1997－2010年中部六省入境旅游集散时空动态分析［J］．地理科学，2013（4）：450－456.

⑥ 李伟，胡静，陆汝瑞，程绍文，邢增丽．基于旅游目的的特殊时段旅游流时空分布特征研究——以武汉市为例［J］．经济地理，2013（1）：181－186.

性；陈小娟、陈磊、胡静、龚箭、付琼鸽（2015）对浙江省进行了实证分析，认为入境旅游流质流量特征是流量稳步上升，流质整体下降，流量流质匹配类型多样；郭向阳、明庆忠、穆学青、吴建丽、杨亚萍、娄思元（2017）对云南省进行了实证分析，认为旅游流流质特征在于同步上升、趋于良性和以2004年为分界点发生分化[①]；张铁生（2015）对张家界、凤凰古城进行了实证分析，认为具有“峰林结构”和时段分形分维差异特征；付琼鸽、刘大均、胡静、谢双玉、龚箭、陈小娟（2015）对湖北省进行了实证分析，认为旅游流体现出显著的核心—边缘网络空间结构特性；保继刚、郑海燕、戴光全（2002）对桂林国内旅游流进行了分析[②]；魏鹏、满璐（2016）对甘肃省进行了分析，认为旅游流具有典型集中性网络结构特征[③]；海宁、陆玉麒、吕国庆（2009）分析了江苏入境旅游流的空间差异特征；李创新、马耀峰、张颖、魏颖（2012）基于1993－2008年数据，分析了中国入境旅游流优势度时空动态演进特征，认为直辖市是核心[④]；李创新（2011）依托自然基金项目分析了入境旅游流转移特征，认为其体现在三个方面，一是兼具“等级式”与“接触式”的地域规律特征，既“趋高向峰”也具有“距离衰减”特点；二是“东—西递进式”为主，兼具“西—东递进式”流动模式；三是三级扩散梯级网络结构形成并且处于不断优化状态[⑤]。王金莹、吴晋峰、唐澜、杨新菊（2013）分析了亚洲入境旅游流地理分布及网络结构特征，认为具有“东密西疏”、网络密度低等特征[⑥]；黄泰（2016）对长三角城市群旅游流潜力空间变化特征进行了分析，认为具有非均衡、多层极核

---

① 郭向阳，明庆忠，穆学青，吴建丽，杨亚萍，娄思元．中部6省入境旅游流流量与流质成长规律及时空演化分析［J］．宁夏大学学报（自然科学版），2017（3）：109－117.

② 保继刚，郑海燕，戴广全．桂林国内客源市场的空间结构演变［J］．地理学报，2002（1）：96－106.

③ 魏鹏，满璐．甘肃省旅游流网络结构的特征与成因［J］．开发研究，2016（6）：71－77.

④ 李创新，马耀峰，张颖，魏颖．1993－2008年区域入境旅游流优势度时空动态演进模式——基于改进熵值法的实证研究［J］．地理研究，2012（2）：257－268.

⑤ 李创新．基于社会物理视角的中国入境旅游流时空扩散研究——以京沪粤为例［J］．陕西师范大学博士学位论文，2011.

⑥ 王金莹，吴晋峰，唐澜，杨新菊．亚洲入境旅游流地理分布及网络结构特征分析［J］．资源科学，2013（8）：1701－1709.

结构特征①；王录仓、严翠霞、李巍（2017）分析认为兰州市旅游流表现出明显“轴线—散点”态势时空特征②；任飞（2017）对山东省自由行旅游流特点进行了分析③。赵伟、李蕊蕊、闫景丽（2017）对福建省自驾入游流结构特征进行了实证分析，认为具有双“M”形、近地域性典型特点；朱胜慧、王昕（2017）分析了西藏自驾车旅游流特点；马丽君、肖洋（2018）通过收集网络关注度指数，分析了典型城市居民国内旅游流网络结构，认为网络稳健但联系强度不强，旅游流在时间和空间方面具有差异④；戢晓峰、李康康、陈方（2018）基于云南省分析了节假日旅游流时空分异特征，认为具有不受空间尺度限制和“多核心、边界带状”空间特征。

（三）旅游流耦合

李培雄、宋保平、张春晖等（2012）分析了入境旅游与饭店旅行社的耦合⑤；杨敏、马耀峰、李天顺等（2012）分析了网络信息与入境旅游流耦合⑥；张琰飞、朱海英（2014）认为演艺业滞后发展导致耦合协调度偏低。孟莉娟（2016）比较分析了郑州、开封、洛阳旅游流与目的地耦合特征⑦；吴倩倩、殷杰、郑向敏（2017）以福建省平潭岛为例，分析了海岛旅游流与旅游要素保障类公共服务的耦合研究；刘军胜、马耀峰（2017）以西安市为例分析了旅游流与目的地供需耦合特点呈现出“三峰三谷”的波动演进，驱

---

① 黄泰．长三角城市群旅游流潜力格局演变及其影响因素［J］．资源科学，2012（2）：364－369.

② 王录仓，严翠霞，李巍．基于新浪微博大数据的旅游流时空特征研究——以兰州市为例［J］．旅游学刊，2017（5）：94－105.

③ 任飞．基于数字足迹的山东省自由行旅游流研究［J］．中国人口资源与环境，2017（2）：124－127.

④ 马丽君，肖洋．典型城市居民国内旅游流网络结构特征［J］．经济地理，2018（2）：197－205.

⑤ 李培雄，宋保平，张春晖，等．北京市入境旅游与饭店旅行社的耦合协调度研究［J］．旅游论坛，2012（5）：69－71.

⑥ 杨敏，马耀峰，李天顺，等．网络信息与入境旅游流的 V－R 耦合关系分析——以澳大利亚入境旅游流为例［J］．干旱区资源与环境，2012（6）：214－219.

⑦ 孟莉娟．旅游流与目的地耦合的影响要素研究——以郑州、开封、洛阳为例［J］．管理工程师，2016（12）：54－59.

动机制具有“四位一体”特点①；张春晖、马耀峰、吴晶、朱环（2003）基于供需视角分析了西部入境旅游流与目的地耦合协调度及其时空分异②；王兆峰、石献（2016）认为武陵山片区旅游业与交通呈协同发展特点，但内部通达度的影响较为显著③；涂玮（2017）基于江苏省个案分析了在线与现实旅游流规模耦合④；安景峰、李翠林（2018）分析了广东省入境旅游流流量与流质耦合度态势演化；刘丽梅、魏晓宇（2017）基于厦门市案例分析了五星级酒店信息与旅游流的耦合，结果显示存在显著相关和指数逐步增加特点⑤；裴博、马耀峰、李天顺、师谦友（2014）分析了入境旅游流与星级饭店系统耦合关系⑥；杨军辉、李同昇（2014）基于桂林市个案分析认为气候舒适度与国内旅游客流具有高度正相关耦合关系；白丹、马耀峰、刘军胜（2015）基于成都市个案分析了A级景区信息与旅游流耦合关系特征，认为景区信息建设滞后于旅游流发展⑦；覃小华、甘永萍（2014）以广西壮族自治区为例分析了旅游流与区域经济的耦合协调关系⑧；张春晖、马耀峰、白凯（2016）则以六大城市入境旅游为例进行了系统性分析⑨。

---

① 刘军胜，马耀峰．基于发生学与系统论的旅游流与目的地供需耦合成长演化与驱动机制研究——以西安市为例［J］．浙江大学学报，2017（4）：1583－1600.

② 张春晖，马耀峰，吴晶，朱环．供需视角下西部入境旅游流与目的地耦合协调度及其时空分异研究［J］．经济地理，2003（10）：174－181.

③ 王兆峰，石献．武陵山片区旅游业与交通协同发展研究［J］．经济地理，2016（2）：202－208.

④ 涂玮．江苏省在线旅游流网络结构及动力机制研究［J］．南京晓庄学院学报，2017（3）：86－92.

⑤ 刘丽梅，魏晓宇．厦门市五星级酒店信息与旅游流的耦合［J］．黎明职业大学学报，2017（1）：50－54.

⑥ 裴博，马耀峰，李天顺，师谦友．供需视角下入境旅游流与星级饭店系统耦合协调及其影响因素分析——以北京市为例［J］．陕西师范大学学报（自然科学版），2014（5）：98－102.

⑦ 白丹，马耀峰，刘军胜．成都市A级景区信息与旅游流耦合协调发展评价［J］．河南科学，2015（10）：1641－1646.

⑧ 覃小华，甘永萍．给予耦合模型的入境旅游流与区域经济协调发展研究——以广西为例［J］．重庆理工大学学报，2014（6）：59－65.

⑨ 张春晖，马耀峰，白凯．旅游流与目的地耦合研究——以六大城市入境旅游为例［J］．资源科学，2016（6）：1013－1027.

（四）形成机制和驱动机理分析

旅游流驱动因素众多，包括经济、社会、文化、生态和环境多个层面。一些学者从整体性和专题性建构分析研究，一些学者则偏好开展实证分析。Dwyer（1994）认为在于外商直接投资；刘法建、张捷、陈冬冬（2010）认为影响要素在于空间距离、资源、经济社会发展、服务质量以及对外开放度等①；杨兴柱（2011）认为驱动旅游流的要素主要是旅游者动机、旅游供给、距离等②；刘法建、张婕、章锦河（2012）认为旅游气候舒适度、工作休闲制度、突发事件也会对旅游流产生影响；刘军胜（2013）认为在于资源禀赋和空间距离；杨国良、张捷、刘波、李敏、万全友（2007）认为在于交通条件、景区景点开发因素；张铁生、孙根年（2012）认为在于天气、气候舒适度；张佑印（2012）分析了扩散机制；彭华（1999）总结了旅游发展驱动力体系；丘萍、张鹏（2015）基于引力模型分析了水利旅游流影响因素；张春晖、马耀峰、白凯（2016）基于六大旅游城市分析，认为要素出现了巨大分化，东部以自然、经济和社会环境要素为主，西部则是旅游服务设施、服务人员及基础设施③；黄泰（2012）认为影响较大的因素在于人口分布、时间距离、城市经济发展水平④；孙根年、张毓、薛佳（2011）认为资源、区位、贸易三大因素的影响至关重要；孙根年、舒镜镜、马丽君、王洁洁（2010）认为国际关系和危机事件的影响不可低估⑤。

（五）对策研究

结合海南省发展现状调查，李天元（2007）基于台海两岸四地个案，提

---

① 刘法建，张捷，陈冬冬．中国入境旅游流网络结构特征及动因研究［J］．地理学报，2010（8）：1013－1024.

② 杨兴柱．旅游流驱动力系统分析［J］．地理研究，2011（1）：23－26.

③ 张春晖，马耀峰，白凯．旅游流与目的地耦合研究——以六大城市入境旅游为例［J］．资源科学，2016（6）：1013－1027.

④ 黄泰．长三角城市群旅游流潜力格局演变及其影响因素［J］．资源科学，2012（2）：364－369.

⑤ 孙根年，舒镜镜，马丽君，王洁洁．五大危机事件对美国出入境旅游的影响［J］．地理科学进展，2010（8）：987－996.

出“合作发展说”，认为应该做好旅游合作[①]；张佑印（2010）提出“宏观调控说”，认为应该加大政策支持旅游业发展、建立旅游经济区、加强国际交流[②]；徐海军（2011）提出“七对策说”，包括提高国际化水平、丰富产品和项目、优化环境、改善保障体系和安全体系[③]；姜向阳（2012）提出应该针对主要节假日实现时空分流调节[④]。

（六）综述

董培海、李庆雷、李伟（2015）总结了研究现状和问题[⑤]；纵翠丽（2017）针对高铁对区域旅游流的影响进行了归纳评价；刘法建、张婕、章锦河等（2012）对旅游流研究方法进行了综述及比较；刘丝雨、李伟（2014）基于旅游流视角对旅游经济联系研究进行述评[⑥]；张佑印（2010）基于论著数量、理论基础、研究方法和研究内容，总结了基本趋势，认为理论方法将有所创新，研究内容将有所拓展[⑦]；董培海、李伟（2011）总结了国内旅游流空间场效应研究[⑧]；吴晋峰等（2013）对旅游流研究进行了述评，认为经历了起步、成长和发展三个阶段，主要涉及时空间结构、演化机制等主题，需要在内容和方法以及理论上有所提升[⑨]；郑天翔、吴蓉、罗海媛（2015）对旅游流调控对策进行了述评[⑩]。

---

① 李天元. 基于入境旅游市场开发的台海两岸四地旅游合作途径[J]. 旅游学刊,2007(1):19－23.

② 张佑印. 北京入境集聚扩散旅游流时空演变规律及动力机制研究［D］. 西安：陕西师范大学，2010.

③ 徐海军. 基于入境旅游视角的国际旅游岛建设标准与评价体系研究——以海南岛为例[D]. 南京：南京师范大学，2011.

④ 姜向阳. 九寨沟自然保护区系统客流分布的分形与分维分析——以“十一”黄金周为例［J］. 中南林业科技大学学报，2012（11）：148－144.

⑤ 董培海，李庆雷，李伟. 国内旅游流基础理论研究述评［J］. 旅游研究，2015（1）：34－40.

⑥ 刘丝雨，李伟. 基于旅游流视角的旅游经济联系研究评述［J］. 重庆工商大学学报，2014（1）：29－33.

⑦ 张佑印. 北京入境集聚扩散旅游流时空演变规律及动力机制研究［D］. 西安：陕西师范大学，2010.

⑧ 董培海，李伟. 国内旅游流空间场效应研究评述［J］. 资源开发与市场，2011（9）：467－470.

⑨ 吴晋峰，等. 我国旅游流研究进展与展望［J］. 人文地理，2013（4）：20－26.

⑩ 郑天翔，吴蓉，罗海媛. 国内旅游流调控研究综述［J］. 地理与地理信息科学，2015（9）：90－95.

二、旅游流研究特点评价

（一）研究成果数量特征

本书基于国内研究成果分析基本特征。截至 2018 年 3 月 31 日，共检索国内文献 1089 篇。观察趋势图可发现两大特征（如图 1－1 所示），一是论文发表数量增加。1998 年论文发表数量为 9 篇，2004 年论文发表数量为 12 篇，2007 年论文发表数量为 48 篇，2012 年论文发表数量为 95 篇，2017 年为论文发表数量 91 篇，论文发表数量显著高于 20 年前，这说明伴随旅游业发展旅游流尤其是入境旅游流已经受到学术界关注，并成为学术界研究的热点。二是以 2004 年为拐点，论文发表数量激增。2004 年前，每年论文发表数量基本在 10 篇左右，2005 年后增加到每年 20 篇以上，其中 2014 年和 2016 年超过了 100 篇。如表 1－1 所示。这说明伴随国际国内形势变化，国家调整旅游业发展政策，大力发展旅游成为全社会共识，旅游业得到发展，旅游流研究自然受到学界青睐。

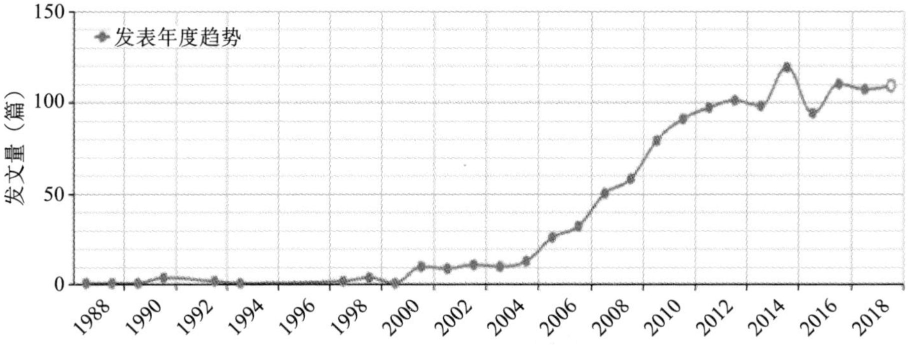

图 1－1　1988－2018 年论文发表数量趋势图

表 1－1　　1996－2017 年论文发表数量

年份	2017	2016	2015	2014	2013	2012	2011	2010	2009	2008	2007
数量	91	101	83	115	92	95	90	90	70	59	48
年份	2006	2005	2004	2003	2002	2001	2000	1999	1998	1997	1996
数量	43	28	12	10	11	9	1	1	4		

（二）关键词特征

国外研究主要关注旅游流影响、旅游行为，国内关注点稍有不同。数据统计发现，国内研究中出现频次较多的关键词是“旅游流”“入境旅游流”“空间结构”“网络空间结构”“目的地”“客源市场”“入境旅游”等。关键词网络结构中，关键词主要集中在“网络结构”“动力机制”“入境旅游”“社会网络分析”等方面。如图1－2所示。

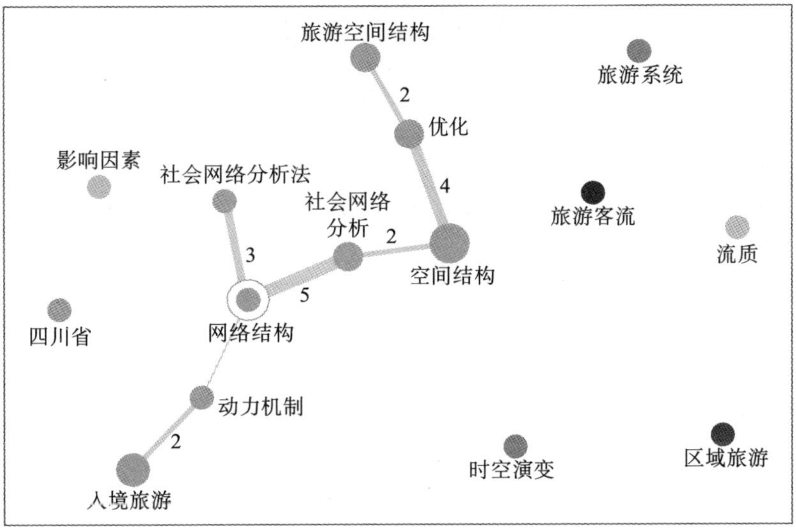

图1－2　关键词

（三）成果较多机构特征

研究成果数量较多的10大机构中，排名第一的是陕西师范大学，南京大学位居第二，其次为安徽师范大学、南京师范大学、华东师范大学、华侨大学、云南师范大学、华中师范大学、中国旅游研究院和吉首大学。如图1－3所示。

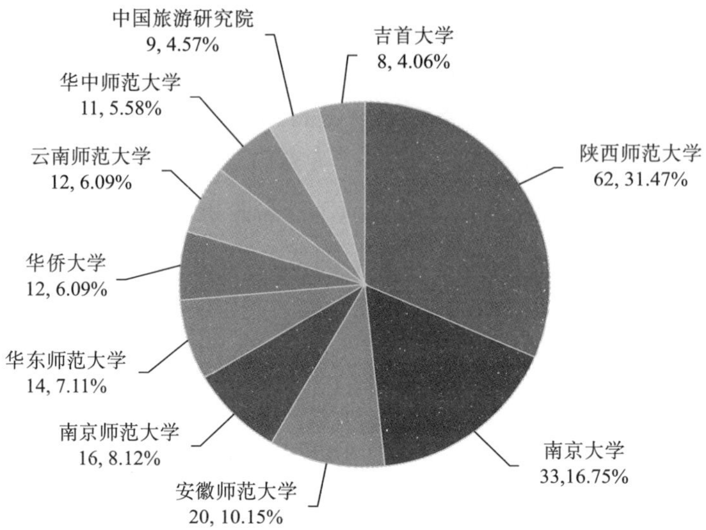

图1－3　研究成果数量较多的机构

（四）典型作者群体特征

从学术贡献看，代表性学者主要是马耀峰、保继刚、吴必虎、陆林等。从近年学术表现看，成绩相对突出的学者是马耀峰、张捷、张佑印、李伟、刘泽华、陈浩、白凯等。其中，马耀峰发文数量高达25篇，所占比例高达25%；其论文质量也较高，主要刊发在核心期刊或者权威期刊上，有较大影响力，为旅游流研究领域的领军人物。如表1－2所示。图1－4所示为近年发表论文较多的学者分布图。

表1－2　突出贡献学者一览表

作者	贡献
Timothy	旅游流研究的奠基者
Robert Stimon	对旅游者流动行为首次展开研究，开创了一个新的研究领域
唐顺铁、郭来喜	首次对旅游流体系做了总结
郭来喜	在《旅游地理文集》中开始关注旅游者地域分布与规律
保继刚	国内旅游流研究的最早实践者，首次依据调研数据对游客大尺度空间流动规律做了总结

续表

作者	贡献
马耀峰	主持多项国家自然科学基金项目，首次对中国入境旅游者行为模式和入境旅游流动转移规律机制做了系统分析，出版的《旅华游客流动模式系统研究》《中国入境旅游研究》等受到国内外高度好评
吴必虎	首次总结了大都市旅游流空间流动特征
孙根年	针对旅游危机前后的旅游流变化，首次提出“旅游本底趋势线”模型，并对多个目的地做了实证分析

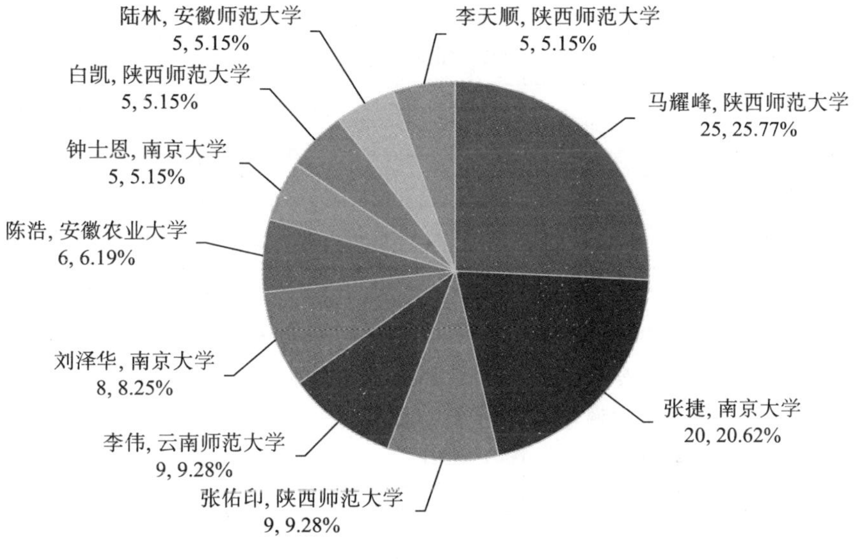

图 1-4　近年发表论文较多的学者

（五）采用理论方法特征

理论方面：旅游流研究涉及多个学科，因此使用理论来自不同学科，具有多元性和综合性特征。使用较多的理论有“推拉理论”“竞争力理论”“需求理论”“系统论”“梯度推移理论”“增长极理论”“空间错位理论”“核心—边缘理论”“普洛格理论”“网络结构理论”“耦合理论”“可持续发展理论”“空间场理论”“时空压缩理论”“分形理论”等。如表 1-3 所示。

表1－3　　学者使用理论一览表

作者	理论	论著名称
张凌云	普洛格理论	《旅游流空间分布模型普洛格理论在定量研究中的推广》（《地域研究与开发》，1988年第3期）
李创新、马耀峰、张颖、黄沛	空间场理论	《时空二元视角的入境旅游流集散空间场效应与地域结构——以丝路东段典型区为例》（《地理科学》，2012年第2期）
王红艳、马耀峰（2016）	空间错位理论	《基于空间错位理论的陕西省旅游资源与入境旅游质量研究》（《干旱区资源与环境》，2016年第10期）
王开泳、张鹏岩、丁旭生（2014）	分形理论	《黄河流域旅游经济的时空分异与R/S分析》（《地理科学》，2014年第3期）
闫平贵、汪德根、魏向东（2009）	时空压缩理论	《“时空压缩”与客源市场空间结构演变——以江苏国际旅游客源市场为例》（《经济地理》2009年第3期）
王奕祺、吴晋峰、韩立宁、任瑞萍	网络结构理论	《北京入境旅游流地理分布与网络特征研究》（《干旱区资源与环境》，2014年第6期）
张铁生	可持续发展理论、旅游气候舒适度理论、分形分维理论和旅游环境容量理论	《热点景区客流量峰林结构、时间分形与分流调控研究——以张家界、凤凰古城为例》（陕西师范大学，2015年博士学位论文）
郑鹏、马耀峰、李天顺等	推拉理论	《我国入境旅游者流动行为机理分析——对旅游热点城市西安的实证研究》（《经济地理》，2010年第1期）
史春云、张捷、尤海梅等	核心—边缘理论	《四川省旅游区域核心——边缘空间格局演变》（《地理学报》，2007年第6期）
张春晖、马耀峰、白凯	耦合理论	《旅游流与目的地系统耦合研究——以六大城市入境旅游为例》（《资源科学》，2016年第6期）

方法方面：整体看，质性研究有之，计量分析较多，定性与定量研究结合者越来越多；统计分析、文献分析、系统归纳、网络文本分析、模型建构等成为主要方法，被学者广泛应用。旅游流研究方法、模型、指标、视角如表1－4所示。

表1－4　　旅游流研究方法、模型、指标、视角一览表

作者	具体方法、指标、模型、视角	论著名称
李创新、马耀峰、张佑印、高军	重力模型	《中国旅游热点城市入境客流与收入时空动态演化与错位》（《经济地理》，2010年第8期）
王金莹、吴晋峰、唐澜、杨新菊	社会网络分析方法	《亚洲入境旅游流地理分布及网络结构特征分析》（《资源科学》，2013年8期）
白凯	客流跟踪方法	《基于客流跟踪的入境旅游流的目的地形象认知》（2011年度国家自然科学基金项目）
杨国良、张捷等	齐夫（ZIPF）准则	《旅游流齐夫结构及空间差异化特征——以四川省为例》（《地理学报》，2006年第12期）
王钦安、孙根年、顾梦雅	优势指数、流质指数及旅游流量—流质二维矩阵模型	《安徽省入境旅游流量与流质发展变化分析》（《华东经济管理》，2013年第3期）
薛华菊、马耀峰、黄毅、方成江、吴成永	Theil指数、ESDA－GIS、规模—质量耦合矩阵和相关分析	《基于ESDA－GIS中国入境旅游流质时空演进模式及影响因素研究》（《资源科学》，2014年第9期）
闫闪闪、梁留科、索志辉、方明	游客新浪微博签到频次、时间分层法、核密度空间分析法	《基于大数据的洛阳市旅游流时空分布特征》（《经济地理》，2017年第8期）
李创新、马耀峰、王永明	K－Means谱聚类法	《1993－2012年中国入境旅游时空地域格局分异与动态演进——基于全局K－Means谱聚类法的“典型区域”实证研究》（《资源科学》，2015年11期）
刘军胜、马耀峰	标准差、变异系数、基尼系数、首位度、赫芬达尔系数等	《河南省城市入境旅游规模与位序差异化》（《经济地理》，2012年第6期）
刘军胜、马耀峰	集聚与扩散指数模型、GIS技术	《西部各省区入境游客集聚扩散能力演变对比分析》（《干旱区资源与环境》，2013年第9期）
李创新	社会物理视角	《基于社会物理视角的中国入境旅游流时空扩散研究》（陕西师范大学2011年博士学位论文）

续表

作者	具体方法、指标、模型、视角	论著名称
邹亮	偏离—份额分析法（简称 SSM）	《基于 SSM 分析法的大连市入境旅游客源市场结构分析》［《哈尔滨商业大学学报》（社会科学版），2015 年第 2 期］
张子昂、黄震方、曹芳东、王坤、陈晓艳	空间变差函数、LISA 时间路径、LISA 时空跃迁等方法	《浙江省县域入境旅游时空跃迁特征及驱动机制》（《地理研究》，2016 年第 6 期）
马耀峰、林志慧、刘宪锋、马林	旅游经济联系模型、GIS 技术	《中国主要城市入境旅游网络结构演变分析》（《地理科学》，2014 年第 1 期）
郭安禧、黄福才	竞争态与亲景度模型	《香港入境旅游客源市场竞争态与亲景度研究》（《地域研究与开发》，2012 年第 2 期）
卞显红、沙润等	模糊综合评判矩阵	《长江三角洲城市入境旅游流区域内流动份额分析》（《人文地理》，2007 年第 2 期）
代姗姗、唐周媛、徐红罡	面板数据模型	《中国入境旅游者购物消费的省际差异及影响因素——基于面板数据模型的分析》（《地理科学》，2011 第 1 期）
李文龙、林海英	空间集中指数模型、目的地客流重心模型、竞争态模型、GIS 方法	《内蒙古入境旅游目的地客流集散时空动态研究》（《干旱区资源与环境》，2016 年第 3 期）
靳海鹏、马耀峰	历时性—共时性分析视角及标准差、变异系数、区位熵指数、基尼系数、市场竞争态模型	《山东省入境旅游规模差异时空变化研究》（《北京第二外国语学院学报》，2013 年第 11 期）
路春燕、白凯	引力模型和潜力模型	《中国省域入境旅游吸引力空间耦合关系研究》（《资源科学》，2011 年第 5 期）

续表

作者	具体方法、指标、模型、视角	论著名称
蔡碧凡、陶卓民、方叶林	全局空间自相关指数、局部空间自相关指数、Theil 指数、重心及标准差椭圆等时空分析技术	《中国大陆入境旅游与国内旅游经济时空差异研究》（《中国人口·资源与环境》，2016 年第 5 期）
李创新、马耀峰、张颖、魏颖	改进熵值法	《1993－2008 年区域入境旅游流优势度时空动态演进模式——基于改进熵值法的实证研究》（《地理研究》，2012 年第 2 期）
舒镜镜、孙根年、张毓	本底趋势线模型	《美国九大客源市场旅游本底趋势线及危机评估》（《统计与信息论坛》，2010 年第 4 期）

综上所述，在国内外，旅游流都是学术界关注的热点，取得的成就值得认可。相比之下，国外由于旅游业起步早，旅游流研究亦早于国内，理论建构较多。伴随国际国内局势变化和旅游业兴起，旅游流越来越受到关注，流量、流向、流质方面的实证研究增多。国内外研究的不足之处是：多关注大城市（南京、西安、北京、广州等）、省域、全国、热点目的地（黄山、西递、宏村等）旅游流，以及大尺度空间廊道（长三角、珠三角、京杭大运河等）旅游流动态演变，对丝路遗产廊道旅游流缺少关注；多开展特质分析，对影响要素、形成机制缺少深入探究；质量和规模方面的综合性研究不够深入；对丝路旅游流缺少关注；多依据地理学理论开展研究，但旅游流的形成和后果涉及经济社会发展的多个方面，理应采用多学科理论进行研究，目前研究显得不足。因此，分析丝路旅游流动态演变，对其进行系统性研究，为“一带一路”倡议下的丝路旅游业发展提供智力支持，显得势在必行。

第三节　研究思路、内容、方法和特色之处

一、研究思路

在文献梳理研读基础上，对乌鲁木齐、银川、西宁、兰州、西安等地进行实地调研，论证丝绸之路入境旅游流时空演变特征和规律；然后提出评价模型，进行实证分析，探究内在机制，为实现旅游流结构优化和良性运行提出科学合理的对策建议。如图 1－5 所示。

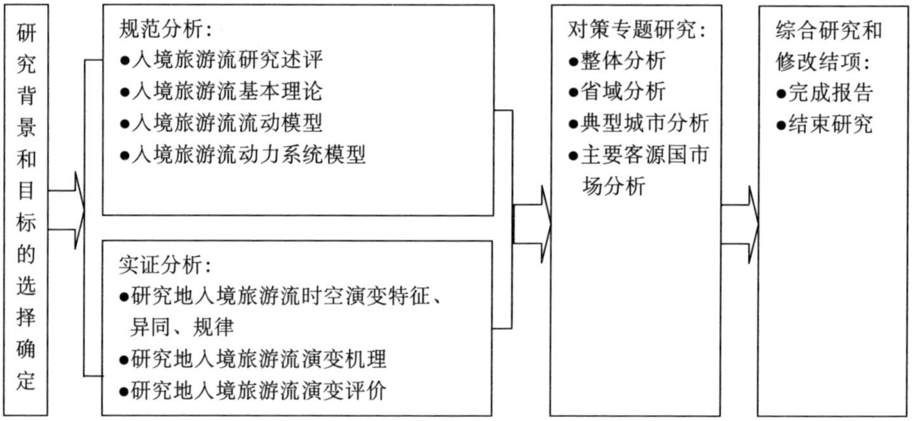

图 1－5　研究思路示意图

二、主要内容

（一）丝绸之路入境旅游流演变规律分析

结合中国入境旅游流（主要客源国英、美、日、韩、德、法、俄、澳

等）权威统计数据，基于空间、流量、流向、流源、流质、流势层面，定量分析大尺度时间断面内（2005－2015年）入境旅游流在西北五省区（甘、青、宁、新、陕）的结构演变，探究外在特征、表现异同，系统总结动态演变模式和移动规律，进而运用技术软件构建和反映旅游流复杂网络系统变化。

（二）丝绸之路入境旅游流演变机理分析

构建多重指标体系，基于经济发展、社会安全、文化景观、旅游服务、自然环境、地理区位、族群文化、可进入性、市场促销等层面，利用官方统计数据和实地调研资料，系统分析影响入境旅游流集聚扩散的多元因素和关键要素，进而探究其内在耦合关系，揭示入境旅游流复杂网络时空演变的内在机理。

（三）丝绸之路入境旅游流调控对策分析

基于机理和趋势分析，通过动力层面要素，精准提出各目的地省域、城市旅游流发展调控对策，以期形成最优化旅游流网络系统。

三、研究方法

本书主要采取文献分析、实地调查（田野调查、问卷调查、深度访谈）、时空物理分析、统计分析、软件制图等基本方法，同时应用归纳演绎与分析综合等定性分析方法；此外，借鉴统计学、地理学等学科理论和方法，采用SPSS等软件技术，做到定性与定量相结合，宏观与微观相结合，时间与空间相结合，纵向和横向比较相结合。

四、特色之处

1. 研究地域

较之于以往入境旅游流研究偏重发达地区范式，本书拟关注丝绸之路旅游带，探究演变格局和深层次机理，尝试对之进行新的系统分析，以提升研究深度和拓展研究广度。

2. 研究方法

较之于以往旅游者行为静态研究范式，本书拟采用基于社会物理学模型和统计学方法，对丝绸之路入境旅游流时空演变现象进行定量和实证研究。

第二章 丝路入境旅游流流量流质演变

第一节 流量演变

旅游流研究的着眼点首先是流量流质问题，也就是入境游客规模和接待效益问题。本章选取2005－2015年《中国旅游统计年鉴》所统计的入境旅游接待量（人次）、入境旅游外汇收入（万美元）数据，计算分析入境旅游流流量变化特点及规律，从而把握丝绸之路入境旅游发展的基本规模和效益走势。具体指标包括优势指数与流量指数，优势指数的计算公式是省域入境旅游人次占省域旅游总人次份额与全国入境旅游人次占全国旅游总人次份额的比率，流量指数的计算公式是某地某阶段入境旅游人数与全部入境旅游人次之比。

一、西北五省区入境旅游流流量演变

（一）甘肃入境旅游流流量演变

数据显示，甘肃入境旅游流流量变化呈现出两大特征：第一，整体呈现大幅度下滑。2005年，甘肃入境游客接待总量为28.848万人次，2006年，入境游客接待量继续增加，接待总数突破30.0万人次，增长率为4.87%，

占全国入境游客接待量的0.2426%，2007年，入境游客接待量持续增加，达到33.1238万人次，但这样的态势没有持续下去，以2008年为拐点，入境游客接待量开始下滑，并且在很长一段时期内再也没有恢复到原来水平，即使在2012年达到恢复期的最高值也仅有10万人次。第二，接待人次及其增长率呈现“W”形，具有“三起两落”特点；旅游外汇收入及其增长率具有双“V”特征。第一次“起”即增长态势出现在2007年，入境游客接待总量为33.1238万人次，旅游外汇收入为7000万美元，均高于2006年数值。但2008年由于受到拉萨“三·一四”事件影响，入境旅游受到巨大冲击，入境游客接待量仅为8.3196万人次，旅游外汇收入大幅下滑，仅为1603.42万美元。2009年入境旅游依旧受到了该事件的影响。第二次“起”是在2010－2012年，伴随时间推移和国家政策支持以及自身努力，甘肃入境旅游得到缓慢恢复，接待总量达到了10.2028万人次，超过了2008年。但2013－2014年又出现“落”的态势，接待量跌至4.875万人次，直到2015年才又有新的起色，逐步有所恢复，形成第三次“起”的态势。2015年接待量突破5万人次，达到5.4508万人次；2016年突破7万人次，达到7.1479万人次，比2015年增长23.74%。旅游外汇收入方面，2006年为6293万美元，2007年为7000万美元，2016年达到1913.91万美元，比2015年增长25.91%，但与2006年相比，旅游外汇收入总量较少，仅为2006年的30.4%。如表2－1所示，如图2－1和图2－2所示。

表2－1　　2006－2016年甘肃入境旅游流流量走势

年份	全国入境游客（万人次）	甘肃入境游客接待人数（万人次）	甘肃入境游客接待人数占全国比重（%）	甘肃入境游客接待人数增长率（%）	甘肃旅游外汇收入（万美元）	全国旅游外汇收入（万美元）	甘肃旅游外汇收入占全国比重（%）	甘肃旅游外汇收入增长率（%）
2006	12500	30.3254	0.2426	4.87	6293	3394900	0.1854	6.63
2007	13200	33.1238	0.2509	8.45	7000	4191900	0.1670	10.10
2008	13000	8.3196	0.0640	－298.14	1603.42	4084300	0.0393	－336.57
2009	12600	6.0711	0.0482	－37.04	1253.84	3967500	0.0316	－27.88
2010	13400	7.0167	0.0524	13.48	1481.4	4581400	0.0323	15.36

续表

年份	全国入境游客（万人次）	甘肃入境游客接待人数（万人次）	甘肃入境游客接待人数占全国比重(%)	甘肃入境游客接待人数增长率（%）	甘肃旅游外汇收入（万美元）	全国旅游外汇收入（万美元）	甘肃旅游外汇收入占全国比重（%）	甘肃旅游外汇收入增长率（%）
2011	13500	9.108	0.0675	22.96	1740	4846400	0.0359	14.86
2012	13200	10.2028	0.0773	10.73	2235	5002800	0.0447	22.15
2013	12900	7.28	0.0564	-40.15	2039	5166400	0.0395	-9.61
2014	12800	4.875	0.0381	-49.33	1017	10538000	0.0097	-100.49
2015	13400	5.4508	0.0407	10.56	1418	11365000	0.0125	28.28
2016	13800	7.1479	0.0518	23.74	1913.91	12000000	0.0159	25.91

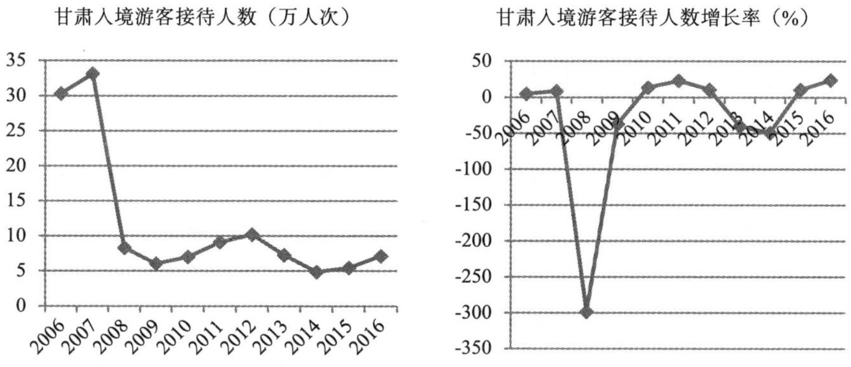

图 2-1　2006-2016 年甘肃入境游客接待人数及增长率走势图

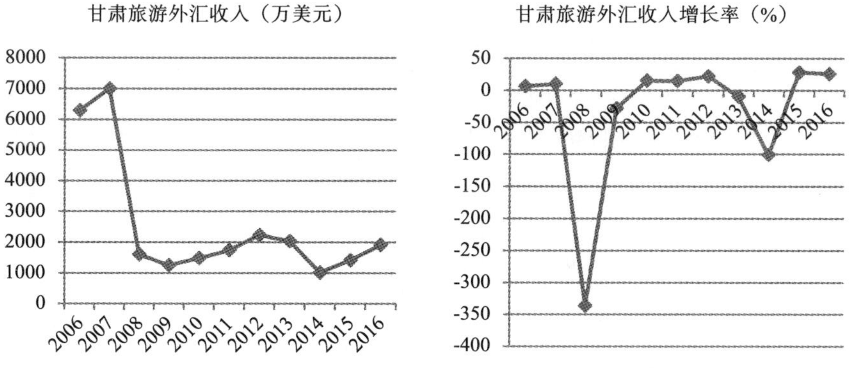

图 2-2　2006-2016 年甘肃旅游外汇收入及增长率走势图

（二）陕西旅游流流量演变

数据显示，陕西入境旅游流流量变化呈现出两大特征：第一，整体上升。2016 年与 2006 年相比，入境游客接待量增长幅度较大。2006 年，入境游客接待总数突破 106 万人次，增长率为 12.26%，占全国入境游客接待量的 0.8480%；2010 年，入境游客接待量突破 200 万人次，达到 212 万人次；2016 年，入境游客接待量突破 300 万人次，达到 338 万人次，比上年增长 15.36%。旅游外汇收入方面，2006 年为 51000 万美元，2007 年为 61200 万美元，2010 年达到 101596 万美元，2016 年达到 233855 万美元比 2015 年增长 16.91%。第二，呈现“Z”形，具有“两起一落”特点。第一次“起”即增长态势出现在 2006 – 2013 年，入境游客接待总量和旅游外汇收入持续增加，其中，入境游客接待量从 106 万人次增加到 352 万人次，走势看好；但 2014 年出现“拐点”，从 2013 年的 352 万人次下跌到 266 万人次，减少将近 100 万人次。第二次“起”是在 2015 – 2016 年，入境旅游得到缓慢恢复，形成第二次“起”的态势。最终在 2016 年入境游客接待总量达到 338 万人次，比上年增长 15.36%，比 2006 年多 232 万人次；2016 年旅游外汇收入为 233855 万美元，比 2015 年的 200022 万美元增加了将近 4 万美元，比 2006 年的 51000 万美元增加 4 倍多。如表 2 – 2 所示，如图 2 – 3 和图 2 – 4 所示。

表 2 – 2　　2006 – 2016 年陕西入境旅游流流量走势

年份	全国入境游客（万人次）	陕西入境游客接待人数（万人次）	陕西入境游客接待人数占全国比重(%)	陕西入境游客接待人数增长率（%）	陕西旅游外汇收入（万美元）	全国旅游外汇收入（万美元）	陕西旅游外汇收入占全国比重（%）	陕西旅游外汇收入增长率（%）
2006	12500	106	0.8480	12.26	51000	3394900	1.5023	12.50
2007	13200	123	0.9318	13.82	61200	4191900	1.4600	16.67
2008	13000	126	0.9692	2.38	66011	4084300	1.6162	7.29
2009	12600	145	1.1508	13.10	77107	3967500	1.9435	14.39
2010	13400	212	1.5821	31.60	101596	4581400	2.2176	24.10

续表

年份	全国入境游客（万人次）	陕西入境游客接待人数（万人次）	陕西入境游客接待人数占全国比重(%)	陕西入境游客接待人数增长率（%）	陕西旅游外汇收入（万美元）	全国旅游外汇收入（万美元）	陕西旅游外汇收入占全国比重（%）	陕西旅游外汇收入增长率（%）
2011	13500	270	2.0000	21.48	129505	4846400	2.6722	21.55
2012	13200	335	2.5379	19.40	159747	5002800	3.1932	18.93
2013	12900	352	2.7287	4.83	167620	5166400	3.2444	4.70
2014	12800	266	2.0781	-32.33	141630	10538000	1.3440	-18.35
2015	13400	293	2.1866	9.22	200022	11365000	1.7600	29.19
2016	13800	338	2.4493	13.31	233855	12000000	1.9488	14.47

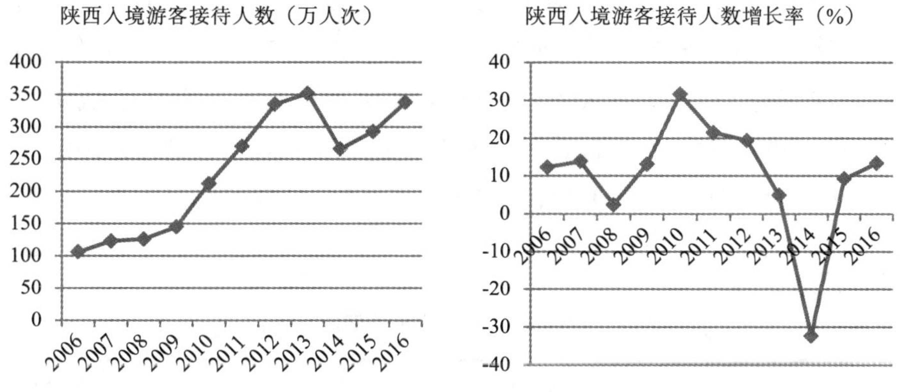

图 2-3　2006-2016 年陕西入境游客接待人数及增长率走势图

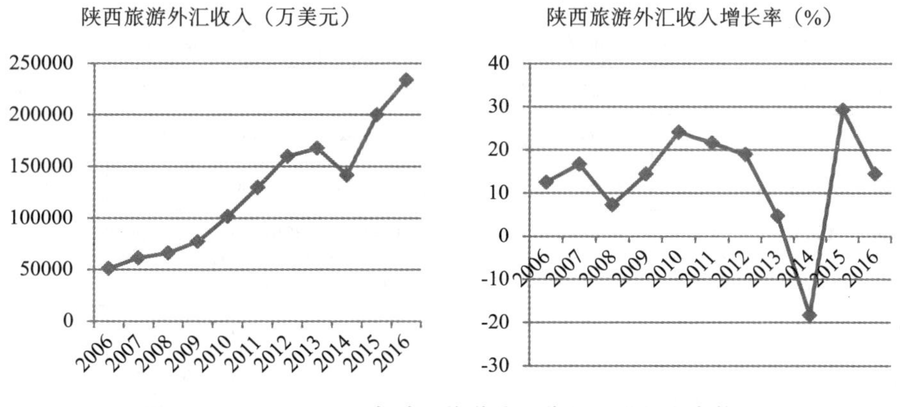

图 2-4　2006-2016 年陕西旅游外汇收入及增长率走势图

（三）青海旅游流流量演变

数据显示，青海入境旅游流流量变化呈现出两大特征：第一，2016 年入境游客接待量与2006 年相比增长幅度较大。2006 年接待总数突破 4.22 万人次，增长率为 20.0%，占全国入境游客接待量的 0.0338%；2011 年突破 5 万人次，达到 5.17 万人次；2016 年达到 7.01 万人次，比上年增长 6.80%。旅游外汇收入方面，2006 年旅游外汇收入为 1325.14 万美元，2007 年为1590.64 万美元，2010 年达到 2044.9 万美元，比 2009 年增长 32.60%。第二，呈现为“蛇”形，具有“三起两落”特点。第一次“起”即增长态势出现在 2007 年，入境游客接待总量达到了 5 万人次，旅游外汇收入也增加，但 2008 年有所下滑，接待量为 3 万人次。第二次“起”在 2009 年，接待量得到恢复，达到 3.6 万人次，到 2011 年达到本阶段最高峰，为 5.17 万人次；2012 年又下降到 4.73 万人次，2014 年再次得到缓慢恢复，形成第三次“起”的态势，到 2016 年达到 7 万人次以上，增长率为 6.80%；2016 年旅游外汇收入为 4415.67 万美元，比 2015 年增长 13.90%。如表 2－3 所示，如图 2－5 和图 2－6 所示。

表 2－3　　2006－2016 年青海入境旅游流流量走势

年份	全国入境游客（万人次）	青海入境游客接待人数（万人次）	青海入境游客接待人数占全国比重（%）	青海入境游客接待人数增长率（%）	青海旅游外汇收入（万美元）	全国旅游外汇收入（万美元）	青海旅游外汇收入占全国比重（%）	青海旅游外汇收入增长率（%）
2006	12500	4.22	0.0338	20.00	1325.14	3394900	0.0338	20.20
2007	13200	5	0.0379	18.48	1590.64	4191900	0.0379	20.00
2008	13000	3	0.0231	－40.30	1014.73	4084300	0.0231	－36.20
2009	12600	3.6	0.0286	20.90	1542.4	3967500	0.0286	52.00
2010	13400	4.67	0.0349	29.40	2044.9	4581400	0.0349	32.60
2011	13500	5.17	0.0383	10.50	2658.5	4846400	0.0383	30.00
2012	13200	4.73	0.0358	－8.60	2396.42	5002800	0.0358	－9.86

续表

年份	全国入境游客（万人次）	青海入境游客接待人数（万人次）	青海入境游客接待人数占全国比重（%）	青海入境游客接待人数增长率（%）	青海旅游外汇收入（万美元）	全国旅游外汇收入（万美元）	青海旅游外汇收入占全国比重（%）	青海旅游外汇收入增长率（%）
2013	12900	4.65	0.0360	－1.50	1873.08	5166400	0.0360	－21.84
2014	12800	5.15	0.0402	10.70	2574.35	10538000	0.0402	32.60
2015	13400	6.56	0.0490	27.40	3876.3	11365000	0.0490	50.60
2016	13800	7.01	0.0508	6.80	4415.67	12000000	0.0508	13.90

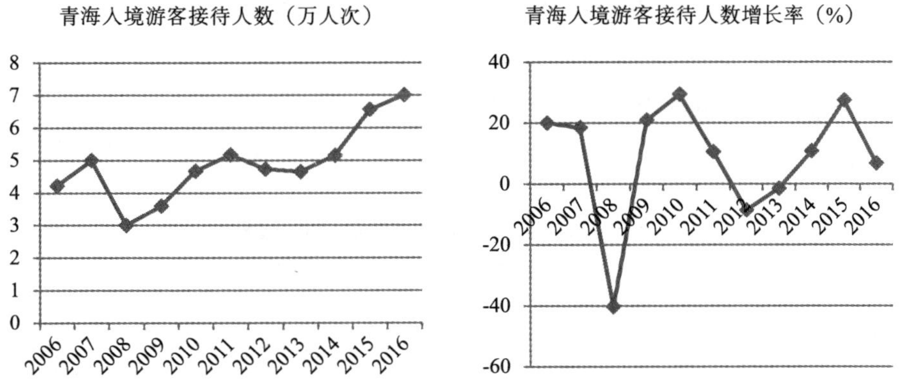

图 2－5　2006－2016 年青海入境游客接待人数及增长率走势图

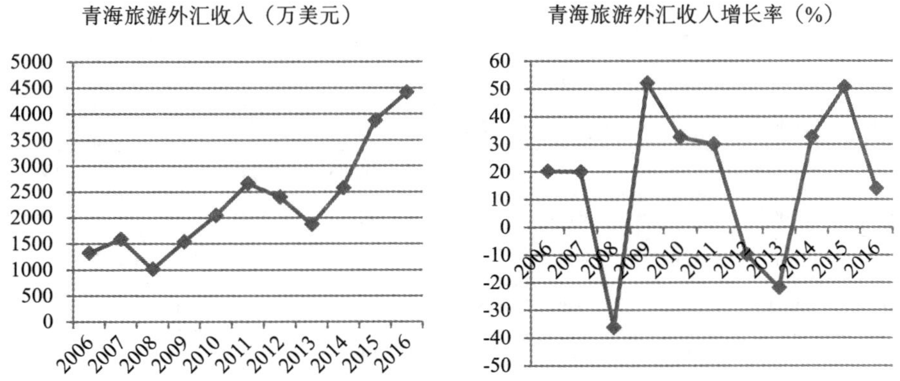

图 2－6　2006－2016 年青海旅游外汇收入及增长率走势图

（四）宁夏旅游流流量演变

数据显示，宁夏入境旅游流流量变化呈现出两大特征：第一，2016年入境游客接待量与2006年相比增长幅度较大。2006年入境游客接待总量为0.8665万人次，增长率为6.16%，占全国入境游客接待量的0.0069%；2013年入境游客接待量突破2万人次，达到2.5357万人次；2016年入境游客接待量突破5万人次，达到5.1177万人次，比上年增长37.15%。旅游外汇收入方面，2006年旅游外汇收入为243.39万美元，2007年旅游外汇收入为260.76万美元，2008年旅游外汇收入为300.76，2013年旅游外汇收入超过1200万美元，2016年旅游外汇收入突破2900万美元。第二，呈现为拉伸后的“V”形。2012年入境旅游态势有所变化，入境游客接待总量下降到1.8994万人次，旅游外汇收入下降到545万美元，2013年得到恢复，此后持续增加，走势较好。如表2－4所示，如图2－7和图2－8所示。

表2－4　　2006－2016年宁夏入境旅游流流量走势

年份	全国入境游客（万人次）	宁夏入境游客接待人数（万人次）	宁夏入境游客接待人数占全国比重（%）	宁夏入境游客接待人数增长率（%）	宁夏旅游外汇收入（万美元）	全国旅游外汇收入（万美元）	宁夏旅游外汇收入占全国比重（%）	宁夏旅游外汇收入增长率（%）
2006	12500	0.8665	0.0069	6.16	243.39	3394900	0.0072	5.64
2007	13200	0.9373	0.0071	8.17	260.76	4191900	0.0062	2.57
2008	13000	1.1586	0.0089	23.61	300.76	4084300	0.0074	5.46
2009	12600	1.4523	0.0115	25.35	442.6	3967500	0.0112	43.54
2010	13400	1.799	0.0134	23.87	598.93	4581400	0.0131	34.54
2011	13500	1.9479	0.0144	8.28	620	4846400	0.0128	－1.01
2012	13200	1.8994	0.0144	－2.49	545	5002800	0.0109	－14.48
2013	12900	2.5357	0.0197	8.60	1208	5166400	0.0234	117.34
2014	12800	3.3657	0.0263	32.73	1848	10538000	0.0175	51.77
2015	13400	3.7315	0.0278	10.87	2084	11365000	0.0183	13.28
2016	13800	5.1177	0.0371	37.15	2968	12000000	0.0247	53.21

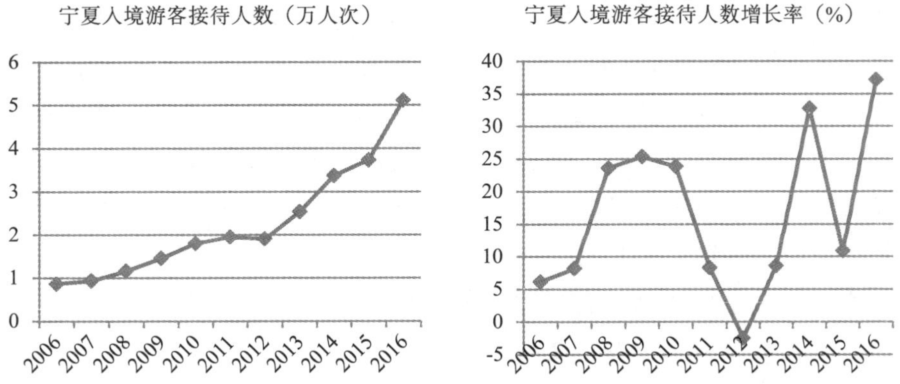

图 2－7　2006－2016 年宁夏入境游客接待人数及增长率走势图

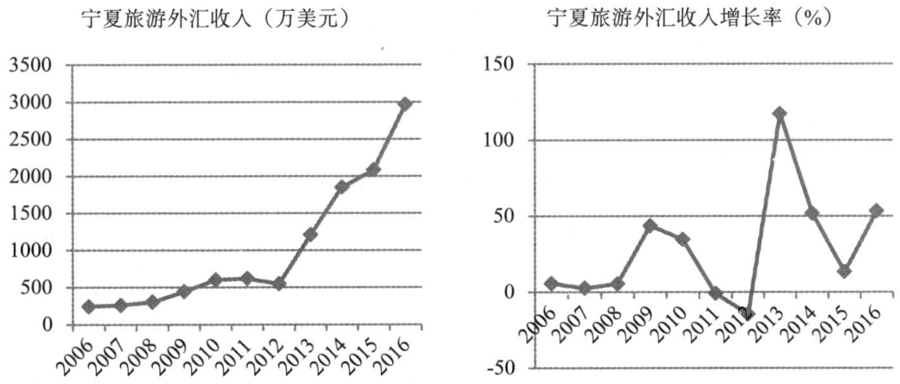

图 2－8　2006－2016 年宁夏旅游外汇收入及增长率走势图

（五）新疆旅游流流量演变

数据显示，新疆入境旅游流流量变化呈现出两大特征：第一，整体增加。2016 年入境游客接待量与 2006 年相比增长幅度较大。2006 年入境游客接待量突破 36.25 万人次，增长率为 10.00%，占全国入境游客接待量的 0.29%；2010 年入境游客接待量突破 100 万人次，达到 106.53 万人次；2013 年入境游客接待量突破 150 万人次，达到 156.73 万人次，比上年增长 4.6%；2016 年入境游客接待量突破 200 万人次。旅游外汇收入方面，2006 年旅游外汇收入为 12800 万美元，2007 年旅游外汇收入为 16200 万美元，

2010 年旅游外汇收入达到 36800 万美元，2016 年旅游外汇收入达到 90100 万美元。第二，呈现出反“M”形，具有“两降三升”特点。第一次增长态势出现在 2007 年，第二次“起”在 2010 年，入境游客接待总量达到了 100 万人次以上，旅游外汇收入增加到 36800 万美元；第三次“起”的态势出现在 2015 年，入境旅游得到缓慢恢复，接待量达到 168.36 万人次，2016 年，入境游客接待量达到 201 万人次，2016 年旅游外汇收入为 90100 万美元，比 2015 年旅游外汇收入增长将近 30000 万美元，比 2006 年增长将近 77300 万美元。如表 2－5 所示，如图 2－9 和图 2－10 所示。

表 2－5　　　　2006－2016 年新疆入境旅游流流量走势

年份	全国入境游客（万人次）	新疆入境游客接待人数（万人次）	新疆入境游客接待人数占全国比重（%）	新疆入境游客接待人数增长率（%）	新疆旅游外汇收入（万美元）	全国旅游外汇收入（万美元）	新疆旅游外汇收入占全国比重（%）	新疆旅游外汇收入增长率（%）
2006	12500	36.25	0.2900	10.00	12800	3394900	0.3770	28.00
2007	13200	43.84	0.3321	21.00	16200	4191900	0.3865	26.50
2008	13000	36.32	0.2794	－17.20	13600	4084300	0.3330	－16.10
2009	12600	35.49	0.2817	－2.80	13700	3967500	0.3453	0.70
2010	13400	106.53	0.7950	43.50	36800	4581400	0.8032	40.80
2011	13500	132.5	0.9815	24.50	46500	4846400	0.9595	26.30
2012	13200	149.8	1.1348	13.10	55100	5002800	1.1014	18.40
2013	12900	156.73	1.2150	4.60	58500	5166400	1.1323	6.30
2014	12800	150.17	1.1732	－4.20	49700	10538000	0.4716	－15.00
2015	13400	168.36	1.2564	12.10	60800	11365000	0.5350	22.27
2016	13800	201	1.4565	19.60	90100	12000000	0.7508	23.40

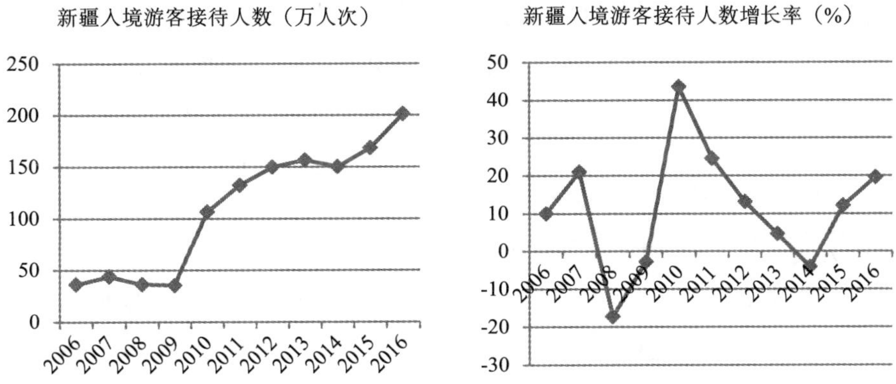

图 2－9　2006－2016 年新疆入境游客接待人数及增长率走势图

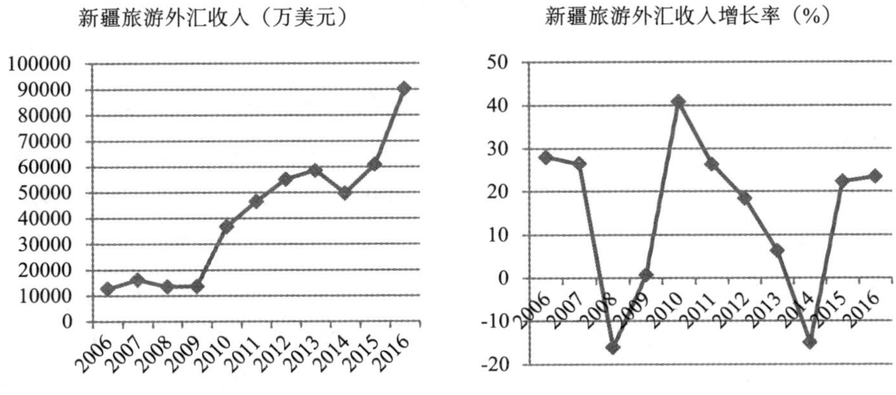

图 2－10　2006－2016 年新疆旅游外汇收入及增长率走势图

二、丝路入境旅游流流量演变

西北五省区旅游流流量演变特点如下：

2006 年，陕西入境游客接待量为 106 万人次，甘肃入境游客接待量为 30.3254 万人次，青海入境游客接待量为 4.22 万人次，宁夏入境游客接待量为 0.8665 万人次，新疆入境游客接待量为 36.25 万人次，陕西占据绝对的规模优势；2016 年，陕西入境游客接待量为 338 万人次，甘肃为 7.1479 万人次，青海为 7.01 万人次，宁夏为 5.1177 万人次，新疆为 201 万人次，陕西依旧位居第一位；2016 年入境游客接待量与 2006 年相比，陕西增加 232 万人次，甘肃下降 23 万人次，青海增加近 3 万人次，宁夏增加 4.2 万人次，新疆增加近 170 万人次。可见，入境游客接待量的总体特点是：新疆增长态势异常显著，甘肃下滑趋势非常明显，陕西规模优势暂时无可撼动，青海和宁夏增长走势看好。旅游外汇收入方面，2006 年，陕西旅游外汇收入为 51000 万美元，甘肃旅游外汇收入为 6293 万美元，青海旅游外汇收入为 1325.14 万美元，宁夏旅游外汇收入为 243.39 万美元，新疆旅游外汇收入为 12800 万美元，陕西在旅游外汇收入方面占据绝对优势；2016 年，陕西旅游外汇收入为 233855 万美元，甘肃旅游外汇收入为 1913.91 万美元，青海旅游外汇收入为 4415.67 万美元，宁夏旅游外汇收入为 2968 万美元，新疆旅游外汇收入为 90100 万美元，陕西仍占据绝对优势，甘肃下滑幅度巨大。

整体入境旅游流流量演变特点如下：

在入境游客接待量方面，2006 年入境游客接待量为 177.6619 万人次，2007 年入境游客接待量首次超过 200 万人次，2010 年入境游客接待量超过 300 万人次，2011 年入境游客接待量超过 400 万人次，2013 年入境游客接待量超越 500 万人次，但 2014 年入境游客接待量下滑到 429.5607 万人次，2015 年有所恢复，2016 年入境游客接待量重新超过 500 万人次。整体变化态势呈现“W”形，在 2006－2007 年、2008－2013 年和 2014－2016 年出现三次增长，其中，2008 年和 2014 年由于受世界金融危机等因素影响出现两次下滑。旅游外汇收入方面，2006 年为 71661.53 万美元，占全国的比重为 2.1109%，2016 年增加到 333252.58 万美元，比 2006 年增加 2261591 万美元，占全国的比重为 2.7771%，比 2006 年增加将近 0.6%。如表 2－6 和表 2－7 所示，如图 2－11 和图 2－12 所示。

表 2-6　2006-2016 年西北五省区入境游客接待人数（万人次）及全国占比（%）

年份	全国	陕西		甘肃		青海		宁夏		新疆		西北五省区	
		入境人数	占全国比重	入境人数	占全国比重	入境人数	占全国比重	入境人数	占全国比重	入境人数	占全国比重	入境人数	占全国比重
2006	12500	106	0.8480	30.3254	0.2426	4.22	0.0338	0.8665	0.0069	36.25	0.2900	177.6619	1.4213
2007	13200	123	0.9318	33.1238	0.2509	5	0.0379	0.9373	0.0071	43.84	0.3321	205.9011	1.5599
2008	13000	126	0.9692	8.3196	0.0640	3	0.0231	1.1586	0.0089	36.32	0.2794	174.7982	1.3446
2009	12600	145	1.1508	6.0711	0.0482	3.6	0.0286	1.4523	0.0115	35.49	0.2817	191.6134	1.5207
2010	13400	212	1.5821	7.0167	0.0524	4.67	0.0349	1.799	0.0134	106.53	0.7950	332.0157	2.4777
2011	13500	270	2.0000	9.108	0.0675	5.17	0.0383	1.9479	0.0144	132.5	0.9815	418.7259	3.1017
2012	13200	335	2.5379	10.2028	0.0773	4.73	0.0358	1.8994	0.0144	149.8	1.1348	501.6322	3.8002
2013	12900	352	2.7287	7.28	0.0564	4.65	0.0360	2.5357	0.0197	156.73	1.2150	523.1957	4.0558
2014	12800	266	2.0781	4.875	0.0381	5.15	0.0402	3.3657	0.0263	150.17	1.1732	429.5607	3.3559
2015	13400	293	2.1866	5.4508	0.0407	6.56	0.0490	3.7315	0.0278	168.36	1.2564	477.1023	3.5605
2016	13800	338	2.4493	7.1479	0.0518	7.01	0.0508	5.1177	0.0371	201	1.4565	558.2756	4.0455

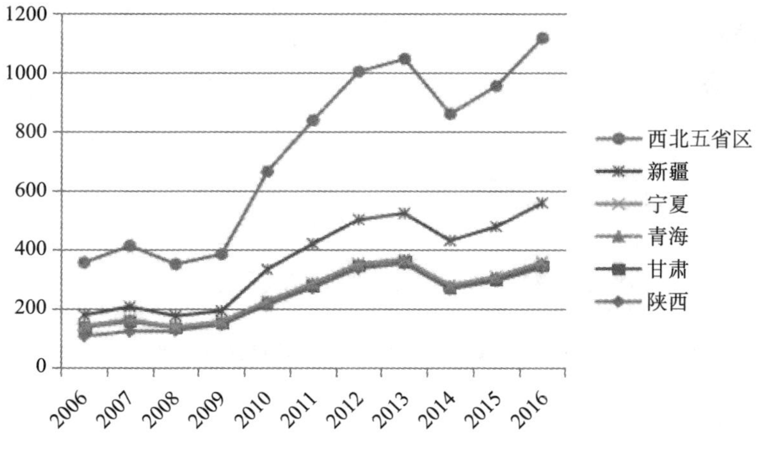

图 2-11　2006-2016 年西北五省区入境旅游接待人数走势图

表 2－7　　2006－2016 年西北五省区旅游外汇收入（万美元）及全国占比（%）

年份	全国	陕西		甘肃		青海		宁夏		新疆		西北五省区	
		外汇收入	占全国比重	外汇收入	占全国比重	外汇收入	占全国比重	外汇收入	占全国比重	外汇收入	占全国比重	外汇收入	占全国比重
2006	3394900	51000	1. 5023	6293	0. 1854	1325. 14	0. 0390	243. 39	0. 0072	12800	0. 3770	71661. 53	2. 1109
2007	4191900	61200	1. 4600	7000	0. 1670	1590. 64	0. 0379	260. 76	0. 0062	16200	0. 3865	86251. 4	2. 0576
2008	4084300	66011	1. 6162	1603. 42	0. 0393	1014. 73	0. 0248	300. 76	0. 0074	13600	0. 3330	82529. 91	2. 0207
2009	3967500	77107	1. 9435	1253. 84	0. 0316	1542. 4	0. 0389	442. 6	0. 0112	13700	0. 3453	94045. 84	2. 3704
2010	4581400	101596	2. 2176	1481. 4	0. 0323	2044. 9	0. 0446	598. 93	0. 0131	36800	0. 8032	142521. 23	3. 1109
2011	4846400	129505	2. 6722	1740	0. 0359	2658. 5	0. 0549	620	0. 0128	46500	0. 9595	181023. 5	3. 7352
2012	5002800	159747	3. 1932	2235	0. 0447	2396. 42	0. 0479	545	0. 0109	55100	1. 1014	220023. 42	4. 3980
2013	5166400	167620	3. 2444	2039	0. 0395	1873. 08	0. 0363	1208	0. 0234	58500	1. 1323	231240. 08	4. 4758
2014	10538000	141630	1. 3440	1017	0. 0097	2574. 35	0. 0244	1848	0. 0175	49700	0. 4716	196769. 35	1. 8672
2015	11365000	200022	1. 7600	1418	0. 0125	3876. 3	0. 0341	2084	0. 0183	60800	0. 5350	268200. 3	2. 3599
2016	12000000	233855	1. 9488	1913. 91	0. 0159	4415. 67	0. 0368	2968	0. 0247	90100	0. 7508	333252. 58	2. 7771

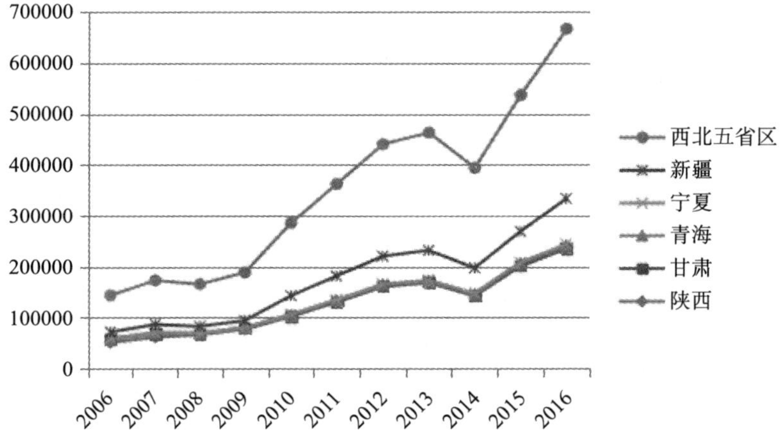

图 2－12　2006－2016 年西北五省区入境旅游外汇收入走势图

入境旅游流流量位序演变特点如下：

2006 年，西北五省区入境游客接待量居于首位的是陕西，新疆居于第二位，甘肃居于第三位，青海居于第四位，宁夏排名最后；2007－2008 年，西北五省区各自位序没有发生变化；2009 年，甘肃位序下滑，居于第四位，青海位序上升，居于第三位；2010 - 2012 年，位序和 2009 年保持一致；2013 年，甘肃再次跃居第三位，青海列第四位，宁夏排名最后；2014 年，甘肃和青海位序发生颠倒；2015 - 2016 年，甘肃排名最后，青海居于第三位，宁夏居于第四位。整体看，陕西由于区域经济相对其他省区较为发达，地理位置优越，具有世界知名的兵马俑等资源，入境旅游一直属于“老大”；新疆地域广阔，民族风情浓郁，边界线漫长，和中亚、西亚以及俄罗斯等国家的联系紧密，旅游业后来居上，居于第二位，并且位序保持多年不变；甘肃虽然号称文化资源大省，也在打造旅游强省，但整体位序不佳，客流进入性不好，宣传不足导致对外知名度低，因此位序整体下滑，从第三位降至最后，如何发展入境旅游乃至旅游业，值得总结思考和探究；青海通过自行车大赛、青海湖等途径宣传，接待量有所增加，位序上升为第三位；宁夏从最初的最后一位上升到第四位，连续 2 年超过甘肃，这说明宁夏在入境旅游业发展方面有可圈可点之处，尤其是面向阿拉伯国家的旅游贸易合作开发成绩开始显现。如表 2 - 8 所示，如图 2 - 13 所示。

表 2 - 8　2006 - 2016 年西北五省区入境旅游流流量位序排列表

年份	陕西	甘肃	青海	宁夏	新疆
2006	1	3	4	5	2
2007	1	3	4	5	2
2008	1	3	4	5	2
2009	1	4	3	5	2
2010	1	4	3	5	2
2011	1	4	3	5	2
2012	1	4	3	5	2
2013	1	3	4	5	2
2014	1	4	3	5	2
2015	1	5	3	4	2
2016	1	5	3	4	2

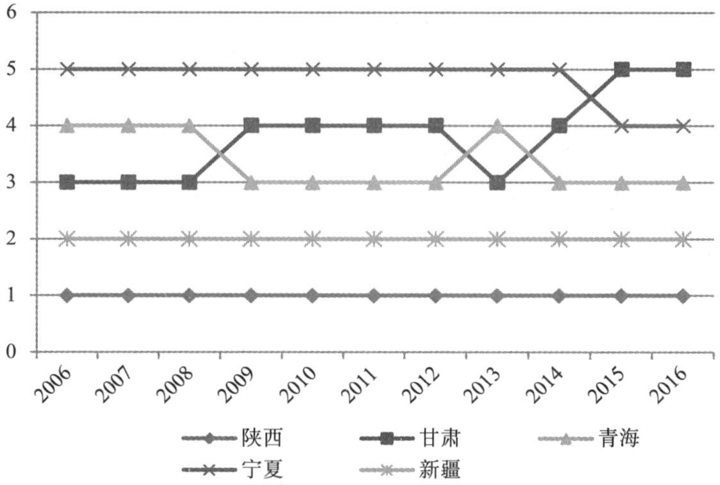

图2－13　2006－2016年西北五省区入境旅游流流量位序演变示意图

第二节　流质演变

查阅2006－2017年《中国旅游统计年鉴》以及西北五省区国民经济和社会发展统计公报，检索获得2006－2016年西北五省区接待入境游客量、旅游外汇收入以及全国接待入境游客总数和全国旅游外汇收入，计算得到流质指数 Q（$Q=A/B$，其中，A 表示某旅游目的地旅游外汇收入占全国旅游外汇收入比重，B 表示某目的地接待入境游客数量占全国入境游客数比重）。

一、西北五省区入境旅游流流质演变

（一）甘肃入境旅游流流质演变

数据显示，甘肃入境旅游流流质变化呈现出两大特征：第一，出现下滑态势。2006年流质指数达到0.764，此后开始下滑，2014年降到最低点0.253，下降了0.509。第二，2014年属于拐点，出现了较大波动。2013年，甘肃旅游外汇收入市场份额为0.039%，2014年，甘肃旅游外汇收入市场份额为 0.010%，增长率为 -75.55%；2013 甘肃入境游客市场份额为 0.056%；2014 甘肃入境游客市场份额为 0.038%，增长率为 -32.51%。2013 年甘肃入境旅游流流质指数为 0.699，2014 年甘肃入境旅游流流质指数为 0.253，下降了 63.77%。第三，指数演变走势呈现为“W + Z”形，出现多次起落。第一次“落”即下降态势出现在 2007 年，旅游外汇收入市场份额为 0.167%，入境游客市场份额为 0.251%，导致流质指数下降。2008 年由于受到拉萨“三·一四”事件影响，入境游客接待量和外汇收入大幅下滑，流质指数继续下降。第二次“起”在 2009 年，入境旅游得到缓慢恢复，指数达到了 0.656。但 2010 - 2011 年又出现“落”的态势，流质指数下降到 0.532，直到 2012 年才有新的起色，逐步有所恢复，形成第三次“起”的态势。2014 年又大幅度下滑，2015 - 2016 年趋于平稳，最终定格为 0.308，但不及 2006 年的 50%。如表 2 - 9 所示，如图 2 - 14 和图 2 - 15 所示。

表 2 - 9　　2006 - 2016 年甘肃入境旅游流流质演变

指标	2006 年	2007 年	2008 年	2009 年	2010 年	2011 年	2012 年	2013 年	2014 年	2015 年	2016 年
旅游外汇收入市场份额（%）	0.185	0.167	0.039	0.032	0.032	0.036	0.045	0.039	0.010	0.015	0.016
入境游客市场份额（%）	0.243	0.251	0.064	0.048	0.052	0.068	0.077	0.056	0.038	0.041	0.052
流质指数	0.764	0.665	0.613	0.656	0.618	0.532	0.578	0.699	0.253	0.307	0.308

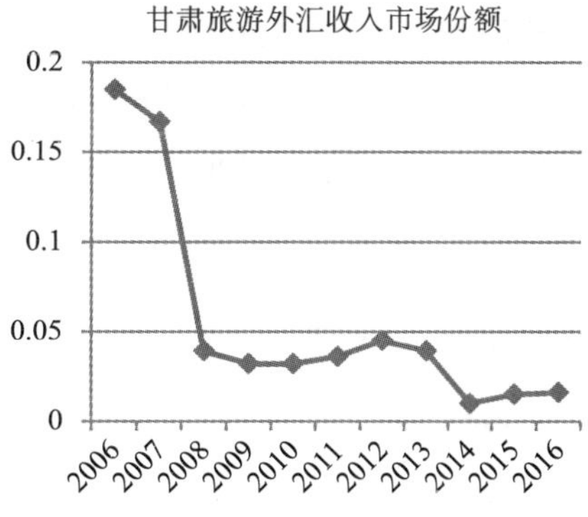

图 2 - 14　2006 - 2016 年甘肃入境游客市场份额及旅游外汇收入市场份额走势图

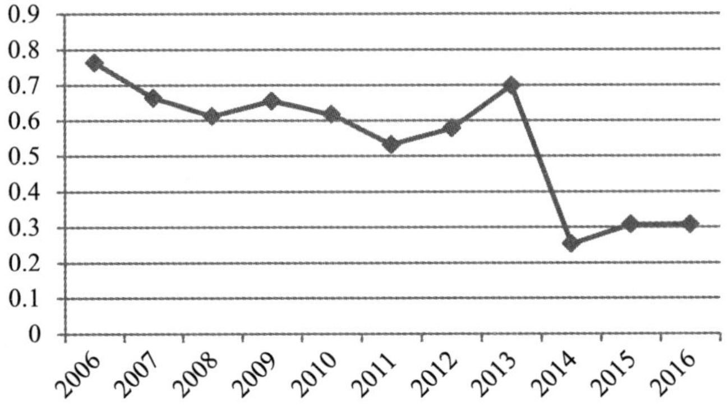

图 2-15　2006-2016 年甘肃入境旅游流流质走势图

(二) 陕西入境旅游流流质演变

数据显示，陕西入境旅游流流质变化呈现出两大特征：第一，2014 年出现较大下滑。2013 年，陕西旅游外汇收入市场份额为 3.244%；2014 年，陕西旅游外汇收入市场份额为 1.344%，增长率为 -41.42%；2013 年，陕西入境游客市场份额为 2.729%；2014 年，陕西入境游客市场份额为 2.078%，增长率为 -23.84%。2013 年，陕西入境旅游流流质指数为 1.189，2014 年，陕西入境旅游流流质指数为 0.647，下降了 45.61%。第二，呈现为蛇形，具有“逐渐降低趋于平”的特点。2006-2013 年基本处于缓慢下降趋势，中间有一次上涨，即 2008-2009 年，2008 年陕西旅游外汇收入市场份额为 1.616%，入境游客市场份额为 0.969%，均高于 2007 年数值；2009 年陕西旅游外汇收入市场份额为 1.943%，入境游客市场份额为 1.151%，均高于 2008 年数值。2014 年流质指数再一次出现大幅度下降，2015-2016 年逐渐得到恢复，最终为 0.796，与 2006 年的 1.772 相比下降了 44.92%。如表 2-10 所示，如图 2-16 和图 2-17 所示。

表 2－10　　2006－2016 年陕西入境旅游流流质走势

指标	2006 年	2007 年	2008 年	2009 年	2010 年	2011 年	2012 年	2013 年	2014 年	2015 年	2016 年
旅游外汇收入市场份额（%）	1.502	1.460	1.616	1.943	2.218	2.672	3.193	3.244	1.344	1.760	1.949
入境游客市场份额（%）	0.848	0.932	0.969	1.151	1.582	2.000	2.538	2.729	2.078	2.187	2.449
流质指数	1.772	1.567	1.668	1.689	1.402	1.336	1.258	1.189	0.647	0.804	0.796

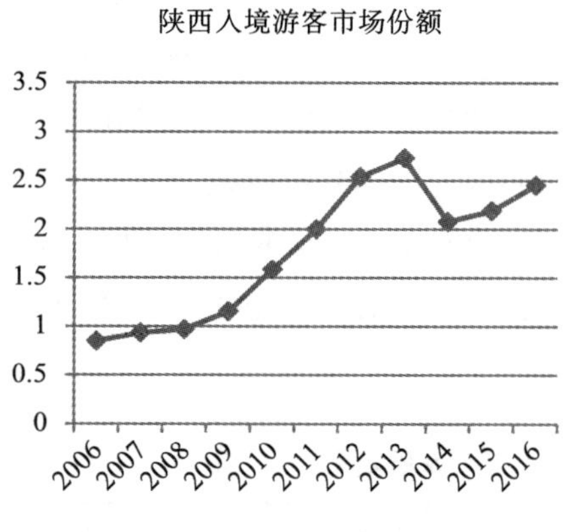

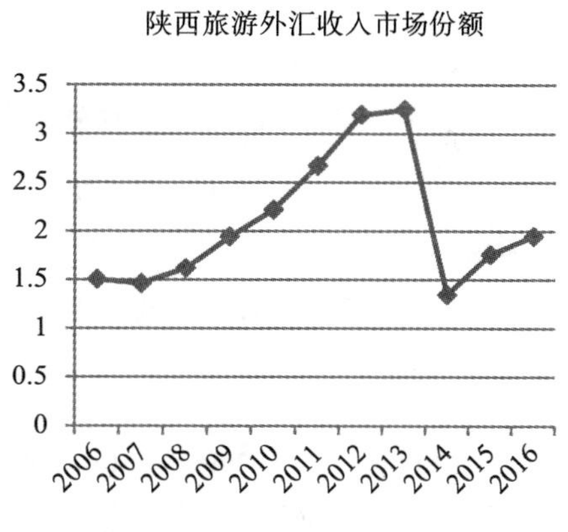

图 2－16　2006－2016 年陕西入境游客市场份额及旅游外汇收入市场份额走势图

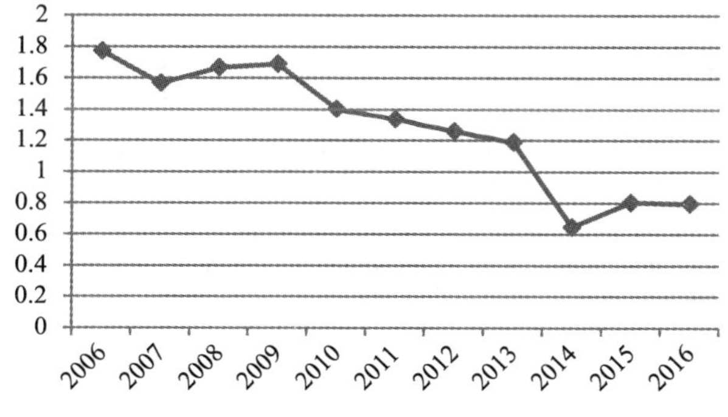

图 2－17　2006－2016 年陕西入境旅游流流质走势图

（三）青海入境旅游流流质演变

数据显示，青海入境旅游流流质变化呈现出两大特征：第一，2014 年出现较大下滑。2013 年，青海旅游外汇收入市场份额为 0.036%；2014 年，青海旅游外汇收入市场份额为 0.024%，增长率为 -32.62%；2013 年青海入境游客市场份额为 0.036%；2014 年青海入境游客市场份额为 0.040%，增长率为 11.61%；2013 年青海入境旅游流流质指数为 1.006；2014 年青海入境旅游流流质指数为 0.607，下降了 39.63%。第二，呈现为蛇形，具有“正态分布趋于平”的特点。2007 年，流质指数为 1.002，2008 年，流质指数上升到 1.077，没有受到拉萨“三·一四”事件的影响；2009 年，青海旅游外汇收入市场份额为 0.039%，入境游客市场份额为 0.029%，均高于 2008 年数值；2011 年青海旅游外汇收入市场份额为 0.055%，入境游客市场份额为 0.038%，均高于 2010 年数值，2009 年和 2011 年出现两次小幅度上涨，指数分别为 1.361 和 1.432。2012 -2014 年出现快速下降，2015 年趋于平稳，逐渐恢复到 2016 年的 0.724。如表 2 -11 所示，如图 2 -18 所示，如图 2 -19 所示。

表 2 -11　　2006 -2016 年青海入境旅游流流质走势

指标	2006 年	2007 年	2008 年	2009 年	2010 年	2011 年	2012 年	2013 年	2014 年	2015 年	2016 年
旅游外汇收入市场份额（%）	0.039	0.038	0.025	0.039	0.045	0.055	0.048	0.036	0.024	0.034	0.037
入境游客市场份额（%）	0.034	0.038	0.023	0.029	0.035	0.038	0.036	0.036	0.040	0.049	0.051
流质指数	1.156	1.002	1.077	1.361	1.281	1.432	1.337	1.006	0.607	0.697	0.724

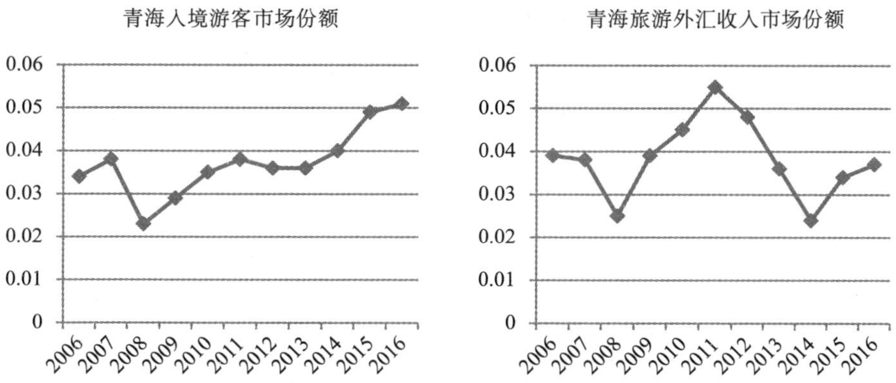

图 2－18　2006－2016 年青海入境游客市场份额及旅游外汇收入市场份额走势图

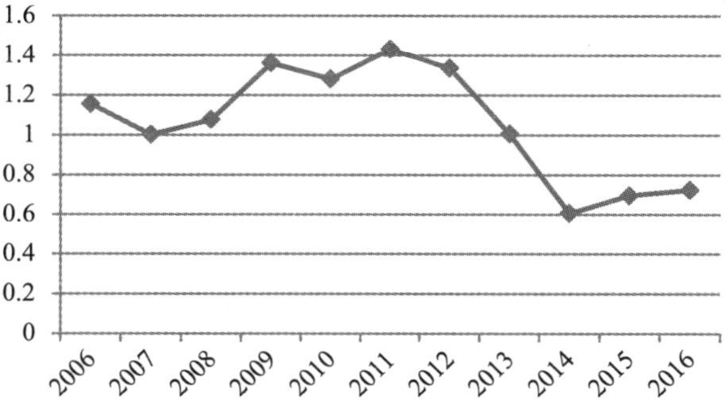

图 2－19　2006－2016 年青海入境旅游流流质走势图

（四）宁夏入境旅游流流质演变

数据显示，宁夏入境旅游流流质变化呈现出两大特征：第一，2013 年出现较大变化。2012 年，宁夏旅游外汇收入市场份额为 0.011%；2013 年，宁夏旅游外汇收入市场份额为 0.023%；2014 年，宁夏旅游外汇收入市场份额为 0.018%。2012 年，宁夏入境游客市场份额为 0.014%；2013 年，宁夏入境游客市场份额为 0.020%；2014 年，宁夏入境游客市场份额为 0.026%。2012 年，宁夏入境旅游流流质指数为 0.757；2013 年，宁夏入境旅游流流质指数为 1.190；2014 年，宁夏入境旅游流流质指数为 0.667。2013 年流质指数数值均高于 2012 年和 2014 年，出现一个顶点。第二，呈现为不太规则的倒“V”形，具有“两涨三跌趋于平”的特点。2009 年宁夏旅游外汇收入市场份额为 0.011%，入境游客市场份额为 0.011%，均高于 2008 年数值；2013 年宁夏旅游外汇收入市场份额为 0.024%，入境游客市场份额为 0.020%，均高于 2006 - 2012 年的数值。2009 年和 2013 年出现两次小幅度上涨。2014 年相比 2013 年，流质指数出现大幅下降，但 2014 - 2016 年保持了相对平稳趋势。如表 2 - 12 所示，如图 2 - 20 和图 2 - 21 所示。

表 2 - 12　　2006 - 2016 年宁夏入境旅游流流质走势

指标	2006 年	2007 年	2008 年	2009 年	2010 年	2011 年	2012 年	2013 年	2014 年	2015 年	2016 年
旅游外汇收入市场份额（%）	0.007	0.006	0.007	0.011	0.013	0.013	0.011	0.024	0.018	0.018	0.025
入境游客市场份额（%）	0.007	0.007	0.009	0.011	0.013	0.014	0.014	0.020	0.026	0.028	0.037
流质指数	1.034	0.876	0.826	0.968	0.974	0.887	0.757	1.190	0.667	0.659	0.667

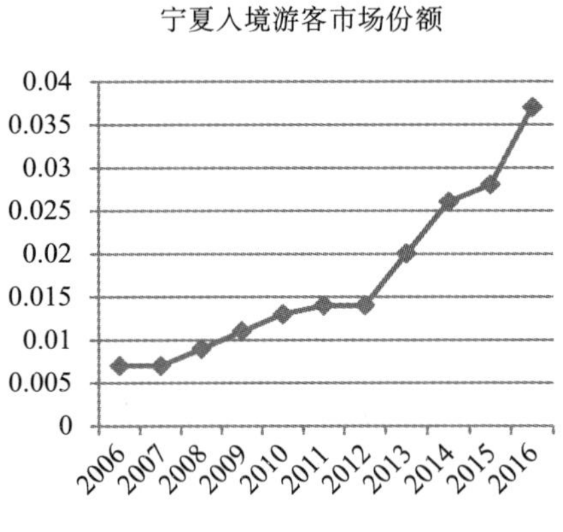

图 2 - 20　2006 - 2016 年宁夏入境游客市场份额及旅游外汇收入市场份额走势图

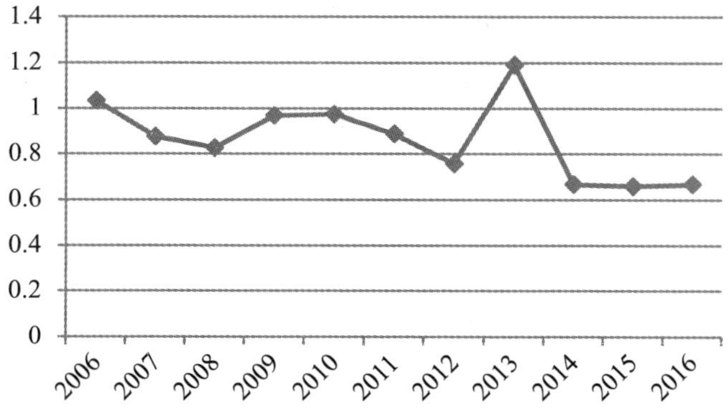

图 2－21　2006－2016 年宁夏入境旅游流流质走势图

（五）新疆入境旅游流流质演变

数据显示，新疆入境旅游流流质变化呈现出两大特征：第一，2014 年出现大幅度下降。2013 年新疆旅游外汇收入市场份额为 1.132%，2014 年新疆旅游外汇收入市场份额为 0.472%，下降了 58.35%；2013 年新疆入境游客市场份额为 1.215%，2014 年新疆入境游客市场份额为 1.173%，下降了 3.61%；2013 年新疆入境旅游流流质指数为 0.932，2014 年新疆入境旅游流流质指数为 0.402。第二，呈现为尺度较大的倒“M”形，具有“降中有升趋于升”的特点。2009 年新疆旅游外汇收入市场份额为 0.345%，入境游客市场份额为 0.282%，2009 年流质指数出现小幅度上涨，略高于 2008 年数值；2015－2016 年呈现稳中上涨的趋势，具体是：2015 年新疆旅游外汇收入市场份额为 0.535%，入境游客市场份额为 1.256%；2016 年新疆旅游外汇收入市场份额为 0.751%，入境游客市场份额为 1.457%，流质指数逐渐呈现上升的趋势，2016 年达到 0.516，但不及 2006 年指数的 50%。如表 2－13 所示，如图 2－22 和图 2－23 所示。

表 2-13　　2006-2016 年新疆入境旅游流流质走势

指标	2006 年	2007 年	2008 年	2009 年	2010 年	2011 年	2012 年	2013 年	2014 年	2015 年	2016 年
旅游外汇收入市场份额（%）	0.377	0.387	0.333	0.345	0.803	0.959	1.101	1.132	0.472	0.535	0.751
入境游客市场份额（%）	0.290	0.332	0.279	0.282	0.795	0.981	1.135	1.215	1.173	1.256	1.457
流质指数	1.300	1.164	1.192	1.226	1.011	0.978	0.971	0.932	0.402	0.426	0.516

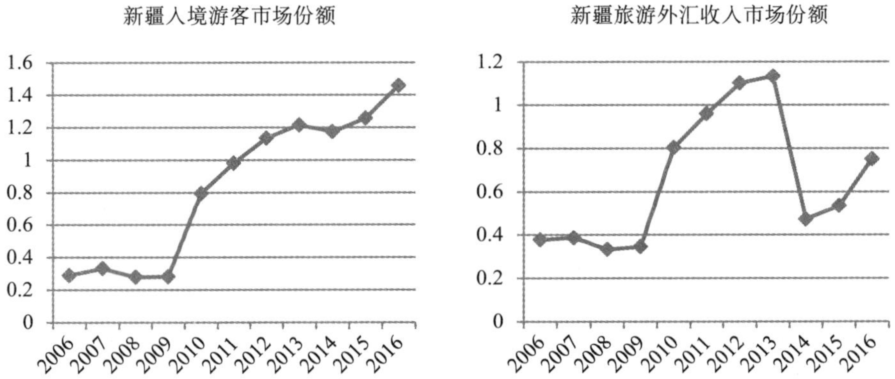

图 2-22　2006-2016 年新疆入境游客市场份额及旅游外汇收入市场份额走势图

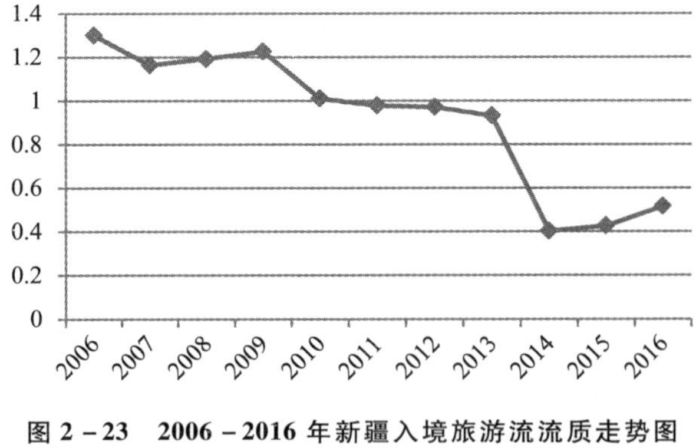

图 2-23　2006-2016 年新疆入境旅游流流质走势图

二、丝路入境旅游流流质演变

（一）比较分析西北五省区入境旅游流流质演变特点

2006 年陕西旅游外汇收入市场份额为 1.502%，甘肃旅游外汇收入市场份额为 0.185%，青海旅游外汇收入市场份额为 0.039%，宁夏旅游外汇收入市场份额为 0.007%，新疆旅游外汇收入市场份额为 0.377%，陕西占据绝对的规模优势；2016 年，陕西旅游外汇收入市场份额为 1.949%，甘肃旅游外汇收入市场份额为 0.016%，青海旅游外汇收入市场份额为 0.037%，宁夏旅游外汇收入市场份额为 0.025%，新疆旅游外汇收入市场份额为 0.751%，陕西依旧位居第一，其中，陕西旅游外汇收入市场份额比 2006 年增加 0.447%，甘肃下降 0.169%，青海下降 0.02%，宁夏增长 0.018%，新疆增长 0.374%。可见，青海下滑趋势非常明显，甘肃稍有下滑，陕西规模优势暂时无法撼动，新疆和宁夏增长走势看好且新疆增幅明显。如表 2-14 和表 2-15 所示，如图 2-24 和图 2-25 所示。

表 2-14　　2006-2016 年西北五省区入境旅游流流质演变

指数		2006 年	2007 年	2008 年	2009 年	2010 年	2011 年	2012 年	2013 年	2014 年	2015 年	2016 年
旅游外汇收入份额（%）	陕西	1.502	1.459	1.6165	1.943	2.218	2.672	3.193	3.244	1.344	1.759	1.949
	甘肃	0.185	0.167	0.039	0.032	0.032	0.036	0.045	0.039	0.009	0.013	0.016
	青海	0.039	0.038	0.025	0.039	0.045	0.055	0.049	0.036	0.024	0.034	0.037
	宁夏	0.007	0.007	0.007	0.011	0.013	0.013	0.011	0.023	0.018	0.018	0.025
	新疆	0.377	0.386	0.333	0.345	0.803	0.959	1.101	1.132	0.472	0.535	0.751
入境游客市场份额（%）	陕西	0.848	0.932	0.969	1.151	1.582	2.000	2.537	2.729	2.078	2.187	2.449
	甘肃	0.243	0.251	0.064	0.048	0.052	0.067	0.077	0.056	0.038	0.041	0.052
	青海	0.034	0.038	0.024	0.029	0.035	0.038	0.036	0.036	0.040	0.049	0.050
	宁夏	0.007	0.007	0.009	0.012	0.013	0.015	0.0144	0.019	0.026	0.028	0.037
	新疆	0.29	0.332	0.279	0.282	0.795	0.982	1.135	1.215	1.173	1.256	1.457

续表

指数		2006 年	2007 年	2008 年	2009 年	2010 年	2011 年	2012 年	2013 年	2014 年	2015 年	2016 年
入境旅游流流质指数	陕西	1.772	1.567	1.668	1.689	1.402	1.336	1.258	1.189	0.646	0.805	0.796
	甘肃	0.764	0.665	0.613	0.656	0.617	0.532	0.578	0.699	0.253	0.307	0.308
	青海	1.156	1.002	1.077	1.3606	1.281	1.432	1.3368	1.006	0.6073	0.697	0.724
	宁夏	1.034	0.876	0.826	0.968	0.974	0.887	0.757	1.189	0.667	0.658	0.667
	新疆	1.300	1.164	1.192	1.226	1.010	0.978	0.971	0.932	0.402	0.426	0.515

表 2－15　2006－2016 年西北五省区入境旅游流流质演变

年份	2006 年	2007 年	2008 年	2009 年	2010 年	2011 年	2012 年	2013 年	2014 年	2015 年	2016 年	均值
陕西	1.772	1.567	1.668	1.689	1.402	1.336	1.258	1.189	0.647	0.805	0.796	1.284
甘肃	0.764	0.665	0.613	0.656	0.618	0.532	0.578	0.699	0.253	0.307	0.308	0.545
青海	1.156	1.002	1.077	1.361	1.281	1.432	1.337	1.006	0.607	0.697	0.724	1.062
宁夏	1.034	0.876	0.826	0.968	0.974	0.887	0.757	1.190	0.667	0.658	0.667	0.864
新疆	1.300	1.164	1.192	1.226	1.010	0.978	0.971	0.932	0.402	0.426	0.516	0.920
均值	1.205	1.055	1.075	1.180	1.057	1.033	0.980	1.003	0.515	0.579	0.602	0.935

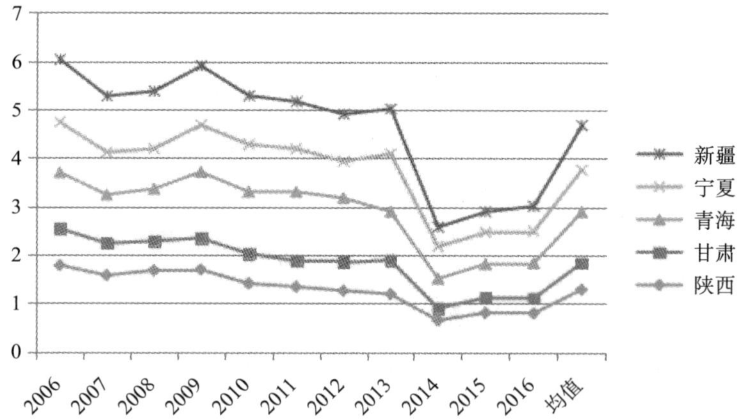

图 2－24　2006－2016 年西北五省区入境旅游流流质演变趋势图

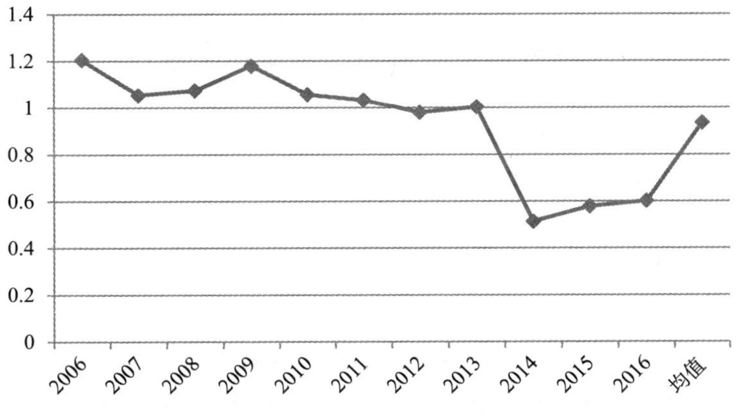

图 2－25　2006－2016 年丝路入境旅游流流质演变趋势图

（二）整体分析入境旅游流流质演变特点

2006 年入境旅游接待指数为 1.205，2007 年小幅下降到 1.055，2008 年小幅上升到 1.075，2009－2012 年一路下降到 0.980，2013 年小幅上升，2014 年小幅下降到 0.515，2015 年呈现小幅上升，2016 年达到 0.602。整体变化态势呈现“W”形，稳中上升，2007 年和 2014 年出现小幅下降。

第三节　流量流质匹配模式演变

首先依据流量流质指数变化，直观观察各自演变态势，然后基于入境旅游流流量—流质的匹配，以流质和流量均值作为坐标交叉点，将入境旅游流区别为四大模式：高质高量、低质高量、低质低量、高质低量，判断两者耦合态势。

一、西北五省区入境旅游流流量流质匹配模式演变

（一）甘肃入境旅游流流量流质匹配模式演变

利用流量指数和流质指数的数据和图表可直观观察到，流量指数和流质指数演变具有如下特点：第一，指数曲线呈现“口”字形走势。流量指数不断下降，呈现“V”形，2007 年最高，为 0.2509，此后不断下降，2016 年为 0.0518；而流质指数走势恰好相反，呈现倒“V”形，2006 和 2013 年为较高点，分别为 0.7641 和 0.6993，2013 年以后大幅度下降，2015 年降到最低点，为 0.3067。这说明甘肃入境旅游发展态势不是很好。第二，演变具有阶段性特征。依据时间段，可把流量与流质匹配结果分为 6 个模式：2006 – 2007 年属于反向运动模式，流量指数上升，流质指数下降；2008 – 2009 年属于反向运动模式，流量指数下降，流质指数上升；2010 – 2011 年为流质指数下降，流量指数上升；2011 – 2012 年属于同向运动模式，流质和流量指数都出现小幅度上升；2013 – 2014 年属于同向运动模式，流质指数下降，流量指数也在下降；2015 – 2016 年属于同向运动模式，虽然流量与流质指数不高，但呈现上升趋势。第三，出现不同模式演变。基于流量和流质指数均值，可将入境旅游流演变态势划分为如下模式：2006 – 2007 年属于高质高量型，2008 – 2010 年属于高质低量型，2011 年属于低质低量型，2012 – 2013 年属于高质低量型，2014 – 2016 年属于低质低量型。如表 2 – 16 所示，如图 2 – 26 所示。

表 2 – 16　2006 – 2016 年甘肃入境旅游流流量指数和流质指数一览表

年份	流量指数	流质指数
2006	0.2426	0.7641
2007	0.2509	0.6655
2008	0.0640	0.6134
2009	0.0482	0.6559

续表

年份	流量指数	流质指数
2010	0.0524	0.6176
2011	0.0675	0.5322
2012	0.0773	0.5780
2013	0.0564	0.6993
2014	0.0381	0.2534
2015	0.0407	0.3067
2016	0.0518	0.3079
均值	0.0900	0.5449

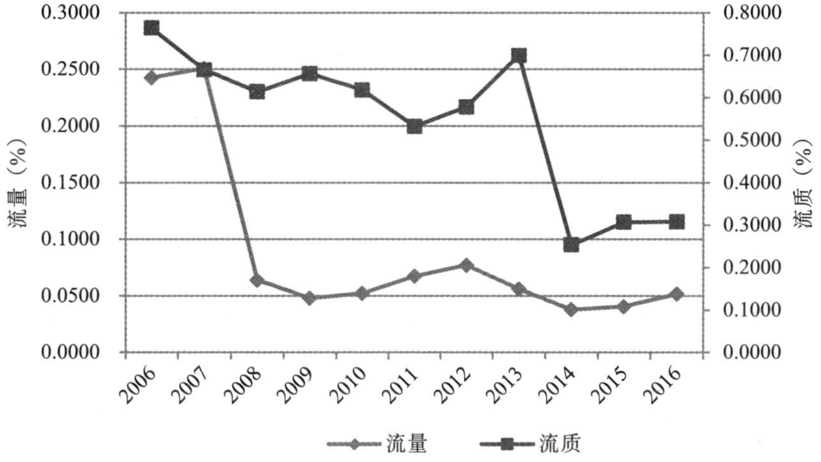

表 2-26　2006-2016 年甘肃入境旅游流流量指数和流质指数演变态势图

(二) 陕西入境旅游流流量流质匹配模式演变

利用流量指数和流质指数的数据和图表可直观观察到，流量指数和流质指数演变具有如下特点：第一，指数曲线呈现“X”形走势。流量指数整体上升，呈现“Z”形，2006 年处于最低点，指数为 0.8480，此后不断上升，2013 年指数为 2.7287；而流质指数走势呈现双“V”叠加走势，整体下降。第二，阶段性特征显著。匹配结果分为 3 个模式：2006-2013 年属于反向运动模式，流量指数不断上升，流质指数下降；2013-2014 年属于同向运动模式，流量和流质指数都大幅度下降；2014－2016年属于同向运动模式，流质指数和流量指数有所上升。第三，出现不同模式演变。基于流量和流质指数均值，可将入境旅游流演变态势划分为如下模式：2006－2010年属于低质高量型，2011年属于高质高量型，2012年属于高质低量型，2013－2016年属于高质低量型。如表2－17所示，如图2－27所示。

表2－17　2006－2016年陕西入境旅游流流量指数和流质指数一览表

年份	流量指数	流质指数
2006	0.8480	1.7715
2007	0.9318	1.5668
2008	0.9692	1.6675
2009	1.1508	1.6888
2010	1.5821	1.4017
2011	2.0000	1.3361
2012	2.5379	1.2582
2013	2.7287	1.1890
2014	2.0781	0.6467
2015	2.1866	0.8049
2016	2.4493	0.7957

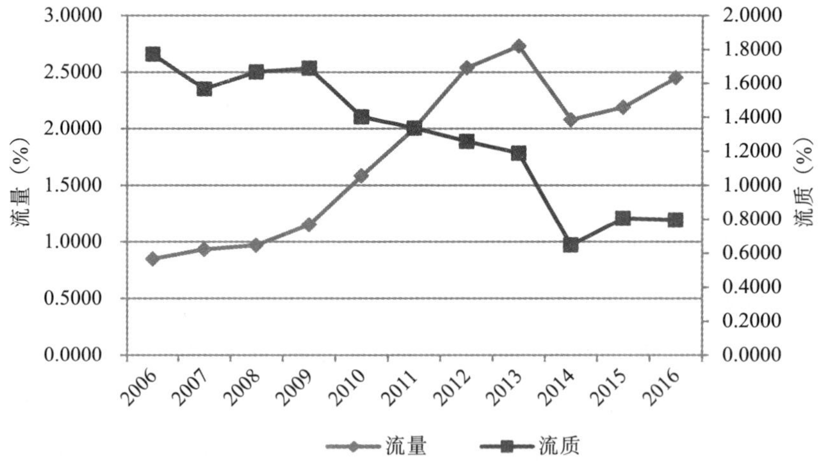

表2－27　2006－2016年陕西入境旅游流流量指数和流质指数演变态势图

（三）青海入境旅游流流量流质匹配模式演变

利用流量指数和流质指数的数据和图表可直观观察到，流量指数和流质指数演变具有如下特点：第一，指数曲线呈现“鱼”形走势。流量指数先降后升，呈现“V”形，2016 年指数最高，为 0.0508，而流质指数走势恰好相反，先降后升，呈现倒“U”形，2011 年达到最高点，为 1.4324，2011 年以后下降，2015 年有所上升。第二，演变具有阶段性特征。依据时间段，可把流量与流质匹配结果分为 5 个模式：2006－2007 年属于反向运动模式，流量指数上升，流质指数下降；2007－2008 年属于反向运动模式，流质指数上升，流量指数降低；2008－2011 年属于同向运动模式，流量指数和流质指数都缓慢上升；2011－2013 年属于同向运动模式，流质指数和流量指数都降低；2013－2014 年属于反向运动模式，流量指数上升，流质指数下降；2014－2016 年呈现小幅度上升，属于同向运动模式。第三，出现不同模式演变。基于流量和流质指数均值，可将入境旅游流演变态势划分为如下模式：2006 年属于低质低量型，2007 年属于属于低质高量型，2008－2010 年属于低量高质型，2011 年属于高质高量型，2012 年属于高质低量型，2013 年属于低质低量型，2014－2016 年属于低质高量型。如表 2－18 所示，如图 2－28 所示。

表 2－18　2006－2016 年青海入境旅游流流量指数和流质指数一览表

年份	流量指数	流质指数
2006	0.0338	1.1562
2007	0.0379	1.0018
2008	0.0231	1.0766
2009	0.0286	1.3607
2010	0.0349	1.2807
2011	0.0383	1.4324
2012	0.0358	1.3368
2013	0.0360	1.0058
2014	0.0402	0.6072
2015	0.0490	0.6967

续表

年份	流量指数	流质指数
2016	0.0508	0.7244
均值	0.0371	1.0617

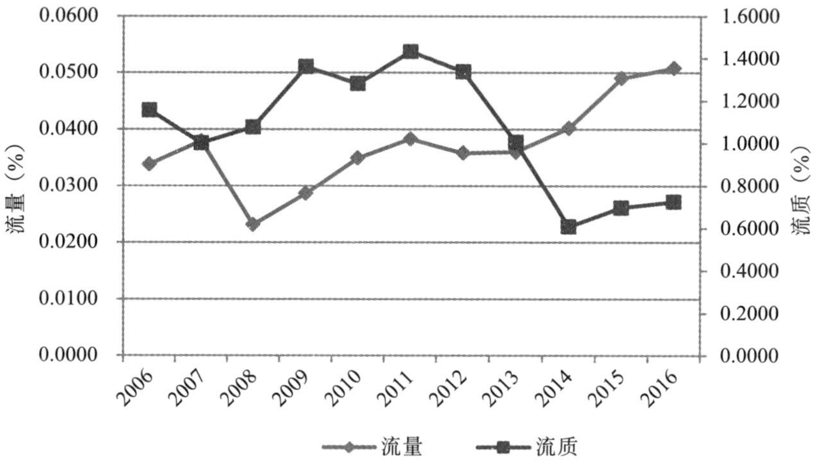

图 2－28　2006－2016 年青海入境旅游流流量指数和流质指数演变态势图

（四）宁夏入境旅游流流量流质匹配模式演变

利用流量指数和流质指数的数据和图表可直观观察到，流量指数和流质指数演变具有如下特点：第一，指数曲线呈现不规则的“X”形走势。流量指数先降后升，呈现斜“一”形，2016 年指数最高，为 0.0371，而流质指数走势恰好相反，倒“V”形，先降后升再降，2013 年指数达到最高点，为 1.1895，2013 年以后下降。第二，演变具有阶段性特征。依据时间段，可把流量与流质匹配结果分为几个模式：2006－2008 年属于反向运动模式，流量指数上升，流质指数下降；2008－2009 年属于同向运动模式，流质指数上升，流量指数上升；2010－2012 年属于反向运动模式，流质指数上升，流量指数下降；2012－2013 年属于同向运动模式，两个指数都上升；2013－2015 年属于反向运动模式，流量指数上升，流质指数下降；2015－2016 年属于同向运动模式，两个指数都有所恢复，不同的是流量指数上升幅度较大。第三，出现不同模式演变。基于流量和流质指数均值，可将入境旅游流演变态势划分为如下模式：2006－2007 年属于高质低量型，2008 年属于低质低量型，2009－2011 年属于高质高量型，2012 年属于低质低量型，2013 年属于高质高量型，2014 年属于低质高量型，2015 年属于低质高量型，2016 年属于低质高量型。如表 2－19 所示，如图 2－29 所示。

表 2－19　2006－2016 年宁夏入境旅游流流量指数和流质指数一览表

年份	流量指数	流质指数
2006	0.0069	1.0342
2007	0.0071	0.8760
2008	0.0089	0.8263
2009	0.0115	0.9679
2010	0.0134	0.9738
2011	0.0144	0.8866
2012	0.0144	0.7571
2013	0.0197	1.1895
2014	0.0263	0.6669
2015	0.0278	0.6585
2016	0.0371	0.6669
均值	0.0170	0.8640

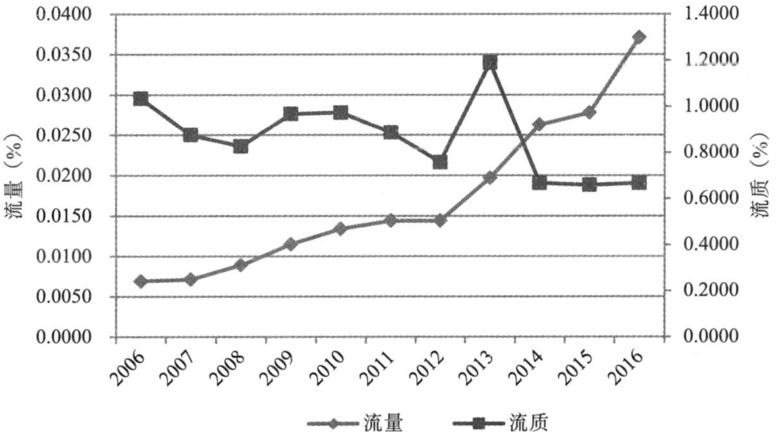

图2－29　2006－2016 年宁夏入境旅游流流量指数和流质指数演变态势图

（五）新疆入境旅游流流量流质匹配模式演变

利用流量指数和流质指数的数据和图表可直观观察到，流量指数和流质指数演变具有如下特点：第一，指数曲线呈现比较规则的“X”形走势。流量指数上升，流质指数降低。第二，演变具有阶段性特征。依据时间段，可把流量与流质匹配结果分为5个模式：2006－2007年属于反向运动模式，流量指数上升，流质指数下降；2008－2009年属于同向运动模式，流质指数上升，流量指数上升；2009－2013年属于反向运动模式，流质指数降低，流量指数上升；2013－2014年属于同向运动模式，流量指数和流质指数都缓慢下降；2015－2016年属于同向运动模式，两个指数都出现较大幅度的攀升。第三，出现不同模式演变。基于流量和流质指数均值，可将入境旅游流演变态势划分为如下模式：2006－2010年属于低量高质型，2011－2013年属于高质高量型，2014－2016年属于高量低质型。如表2－20所示，如图2－30所示。

表2－20　2006－2016年新疆入境旅游流流量指数和流质指数一览表

年份	流量指数	流质指数
2006	0.2900	1.3001
2007	0.3321	1.1636
2008	0.2794	1.1918
2009	0.2817	1.2259
2010	0.7950	1.0104
2011	0.9815	0.9776
2012	1.1348	0.9705
2013	1.2150	0.9320
2014	1.1732	0.4020
2015	1.2564	0.4258
2016	1.4565	0.5155
均值	0.8360	0.9196

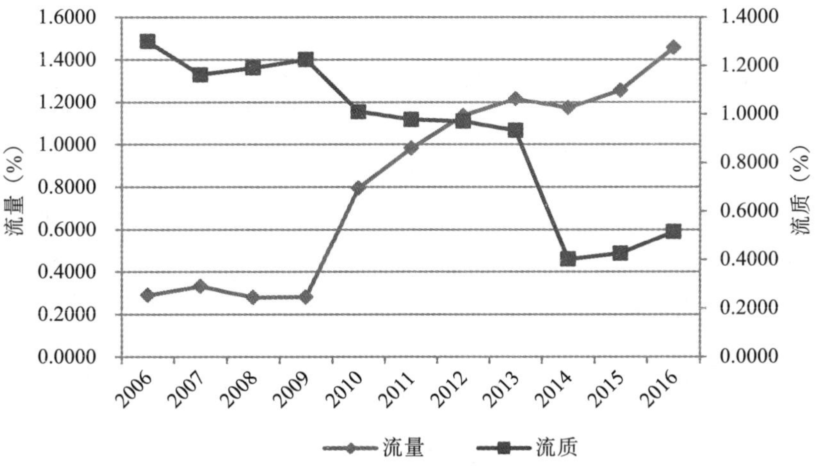

图 2-30　2006-2016 年新疆入境旅游流流量指数和流质指数演变态势图

二、丝路入境旅游流流量流质匹配模式演变

利用流量指数和流质指数的数据和图表可直观观察到，流量指数和流质指数演变具有如下特点：第一，指数曲线呈现“X”形走势。流量指数先降后升再降再升，2013 年指数最高，为 4.0558，而流质指数整体下降，部分年份有所上升。作为世界知名旅游廊道，入境旅游规模发展态势不错，但质量堪忧，如何提高入境旅游市场效应，形成质和量的良性耦合发展，是西北五省区迫在眉睫的问题。第二，演变具有阶段性特征。依据时间段，可把流量与流质匹配结果分为 6 个阶段：2006-2007 年属于反向运动模式，流量指数上升，流质指数下降；2007-2008 年属于反向运动模式流质指数上升，流量指数降低；2008-2009 年属于同向运动模式，流质指数上升，流量指数上升；2010-2013 年属于同向运动模式，流量指数上升，流质指数上升；2013-2014 年属于同向运动模式，流质指数和流量指数都下降；2014-2016 年属于同向运动模式，两个指数都上升。第三，出现不同模式演变。基于流量和流质指数均值，可将入境旅游流演变态势划分为如下模式：2006-2010 年属于高质低量型，2011-2013 年属于属于高质高量型，2014-2016 年属于

低质高量型。如表 2-21 和表 2-22 所示，如图 2-31 所示。

表 2-21　2006-2016 年丝路入境旅游流流量指数和流质指数演变一览表

年份	陕西	甘肃	青海	宁夏	新疆	西北五省区	陕西	甘肃	青海	宁夏	新疆	西北五省区
	流量	流量	流量	流量	流量	流量	流质	流质	流质	流质	流质	流质
2006	0.8480	0.2426	0.0338	0.0069	0.2900	1.4213	1.7715	0.7641	1.1562	1.0342	1.3001	1.4852
2007	0.9318	0.2509	0.0379	0.0071	0.3321	1.5599	1.5668	0.6655	1.0018	0.8760	1.1636	1.3191
2008	0.9692	0.0640	0.0231	0.0089	0.2794	1.3446	1.6675	0.6134	1.0766	0.8263	1.1918	1.5028
2009	1.1508	0.0482	0.0286	0.0115	0.2817	1.5207	1.6888	0.6559	1.3607	0.9679	1.2259	1.5587
2010	1.5821	0.0524	0.0349	0.0134	0.7950	2.4777	1.4017	0.6175	1.2807	0.9738	1.0104	1.2555
2011	2.0000	0.0675	0.0383	0.0144	0.9815	3.1017	1.3361	0.5322	1.4324	0.8866	0.9776	1.2043
2012	2.5379	0.0773	0.0358	0.0144	1.1348	3.8002	1.2582	0.5780	1.3368	0.7571	0.9705	1.1573
2013	2.7287	0.0564	0.0360	0.0197	1.2150	4.0558	1.1890	0.6993	1.0058	1.1895	0.9320	1.1036
2014	2.0781	0.0381	0.0402	0.0263	1.1732	3.3559	0.6467	0.2534	0.6072	0.6669	0.4020	0.5564
2015	2.1866	0.0407	0.0490	0.0278	1.2564	3.5605	0.8049	0.3067	0.6967	0.6585	0.4258	0.6628
2016	2.4493	0.0518	0.0508	0.0371	1.4565	4.0455	0.7957	0.3079	0.7244	0.6669	0.5155	0.6865

表 2-22　2006-2016 年丝路入境旅游流流量指数和流质指数一览表

年份	流量指数	流质指数
2006	1.4213	1.4852
2007	1.5599	1.3191
2008	1.3446	1.5028
2009	1.5207	1.5587
2010	2.4777	1.2555
2011	3.1017	1.2043
2012	3.8002	1.1573
2013	4.0558	1.1036
2014	3.3559	0.5564
2015	3.5605	0.6628
2016	4.0455	0.6865

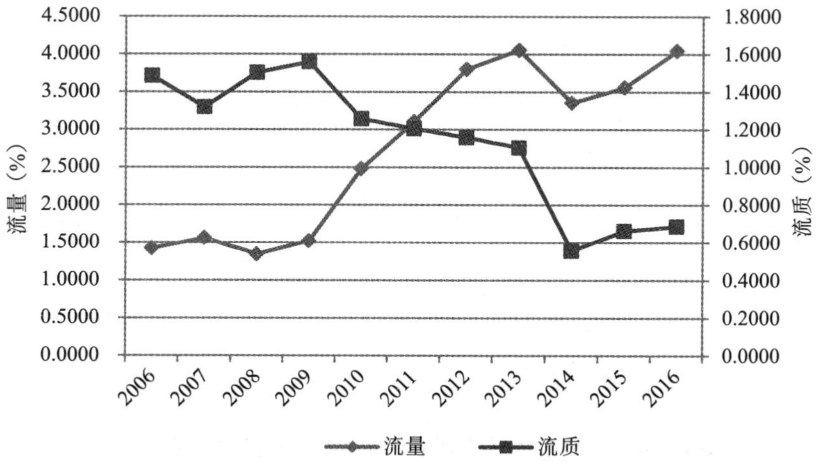

图 2－31　2006－2016 年丝路入境旅游流流量指数和流质指数演变态势图

结合表 2－23，构建流量位序—流质指数二维矩阵图，如图 2－32 所示。

表 2－23　丝路入境旅游流流量位序和流质指数一览表

省份	流质指数	流量位序
陕西	1.2843	1
甘肃	0.5449	3
青海	1.0617	4
宁夏	0.8640	5
新疆	0.9196	2
均值	0.9349	3.6

从图 2－32 可直观显示演变格局。陕西依托优越的历史积淀、地理位置与旅游业资源密集优势，入境旅游起步早，态势好，属于位高质流地带；甘肃虽然属于华夏文明发源地，拥有敦煌等世界遗产资源，但产业发展态势不理想，属于位低质流地带，和自身文化大省地位不匹配，距离旅游的大省目标尚有一定距离；宁夏面积较小，资源级别与规模不够，入境旅游发展格局中属于位低质优地带；青海旅游缺少高级别资源，对入境客流吸引不够，属于位低质流地带，新疆段依托国家发展战略、民族文化优势，入境旅游取得很大进展，属于位高质流地带。

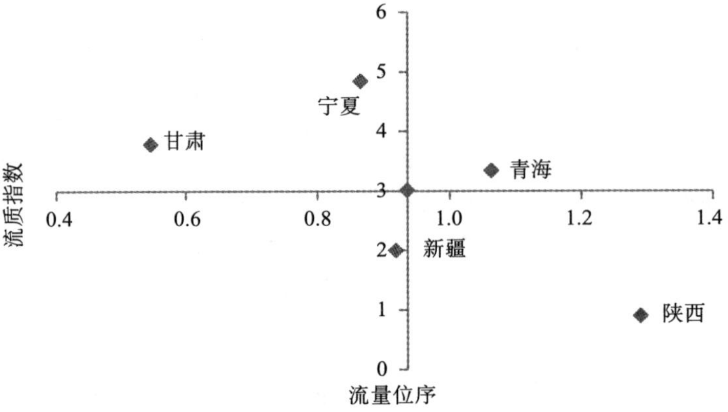

图 2－32　丝路入境旅游流流量位序和流质指数二维矩阵图

第三章 丝路入境旅游流集散态势时空演变——基于客源地视角

本章主要使用地理集中指数、竞争态、亲景度模型，测算分析丝路入境旅游流积聚扩散态势。

首先，分析旅游流地理集中指数，其测度公式为：$G = 100 \times \sqrt{\sum_{i=1}^{n} (\frac{X_i}{T})^2}$。

其中，X_i 表示第 i 个客源地的入境游客数量；T 表示旅游地接待的入境游客总量；n 表示为客源地总数。

一般而言，地理集中指数越小，说明旅游流来源地越分散，稳定性越强；反之，如果地理集中指数越大，则说明客流越集中在几个重要地方，安全性和稳定性越差，但指数过大或者过小，都不利于产业发展。

其次，分析旅游流竞争态，竞争态模型也叫作“波士顿矩阵模型”，是美国波士顿咨询公司于 1970 年所创，最初用于公司产品市场分析，后应用领域得到拓展，广泛用于市场调查和研究。学术界一般认为，该模型在国内用于旅游市场分析始于陕西师范大学马耀峰和孙根年教授等，他们依据旅游收入或接待人次数据，通过此方法计算市场占有率和市场增长率，以观察市场发展格局。根据此模型，旅游客源市场可被划分为明星市场（市场占有率和市场增长率均高）、金牛市场（市场占有率高、市场增长率低）、幼童市场（市场占有率低、市场增长率高）和瘦狗市场（市场占有率和市场增长率均低）4 种类型。

最后，分析亲景度指数，亲（疏）景度最初用于分析旅游者对景区景点的偏好或喜爱程度，后演化为市场分析指标。学术界一般认为，国内亲（疏）景度模型理论由陕西师范大学马耀峰教授最早应用于旅游研究。它的表达式为：

$$P = P_i / C_i$$

其中，P 表示亲（疏）景度；P_i 表示某客源国在某旅游目的地的市场占有率；C_i 为该客源国在全国入境旅游市场的占有率。

依据该指数可把旅游市场划分为强疏景客源市场（$0 \leqslant P < 0.5$）、弱疏景客源市场（$0.5 \leqslant P < 1.0$）、弱亲景客源市场（$1.0 \leqslant P < 2.0$）、强亲景客源市场（$P \geqslant 2.0$）。该指数能更为科学和客观地反映旅游市场竞争格局和时空演化规律，为市场营销和产品设计提供依据。

第一节　甘肃入境旅游流集散时空演变

一、地理集中指数演变

从 13 个主要客源国接待量看，2006 年甘肃主要入境客源地是日本、韩国、美国、德国，接待量均在 1 万人次以上，接待量较小的国家是加拿大、菲律宾、泰国。计算数据表明：2015 年，13 个客源国的接待量发生变化，接待量均未超过 1 万人次，规模较小的市场是菲律宾、俄罗斯、泰国、加拿大、澳大利亚。由此可计算客源市场的地理集中指数。基于各年度均值视角看，2006 - 2015 年入境旅游客源市场的地理集中指数均值为 21.462。基于年份指数变化方面看，呈现出“M + V”形，体现出“升—降—升—降—升—降—升”的演变态势，具体是 2006 - 2008 年上升，从 16.996 上升到 20.034 再上升 23.965，突破了 20；2009 年指数下降，为 23.944，比 2008 年下降了 0.021，但比 2006 年指数上升了将近 0.6；2010 年再次上升，指数达到 25.408，第一次突破 25；2011 年下降幅度较大，为 19.534，下降了近 3 个百分点；2012 年又大幅上升，为 25.774；2013 年指数稍微下降，为

25.405；2014 年下降为 16.011；2015 年指数有所上升，为 17.546，仅比 2006 年增加了 0.550。基于大尺度变化看，2006 年和 2014 年地理集中指数较低，2010 年、2012 年、2013 年指数较高，在 25 左右，原因是客流多集中在日本与韩国等国家。如表 3－1 所示，如图 3－1 和图 3－2 所示。

表 3－1　2006－2015 年甘肃入境旅游流地理集中指数演变

年份	2006	2007	2008	2009	2010	2011	2012	2013	2014	2015
地理集中指数	16.996	20.034	23.965	23.944	25.408	19.534	25.774	25.405	16.011	17.546
入境总人次	303254	331238	83196	60711	70167	91080	102028	72800	48750	54508
日本	38891	41067	10780	11540	14273	12628	21226	10977	4332	7171
韩国	16949	30553	7993	2874	4622	6101	12537	10406	2714	3378
马来西亚	7486	8676	2522	2755	3490	4466	1789	3501	2187	2273
菲律宾	1077	1287	151	264	176	131	131	209	264	387
新加坡	9139	11516	2644	2199	2300	3003	2306	2589	2691	2358
泰国	1985	3164	1134	509	915	754	915	948	606	761
美国	17296	29966	11022	5358	6409	8002	6409	7210	3678	3297
加拿大	4507	6534	1355	1550	1813	1654	1813	2283	1049	929
英国	8206	11694	3894	2824	1867	1703	1867	2576	1125	1017
法国	8174	14036	4017	2470	3871	2922	3871	3260	1487	1508
德国	14302	13362	5398	2806	2347	2694	2347	2678	1222	1173
俄罗斯	2255	5129	386	268	268	206	268	901	224	272
澳大利亚	6977	9203	4343	1997	2452	2189	2452	3307	1638	831

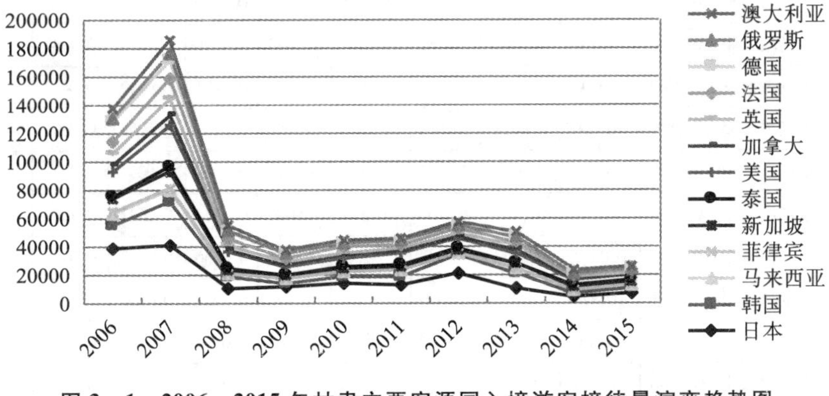

图 3－1　2006－2015 年甘肃主要客源国入境游客接待量演变趋势图

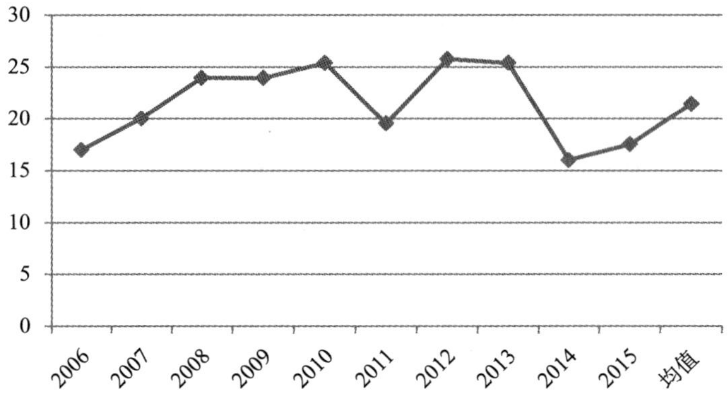

图3－2 2007－2015年甘肃入境旅游流地理集中指数演变趋势图

二、竞争态演变

依据入境旅游流市场占有率、市场增长率（如表3－2所示），可将甘肃入境旅游流的竞争态分布（如表3－3所示）和演变特征（如表3－4所示）归纳如下：

表3－2 2007－2015年甘肃入境旅游流市场占有率和市场增长率一览表

年份		2007	2008	2009	2010	2011	2012	2013	2014	2015	均值
日本	市场占有率	0.1240	0.1296	0.1901	0.2034	0.1386	0.2080	0.1508	0.0889	0.1316	0.1517
	市场增长率	0.0560	-0.7375	0.0705	0.2368	-0.1153	0.6809	-0.4829	-0.6054	0.6554	-0.0268
韩国	市场占有率	0.0922	0.0961	0.0473	0.0659	0.0670	0.1229	0.1429	0.0557	0.0620	0.0836
	市场增长率	0.8026	-0.7384	-0.6404	0.6082	0.3200	1.0549	-0.1700	-0.7392	0.2447	0.0825
马来西亚	市场占有率	0.0262	0.0303	0.0454	0.0497	0.0490	0.0175	0.0481	0.0449	0.0417	0.0392
	市场增长率	0.1590	-0.7093	0.0924	0.2668	0.2797	-0.5994	0.9570	-0.3753	0.0393	0.0122
菲律宾	市场占有率	0.0039	0.0018	0.0043	0.0025	0.0014	0.0013	0.0029	0.0054	0.0071	0.0034
	市场增长率	0.1950	-0.8827	0.7483	-0.3333	-0.2557	0.0000	0.5954	0.2632	0.4659	0.0885
新加坡	市场占有率	0.0348	0.0318	0.0362	0.0328	0.0330	0.0226	0.0356	0.0552	0.0433	0.0361
	市场增长率	0.2601	-0.7704	-0.1683	0.0459	0.3057	-0.2321	0.1227	0.0394	-0.1237	-0.0579
泰国	市场占有率	0.0096	0.0136	0.0084	0.0130	0.0083	0.0090	0.0130	0.0124	0.0140	0.0113
	市场增长率	0.5940	-0.6416	-0.5511	0.7976	-0.1760	0.2135	0.0361	-0.3608	0.2558	0.0186

续表

年份		2007	2008	2009	2010	2011	2012	2013	2014	2015	均值
美国	市场占有率	0.0905	0.1325	0.0883	0.0913	0.0879	0.0628	0.0990	0.0754	0.0605	0.0876
	市场增长率	0.7325	-0.6322	-0.5139	0.1962	0.2486	-0.1991	0.1250	-0.4899	-0.1036	-0.0707
加拿大	市场占有率	0.0197	0.0163	0.0255	0.0258	0.0182	0.0178	0.0314	0.0215	0.0170	0.0215
	市场增长率	0.4497	-0.7926	0.1439	0.1697	-0.0877	0.0961	0.2592	-0.5405	-0.1144	-0.0463
英国	市场占有率	0.0353	0.0468	0.0465	0.0266	0.0187	0.0183	0.0354	0.0231	0.0187	0.0299
	市场增长率	0.4251	-0.6670	-0.2748	-0.3389	-0.0878	0.0963	0.3798	-0.5633	-0.0960	-0.1252
法国	市场占有率	0.0424	0.0483	0.0407	0.0552	0.0321	0.0379	0.0448	0.0305	0.0277	0.0399
	市场增长率	0.7172	-0.7138	-0.3851	0.5672	-0.2452	0.3248	-0.1578	-0.5439	0.0141	-0.0469
德国	市场占有率	0.0403	0.0649	0.0462	0.0334	0.0296	0.0230	0.0368	0.0251	0.0215	0.0356
	市场增长率	-0.0657	-0.5960	-0.4802	-0.1636	0.1478	-0.1288	0.1410	-0.5437	-0.0401	-0.1921
俄罗斯	市场占有率	0.0155	0.0046	0.0044	0.0038	0.0023	0.0026	0.0124	0.0046	0.0050	0.0061
	市场增长率	1.2745	-0.9247	-0.3057	0.0000	-0.2313	0.3010	2.3619	-0.7514	0.2143	0.2154
澳大利亚	市场占有率	0.0278	0.0522	0.0329	0.0349	0.0240	0.0240	0.0454	0.0336	0.0152	0.0322
	市场增长率	0.3190	-0.5281	-0.5402	0.2278	-0.1073	0.1201	0.3487	-0.5047	-0.4927	-0.1286
均值	市场占有率	0.0432	0.0515	0.0486	0.0491	0.0392	0.0437	0.0537	0.0366	0.0358	0.0457
	市场增长率	0.4553	-0.7180	-0.2157	0.1754	-0.0001	0.1329	0.3474	-0.4397	0.0707	-0.0328

表 3-3　　2007-2015 年甘肃入境旅游流竞争态演变格局

年份		2007	2008	2009	2010	2011	2012	2013	2014	2015	整体市场类别
日本	市场占有率	高	高	高	高	高	高	低	高	高	高
	市场增长率	低	低	高	高	低	高	低	低	高	高
	市场类别	金牛	金牛	明星	明星	金牛	明星	瘦狗	金牛	明星	明星
韩国	市场占有率	高	高	低	高	高	高	高	高	高	高
	市场增长率	高	低	低	高	高	高	低	低	高	高
	市场类别	明星	金牛	瘦狗	明星	明星	明星	金牛	金牛	明星	明星
马来西亚	市场占有率	低	低	低	高	高	低	低	高	高	低
	市场增长率	低	高	高	高	高	低	高	高	低	高
	市场类别	瘦狗	幼童	幼童	明星	明星	瘦狗	幼童	明星	金牛	幼童

续表

年份		2007	2008	2009	2010	2011	2012	2013	2014	2015	整体市场类别
菲律宾	市场占有率	低	低	低	低	低	低	低	低	低	低
	市场增长率	低	低	高	低	低	低	高	高	高	高
	市场类别	瘦狗	瘦狗	幼童	瘦狗	瘦狗	瘦狗	幼童	幼童	幼童	幼童
新加坡	市场占有率	低	低	低	低	低	低	低	高	高	低
	市场增长率	低	低	高	低	高	低	低	高	高	低
	市场类别	瘦狗	瘦狗	幼童	瘦狗	幼童	瘦狗	瘦狗	明星	明星	瘦狗
泰国	市场占有率	低	低	低	低	低	低	低	低	低	低
	市场增长率	高	高	低	高	低	高	低	高	高	高
	市场类别	幼童	幼童	瘦狗	幼童	瘦狗	幼童	瘦狗	幼童	幼童	幼童
美国	市场占有率	高	高	高	高	高	高	高	高	高	高
	市场增长率	高	高	低	高	高	低	低	低	高	低
	市场类别	明星	明星	金牛	明星	明星	金牛	金牛	金牛	明星	金牛
加拿大	市场占有率	低	低	低	低	低	低	低	低	低	低
	市场增长率	低	低	低	低	低	低	低	低	高	低
	市场类别	瘦狗	瘦狗	瘦狗	瘦狗	瘦狗	瘦狗	瘦狗	瘦狗	幼童	瘦狗
英国	市场占有率	低	低	低	低	低	低	低	低	低	低
	市场增长率	低	高	低	低	低	低	高	低	高	高
	市场类别	瘦狗	幼童	瘦狗	瘦狗	瘦狗	瘦狗	幼童	瘦狗	幼童	幼童
法国	市场占有率	低	低	低	高	低	低	低	低	低	低
	市场增长率	高	高	低	高	低	高	低	低	高	低
	市场类别	幼童	幼童	瘦狗	幼童	瘦狗	幼童	瘦狗	瘦狗	幼童	瘦狗
德国	市场占有率	低	高	低	低	低	低	低	低	低	低
	市场增长率	低	高	低	低	高	低	低	低	高	低
	市场类别	瘦狗	明星	瘦狗	瘦狗	幼童	瘦狗	瘦狗	瘦狗	幼童	瘦狗
俄罗斯	市场占有率	低	低	低	低	低	低	低	低	低	低
	市场增长率	高	低	低	低	低	高	高	低	高	高
	市场类别	幼童	瘦狗	瘦狗	瘦狗	瘦狗	幼童	幼童	瘦狗	幼童	幼童
澳大利亚	市场占有率	低	高	低	低	低	低	低	低	低	低
	市场增长率	低	高	低	高	低	低	高	低	低	低
	市场类别	瘦狗	明星	瘦狗	幼童	瘦狗	瘦狗	幼童	瘦狗	瘦狗	瘦狗

表 3-4　　2007-2015 年甘肃入境旅游流市场类别

市场类别	瘦狗	明星	金牛	幼童
2007	马来西亚、新加坡、菲律宾、加拿大、澳大利亚、德国	韩国、美国	日本	泰国、法国、俄罗斯
2008	新加坡、菲律宾、加拿大、俄罗斯	澳大利亚、德国、美国	日本、韩国	马来西亚、泰国、英国、法国
2009	韩国、泰国、加拿大、英国、德国、俄罗斯	日本	美国	菲律宾、新加坡
2010	新加坡、菲律宾、加拿大、英国、德国、俄罗斯	日本、韩国、美国	马来西亚	泰国、法国、澳大利亚
2011	泰国、加拿大、英国、法国、俄罗斯、澳大利亚	韩国、马来西亚、美国	日本	新加坡、德国
2012	新加坡、菲律宾、加拿大、德国	日本、韩国	美国	泰国、法国、俄罗斯
2013	日本、泰国、加拿大、法国、德国		韩国、美国	马来西亚、菲律宾、英国、俄罗斯、澳大利亚
2014	加拿大、英国、法国、德国、俄罗斯、澳大利亚	马来西亚、新加坡	日本、韩国、美国	菲律宾、泰国
2015	澳大利亚	日本、韩国、马来西亚、新加坡、美国		菲律宾、泰国、加拿大、英国、法国、德国、俄罗斯
2007-2015 年整体	加拿大、法国、德国、澳大利亚	日本、韩国	美国	马来西亚、菲律宾、泰国、英国、俄罗斯

（1）日本。2007 年和 2008 年市场占有率以及市场增长率呈现一高一低态势，属于金牛市场；2009-2010 年市场占有率以及市场增长率呈现双高态势，属于明星市场；2011 年市场占有率为 0.1386，增长率为 -0.1153，属于金牛市场；2012 年市场占有率以及市场增长率呈现双高态势，分别为 0.2080 与 0.6809，属于明星市场；2013 年市场占有率以及市场增长率均低于均值，呈现双低态势，属于瘦狗市场；2014 年市场占有率以及市场增长率

呈现一高一低态势，分别是 0.0889 和 -0.6054，属于金牛市场；2015 年市场占有率和市场增长率分别是 0.1316 和 0.6554，属于明星市场。整体看，2007-2015 年属于明星市场。

（2）韩国。2007 年市场占有率以及市场增长率呈现双高态势，分别为 0.0922 和 0.8026，属于明星市场；2008 年市场占有率高于均值，市场增长率低于均值，分别为 0.0961 和 -0.7384，属于金牛市场；2009 年两个指数都低于均值，属于瘦狗市场；2010-2012 年为明星市场；2013-2014 年为金牛市场；2015 年为明星市场。整体看，2007-2015 年，市场占有率为 0.0836，市场增长率为 0.0825，均高于均值，属于明星市场。

（3）马来西亚。2007 年市场占有率为 0.0262，市场增长率为 0.1590，均低于均值，属于瘦狗市场；2008-2009 年市场占有率低于均值，市场增长率高于均值，属于幼童市场；2010 年市场占有率和市场增长率均高于均值，属于明星市场；2011 年属于明星市场；2012 年市场占有率和市场增长率均低于均值，分别为 0.0175 和 -0.5994，属于瘦狗市场；2013 年属于幼童市场；2014 属于明星市场；2015 年属于金牛市场。整体看，2007-2015 年市场占有率低于均值，市场增长率高于均值，属于幼童市场。

（4）菲律宾。2007-2008 年市场占有率以及市场增长率低于均值，呈现双低态势，属于瘦狗市场；2009 年市场占有率低于均值，市场增长率高于均值，属于幼童市场；2010-2012 年属于瘦狗市场；2013-2015 年市场占有率高于均值，市场增长率低于均值，属于幼童市场。整体看，2007-2015 年市场占有率为 0.0034，市场增长率为 0.0885，属于幼童市场。

（5）新加坡。2007-2008 年属于瘦狗市场，市场占有率分别为 0.0348 和 0.0318，低于年度均值 0.0432 和 0.0515，市场增长率分别为 0.2601 和 -0.7704，低于年度均值 0.4553 和 -0.7180；2009 年属于幼童市场，市场增长率为 0.0362，市场占有率为 -0.1683；2010 年属于瘦狗市场，市场增长率为 0.0328，市场占有率为 0.0459；2011 年属于幼童市场，市场占有率为 0.0330，低于年度均值 0.0392，市场增长率为 0.3057，高于年度均值 -0.0001；2012-2013 年属于瘦狗市场；2014-2015 年属于明星市场，市场占有率为 0.0433，市场增长率为 -0.1237，均高于年度均值 0.0358 和

0.0707。整体看，2007－2015年市场占有率为0.0361，低于均值0.0457，市场增长率为－0.0579，低于均值－0.0328，呈现出双低态势，属于瘦狗市场。

（6）泰国。2007－2008年属于幼童市场，市场占有率分别为0.096和0.0084，低于年度均值0.0432和0.4553，市场增长率分别为0.5940和－0.6416，高于年度均值0.0515和－0.7180；2009年属于瘦狗市场；2010年属于幼童市场，市场增长率0.0130高于年度均值0.175，市场占有率0.0130低于年度均值0.0490；2011年属于瘦狗市场；2012年属于幼童市场；2013年属于瘦狗市场；2014－2015年属于幼童市场。整体看，2007－2015年属于幼童市场，市场占有率0.0113低于均值0.0457，市场增长率0.0186高于均值－0.0328。

（7）美国。2007－2008年属于明星市场，市场占有率和市场增长率均高于年度均值；2009年属于金牛市场，市场占有率0.0883高于年度均值0.0486，市场增长率－0.5139低于年度均值－0.2157；2010－2011年属于明星市场，市场占有率和市场增长率均高于年度均值；2012－2014年属于金牛市场；2015年属于明星市场。整体看，2007－2015年市场占有率0.0876高于均值0.0457，市场增长率－0.0707低于均值－0.0328，属于金牛市场。

（8）加拿大。仅2015年属于幼童市场，市场占有率0.0170低于年度均值0.0358，市场增长率－0.1144高于年度均值0.0707；其他时间段属于瘦狗市场。整体看，2007－2015年市场占有率0.0215低于均值0.0457，市场增长率－0.0462低于均值－0.0328，属于瘦狗市场。

（9）英国。2007年属于瘦狗市场，市场占有率0.0352低于年度均值0.0435，市场增长率0.4251低于年度均值0.4553；2008年属于幼童市场，市场占有率0.0468低于年度均值0.0515，市场增长率－0.6670高于年度均值－0.7180；2009－2011年属于瘦狗市场；2012年属于幼童市场；2014年属于瘦狗市场；2015年属于幼童市场。整体看，2007－2015年市场占有率0.0299低于均值0.0451，市场增长率－0.1252高于均值－0.0328，属于幼童市场。

（10）法国。2007－2008年属于幼童市场，市场占有率0.0424低于均指

0.0432；2009 年属于瘦狗市场，市场占有率和市场增长率双低；2010 年属于幼童市场，市场增长率高于年度均值；2011 年属于瘦狗市场，市场占有率和市场增长率均低于年度均值；2012 年属于幼童市场；2013－2014 年属于瘦狗市场；2015 年属于幼童市场。整体看，2007－2015 年市场占有率 0.0399 低于均值 0.0457，市场增长率－0.0469 低于均值－0.0328，属于瘦狗市场。

（11）德国。2007 年、2009 年、2010 年、2012 年、2013 年以及 2014 年属于瘦狗市场；2008 年属于明星市场，市场占有率 0.0649 高于年度均值 0.0515，市场增长率－0.5960 高于年度均值－0.7182；2011 年属于幼童市场，市场占有率 0.0296 低于均值 0.0392，市场增长率 0.1478 高于年度均值。整体看，2007－2015 年属于瘦狗市场，市场占有率 0.0356 低于均值 0.0457，市场增长率－0.1921 低于均指－0.0328。

（12）俄罗斯。2007 年属于幼童市场，市场占有率和市场增长率均低于年度均值；2008－2011 年属于瘦狗市场；2012－2013 年属于幼童市场，市场占有率低于年度均值 0.0437 和 0.0537，分别是 0.0026 和 0.0124，市场增长率却高于年度均值；2014 年属于瘦狗市场；2015 年属于幼童市场。整体看，2007－2015 年市场占有率 0.0061 低于均值 0.0457，市场增长率 0.2154 高于均值－0.0328，属于幼童市场。

（13）澳大利亚。2007 年属于瘦狗市场，市场增长率 0.3190 低于年度均值 0.4553；2008 年属于明星市场，市场占有率和市场增长率均高于年度均值；2009 年属于瘦狗市场；2010 年属于幼童市场；2011－2012 年属于瘦狗市场；2013 年属于幼童市场；2014－2015 年属于瘦狗市场。整体看，2007－2015 年属于瘦狗市场。

观察总体演变可以发现，2007 年属于明星市场的是韩国和美国，属于金牛市场的是日本；整体看，2007－2015 年属于明星市场的是日本和韩国，属于金牛市场的是美国。因此，2007－2015 年缺少明星市场和金牛市场，以瘦狗市场和幼童市场居多，发展态势不是很理想；美国一度时期从明星市场下滑为金牛市场，日本从金牛市场上升为明星市场，马来西亚、菲律宾从瘦狗市场演变为幼童市场，未来发展的空间很大。

三、亲景度演变

根据2006－2015年统计数据，计算得到入境旅游流对甘肃的亲景度及其市场演变状况。如表3－5和表3－6所示，如图3－3和图3－4所示。

表3－5　　2006－2015年甘肃入境旅游流亲景度指数演变

亲景度	日本	韩国	马来西亚	菲律宾	新加坡	泰国	美国	加拿大	英国	法国	德国	俄罗斯	澳大利亚	均值
2006	4.28	1.78	3.39	0.63	4.55	1.38	4.17	3.72	6.12	8.37	11.77	0.39	5.34	4.30
2007	4.11	2.55	3.25	0.62	4.97	2.06	6.27	4.51	7.69	12.06	9.56	0.68	6.03	4.95
2008	4.89	3.15	3.79	0.30	4.72	3.20	9.64	3.96	11.04	14.60	15.95	0.19	11.88	6.72
2009	7.25	1.87	5.42	0.73	5.15	1.96	6.53	5.87	11.13	12.11	11.27	0.32	7.41	5.92
2010	7.29	2.16	5.34	0.41	4.37	2.74	6.08	5.04	6.19	14.39	7.35	0.22	7.07	5.28
2011	5.13	2.17	5.33	0.22	4.20	1.84	5.62	3.29	4.25	8.81	6.29	0.12	4.48	3.98
2012	7.83	4.00	1.88	0.18	2.91	1.83	3.93	3.32	3.92	9.59	4.62	0.14	4.11	3.71
2013	6.76	4.65	5.14	0.37	4.75	2.58	6.13	5.92	7.31	10.83	7.31	0.73	8.11	5.43
2014	4.20	1.71	5.10	0.72	7.30	2.61	4.63	4.14	4.90	7.58	4.86	0.29	6.42	4.19
2015	7.05	1.87	5.19	0.95	6.39	2.91	3.88	3.36	4.31	7.60	4.62	0.42	3.01	3.97
均值	5.89	2.59	4.38	0.51	4.93	2.31	5.69	4.31	6.69	10.60	8.36	0.35	6.39	4.85

表3－6　　2006－2015年甘肃入境旅游流亲景度指数演变

亲景度	日本	韩国	马来西亚	菲律宾	新加坡	泰国	美国	加拿大	英国	法国	德国	俄罗斯	澳大利亚	均值
2006	强亲景	弱亲景	强亲景	弱疏景	强亲景	弱亲景	强亲景	强亲景	强亲景	强亲景	强亲景	弱疏景	强亲景	强亲景
2007	强亲景	强亲景	强亲景	弱疏景	强亲景	强亲景	强亲景	强亲景	强亲景	强亲景	强亲景	弱疏景	强亲景	强亲景
2008	强亲景	强亲景	强亲景	弱疏景	强亲景	强亲景	强亲景	强亲景	强亲景	强亲景	强亲景	弱疏景	强亲景	强亲景
2009	强亲景	弱亲景	强亲景	弱疏景	强亲景	弱亲景	强亲景	强亲景	强亲景	强亲景	强亲景	弱疏景	强亲景	强亲景
2010	强亲景	强亲景	强亲景	弱疏景	强亲景	强亲景	强亲景	强亲景	强亲景	强亲景	强亲景	弱疏景	强亲景	强亲景
2011	强亲景	强亲景	强亲景	弱疏景	强亲景	弱亲景	强亲景	强亲景	强亲景	强亲景	强亲景	弱疏景	强亲景	强亲景
2012	强亲景	强亲景	弱亲景	弱疏景	强亲景	弱亲景	强亲景	强亲景	强亲景	强亲景	强亲景	弱疏景	强亲景	强亲景
2013	强亲景	强亲景	强亲景	弱疏景	强亲景	强亲景	强亲景	强亲景	强亲景	强亲景	强亲景	弱疏景	强亲景	强亲景

续表

亲景度	日本	韩国	马来西亚	菲律宾	新加坡	泰国	美国	加拿大	英国	法国	德国	俄罗斯	澳大利亚	均值
2014	强亲景	弱亲景	强亲景	弱疏景	强亲景	强亲景	强亲景	强亲景	强亲景	强亲景	强亲景	弱疏景	强亲景	强亲景
2015	强亲景	弱亲景	强亲景	弱疏景	强亲景	强亲景	强亲景	强亲景	强亲景	强亲景	强亲景	弱疏景	强亲景	强亲景
均值	强亲景	强亲景	强亲景	弱疏景	强亲景	强亲景	强亲景	强亲景	强亲景	强亲景	强亲景	弱疏景	强亲景	强亲景

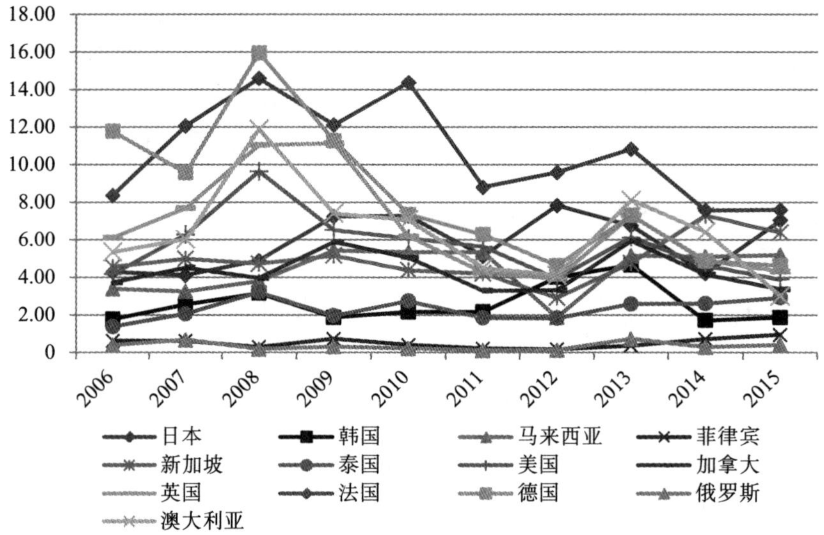

图 3-3　2006-2015 年甘肃入境旅游流亲景度指数演变图

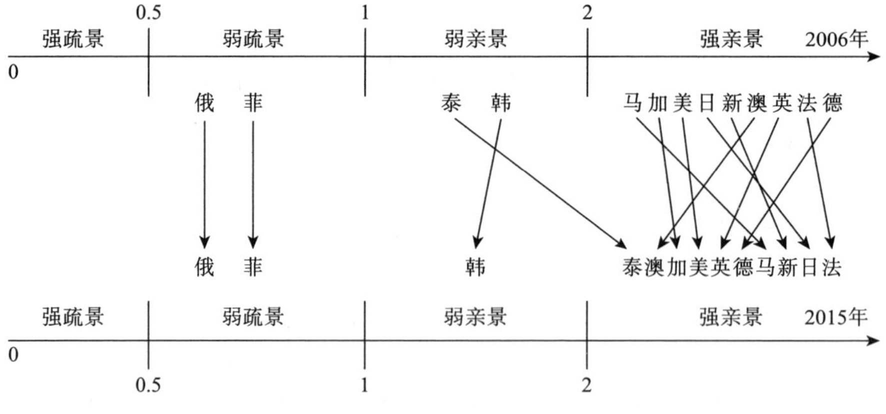

图 3-4　2006-2015 年甘肃入境旅游流亲景度演变示意图

（1）日本亲景度指数先升后降，2006 年为 4.28，2007 年下降到 4.11，2008－2010 年基本保持上升势头，2010 年达到 7.29，但 2011 年下降到 5.13，2012 年又上升到 7.83，2014 年下降到 4.20，2015 年又上升到 7.05。整体走势为降—升—升—升—降—升—降—降—升。

（2）韩国 2006 年亲景度为 1.78，2007 年上升到 2.55，2008 年为 3.15，2009 年为 1.87，2010 年为 2.16，2011 年为 2.17，2012 年为 4.00，2013 年为 4.65，2014 年为 1.71，2015 年为 1.87。整体走势为升—升—降—升—升—升—升—降—升。

（3）马来西亚 2006 年亲景度为 3.39，2007 年为 3.25，2008 年为 3.79，2009 年为 5.42，2010 年为 5.34，2011 年为 5.33，2012 年为 1.88，2014 年为 5.10，2015 年为 5.19，比 2014 年有所上升。整体走势为降—升—升—降—降—降—升—降—升。

（4）菲律宾亲景度从 2006 年的 0.63 上升到 2015 年的 0.95，保持强疏景市场态势不变。整体走势为降—降—升—降—降—降—升—升—升。

（5）新加坡 2006 年亲景度为 4.55，2007 年为 4.97，2008 年为 4.72，2009 年为 5.15，2010 年为 4.37，2011 年为 4.20，2012 年为 2.91，2013 年为 4.75，2014 年为 7.30，2015 年为 6.39。整体走势为升—降—升—降—降—升—降—升—降。

（6）泰国亲景度从 2006 年的 1.38 上升到 2015 年的 2.91，上升了 1.53，整体指数为 2.31。整体走势为升—升—降—升—降—降—升—升—升。

（7）美国亲景度上升幅度很大，2006 年为 4.17，2007 年上升到 6.27，2008 年上升到 9.64，2009 年下降到 6.53，2010－2012 年继续下降，2013 年上升到 6.13，2014 年下降到 4.63，2015 年为 3.88，一直属于强亲景市场。整体走势为升—升—降—降—降—降—升—降—降。

（8）加拿大亲景度从 2006 年的 3.72 演化为 2015 年的 3.36，为强亲景市场。整体走势为升—降—升—降—降—升—升—降—降。

（9）英国亲景度从 2006 年的 6.12 下降到 2015 年的 4.31，一直属于强亲景市场。整体走势为升—升—升—降—降—降—升—降—降。

（10）法国亲景度从 2006 年的 8.37 下降到 2015 年的 7.60，一直属于强亲景市场。整体走势为升—升—降—升—降—升—升—降—升。

（11）德国亲景度2006年为11.77，2015年为4.62，一直属于强亲景市场。整体走势为降—升—降—降—降—降—升—降—降。

（12）俄罗斯亲景度2006年为0.39，2015年为0.42。整体走势为升—降—升—降—降—升—升—降—升。

（13）澳大利亚亲景度2005年为5.34，2015年为3.01。整体走势为升—升—降—降—降—降—升—降—降。

第二节　陕西入境旅游流集散时空演变

一、地理集中指数演变

从13个主要客源国接待量看，2006年陕西主要入境客源地是日本、美国、马来西亚和澳大利亚，规模较小的客源市场是菲律宾、新加坡、泰国、俄罗斯，2015年主要入境客源地集中在韩国、美国、英国、法国、澳大利亚，规模较小的客源市场是菲律宾。结合相关数据，可计算得到入境旅游流地理集中指数。数据表明：从均值视角看，2006－2015年入境旅游客源市场的地理集中指数均值为17.0154；从各年度看，入境旅游客源市场的地理集中指数相对较小，最高值为20.6031，这说明入境客源市场比较分散，稳定性特别好；从时间方面看，呈现出单“V”形，2006－2008年基本保持在20左右，2009－2010年下降到19左右，2011年继续下降，为14.4726，2012年和2013年也呈现下降态势，2014年有所回升，2015年恢复到18.2569。如表3－7所示，如图3－5和图3－6所示。

表 3－7　　2006－2015 年陕西入境旅游流地理集中指数演变

年份	2006	2007	2008	2009	2010	2011	2012	2013	2014	2015
地理集中指数	20.6031	20.3481	20.0230	19.9105	19.9425	14.4726	13.5665	9.3609	13.6710	18.2569
入境总人数	1060000	1230000	1260000	1450000	2120000	2700000	3350000	3520000	2660000	2930000
日本	113679	125918	103489	119174	183516	186715	183751	91124	104793	95712
韩国	88017	86337	72265	77207	161262	169337	226323	184758	229839	348803
马来西亚	11866	12210	10246	12593	31183	39264	45979	33290	81747	81058
菲律宾	2980	3760	3690	5996	17592	18543	22923	17195	17094	5292
新加坡	9415	13687	11375	17726	39486	48552	52001	37067	42738	36520
泰国	7370	9312	9927	11153	29224	20585	29224	29037	21458	25544
美国	130941	156480	178980	199608	261415	231349	261415	199192	192320	300857
加拿大	22219	32573	37473	42917	90882	88490	90882	64534	53441	72815
英国	55273	64879	72868	83499	101833	91032	101833	73067	78693	126863
法国	52679	64788	61346	65835	101525	82170	101525	67769	63344	107090
德国	46115	55995	53625	78969	98644	83101	98644	68521	68041	115683
俄罗斯	9013	10521	8826	22569	47328	33933	47328	30306	30136	19874
澳大利亚	32494	41164	43668	53063	78231	6335	78231	55907	59882	97878

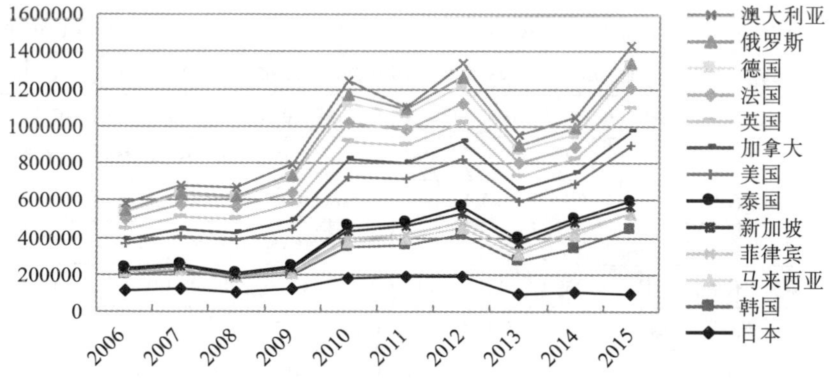

图 3－5　2006－2015 年陕西土要客源国入境游客接待量演变趋势图

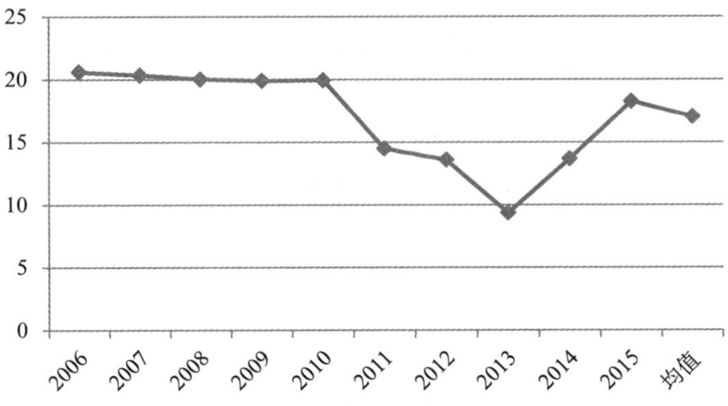

图3－6　2006－2015年陕西入境旅游流地理集中指数演变趋势图

二、竞争态演变

依据入境旅游流市场占有率、市场增长率（如表3－8所示），可对陕西入境旅游客源市场竞争态分布（如表3－9所示）和演变特征（如表3－10所示）归纳如下：

表3－8　2007－2015年陕西入境旅游流竞争态一览表

年份		2007	2008	2009	2010	2011	2012	2013	2014	2015	均值
日本	市场占有率	0.1024	0.0821	0.0822	0.0866	0.0692	0.0549	0.0259	0.0394	0.0327	0.0639
	市场增长率	0.1077	－0.1781	0.1516	0.5399	0.0174	－0.0159	－0.5041	0.1500	－0.0867	0.0202
韩国	市场占有率	0.0702	0.0574	0.0532	0.0761	0.0627	0.0676	0.0525	0.0864	0.1190	0.0717
	市场增长率	－0.0191	－0.1630	0.0684	1.0887	0.0501	0.3365	－0.1837	0.2440	0.5176	0.2155
马来西亚	市场占有率	0.0099	0.0081	0.0087	0.0147	0.0145	0.0137	0.0095	0.0307	0.0277	0.0153
	市场增长率	0.0290	－0.1609	0.2291	1.4762	0.2591	0.1710	－0.2760	1.4556	－0.0084	0.3527
菲律宾	市场占有率	0.0031	0.0029	0.0041	0.0083	0.0069	0.0068	0.0049	0.0064	0.0018	0.0050
	市场增长率	0.2617	－0.0186	0.6249	1.9340	0.0541	0.2362	－0.2499	－0.0059	－0.6904	0.2386
新加坡	市场占有率	0.0111	0.0090	0.0122	0.0186	0.0180	0.0155	0.0105	0.0161	0.0125	0.0137
	市场增长率	0.4537	－0.1689	0.5583	1.2276	0.2296	0.0710	－0.2872	0.1530	－0.1455	0.2324
泰国	市场占有率	0.0076	0.0079	0.0077	0.0138	0.0076	0.0087	0.0082	0.0081	0.0087	0.0087
	市场增长率	0.2635	0.0660	0.1235	1.6203	－0.2956	0.4197	－0.0064	－0.2610	0.1904	0.2356

续表

年份		2007	2008	2009	2010	2011	2012	2013	2014	2015	均值
美国	市场占有率	0.1272	0.1420	0.1377	0.1233	0.0857	0.0780	0.0566	0.0723	0.1027	0.1028
	市场增长率	0.1950	0.1438	0.1153	0.3096	-0.1150	0.1300	-0.2380	-0.0345	0.5644	0.1189
加拿大	市场占有率	0.0265	0.0297	0.0296	0.0429	0.0328	0.0271	0.0183	0.0201	0.0249	0.0279
	市场增长率	0.4660	0.1504	0.1453	1.1176	-0.0263	0.0270	-0.2899	-0.1719	0.3625	0.1979
英国	市场占有率	0.0527	0.0578	0.0576	0.0480	0.0337	0.0304	0.0208	0.0296	0.0433	0.0415
	市场增长率	0.1738	0.1231	0.1459	0.2196	-0.1061	0.1187	-0.2825	0.0770	0.6121	0.1202
法国	市场占有率	0.0527	0.0487	0.0454	0.0479	0.0304	0.0303	0.0193	0.0238	0.0365	0.0372
	市场增长率	0.2299	-0.0531	0.0732	0.5421	-0.1906	0.2355	-0.3325	-0.0653	0.6906	0.1255
德国	市场占有率	0.0455	0.0426	0.0545	0.0465	0.0308	0.0294	0.0195	0.0256	0.0395	0.0371
	市场增长率	0.2142	-0.0423	0.4726	0.2491	-0.1576	0.1870	-0.3054	-0.0070	0.7002	0.1456
俄罗斯	市场占有率	0.0086	0.0070	0.0156	0.0223	0.0126	0.0141	0.0086	0.0113	0.0068	0.0119
	市场增长率	0.1673	-0.1611	1.5571	1.0970	-0.2830	0.3947	-0.3597	-0.0056	-0.3405	0.2296
澳大利亚	市场占有率	0.0335	0.0347	0.0366	0.0369	0.0023	0.0234	0.0159	0.0225	0.0334	0.0266
	市场增长率	0.2668	0.0608	0.2151	0.4743	-0.9190	11.3490	-0.2854	0.0711	0.6345	1.3186
均值	市场占有率	0.0424	0.0408	0.0419	0.0451	0.0313	0.0308	0.0208	0.0308	0.0377	0.0364
	市场增长率	0.2161	-0.0309	0.3446	0.9151	-0.1141	1.0508	-0.2769	0.1230	0.2308	0.2732

表 3-9　　2007-2015 年陕西入境旅游流竞争态一览表

年份		2007	2008	2009	2010	2011	2012	2013	2014	2015	整体市场类别
日本	市场占有率	高	高	高	高	高	高	高	高	低	高
	市场增长率	低	低	低	低	高	低	低	高	低	低
	市场类别	金牛	金牛	金牛	金牛	明星	金牛	金牛	明星	瘦狗	金牛
韩国	市场占有率	高	高	高	高	高	高	高	高	高	高
	市场增长率	低	低	低	高	高	低	高	高	高	低
	市场类别	金牛	金牛	金牛	明星	明星	金牛	明星	明星	明星	金牛
马来西亚	市场占有率	低	低	低	低	低	低	低	低	低	低
	市场增长率	低	低	低	高	高	低	高	高	低	高
	市场类别	瘦狗	瘦狗	瘦狗	幼童	幼童	瘦狗	幼童	幼童	瘦狗	幼童

续表

年份		2007	2008	2009	2010	2011	2012	2013	2014	2015	整体市场类别
菲律宾	市场占有率	低	低	低	低	低	低	低	低	低	低
	市场增长率	高	高	高	高	高	低	高	低	低	低
	市场类别	幼童	幼童	幼童	幼童	幼童	幼童	幼童	瘦狗	瘦狗	瘦狗
新加坡	市场占有率	低	低	低	低	低	低	低	低	低	低
	市场增长率	高	低	高	高	高	低	低	高	低	低
	市场类别	幼童	瘦狗	幼童	幼童	幼童	瘦狗	瘦狗	幼童	瘦狗	瘦狗
泰国	市场占有率	低	低	低	低	低	低	低	低	低	低
	市场增长率	高	高	低	高	低	低	高	低	低	低
	市场类别	幼童	幼童	瘦狗	幼童	瘦狗	瘦狗	幼童	瘦狗	瘦狗	瘦狗
美国	市场占有率	高	高	高	高	高	高	高	高	高	高
	市场增长率	低	低	低	低	低	低	高	低	高	低
	市场类别	金牛	金牛	金牛	金牛	金牛	金牛	明星	金牛	明星	金牛
加拿大	市场占有率	低	低	低	低	高	低	低	低	低	低
	市场增长率	高	高	低	高	低	低	低	低	高	低
	市场类别	幼童	幼童	瘦狗	幼童	金牛	瘦狗	瘦狗	瘦狗	幼童	瘦狗
英国	市场占有率	高	高	高	高	高	低	高	低	高	高
	市场增长率	低	高	低	低	高	低	低	低	高	低
	市场类别	金牛	明星	金牛	金牛	明星	瘦狗	金牛	瘦狗	明星	金牛
法国	市场占有率	高	高	高	高	低	低	低	低	高	高
	市场增长率	高	高	低	低	低	低	低	低	高	低
	市场类别	明星	明星	金牛	金牛	瘦狗	瘦狗	瘦狗	瘦狗	明星	金牛
德国	市场占有率	高	高	高	高	低	低	低	低	高	高
	市场增长率	低	低	高	低	低	低	低	低	高	低
	市场类别	金牛	金牛	明星	金牛	瘦狗	瘦狗	瘦狗	瘦狗	明星	金牛
俄罗斯	市场占有率	低	低	低	低	低	低	低	低	低	低
	市场增长率	低	低	高	高	低	低	低	低	低	低
	市场类别	瘦狗	瘦狗	幼童	幼童	瘦狗	瘦狗	瘦狗	瘦狗	瘦狗	瘦狗
澳大利亚	市场占有率	低	低	低	低	低	低	低	低	高	低
	市场增长率	高	高	低	低	低	高	低	低	高	高
	市场类别	幼童	幼童	瘦狗	瘦狗	瘦狗	幼童	瘦狗	瘦狗	明星	幼童

表 3－10　　2007－2015 年陕西入境旅游流市场类别

市场类别	瘦狗	明星	金牛	幼童
2007	马来西亚、俄罗斯	法国	日本、韩国、美国、英国、德国	新加坡、菲律宾、加拿大、澳大利亚、泰国
2008	马来西亚、新加坡、菲律宾、俄罗斯	英国、法国	日本、韩国、美国、德国	加拿大
2009	澳大利亚、泰国	泰国、加拿大、德国、俄罗斯、菲律宾、新加坡	日本、韩国、美国、英国、法国	新加坡、菲律宾、加拿大、俄罗斯
2010	澳大利亚	韩国	美国、英国、德国、法国、日本	澳大利亚、马来西亚、新加坡、菲律宾、加拿大、俄罗斯、泰国
2011	泰国、法国、俄罗斯、澳大利亚、德国	日本、韩国、英国	美国、加拿大	马来西亚、新加坡、菲律宾
2012	马来西亚、新加坡、泰国、加拿大、德国、英国、法国、俄罗斯		日本、韩国、美国	菲律宾、澳大利亚
2013	加拿大、法国、德国、俄罗斯、澳大利亚、新加坡	韩国、美国	日本、英国	泰国、马来西亚、菲律宾
2014	加拿大、英国、法国、德国、俄罗斯、澳大利亚、美国	日本、韩国		马来西亚、新加坡、菲律宾、泰国
2015	日本、马来西亚、新加坡、菲律宾、泰国、俄罗斯	韩国、美国、英国、法国、德国		澳大利亚、加拿大
2007－2015 年整体	加拿大、菲律宾、泰国、俄罗斯		日本、韩国、美国、英国、法国、德国	澳大利亚、马来西亚

（1）日本。2007 年市场占有率为 0.1024，高于年度均值 0.0424，市场增长率为 0.1077，低于年度均值 0.2161，属于金牛市场；2008－2009 年属

于金牛市场；2010 年市场占有率为 0.0866，高于年度均值 0.0451，市场增长率为 0.5399，低于年度均值 0.9151，属于金牛市场；2011 - 2013 年属于金牛市场，市场占有率高于年度均值，市场增长率低于年度均值；2014 年属于明星市场，市场占有率 0.039 高于年度均值 0.0308，市场增长率 0.1500 高于年度均值 0.1230；2015 年属于瘦狗市场。整体看，2007 - 2015 年属于金牛市场，但市场占有率从 0.1024 下降到 0.0327，市场增长率从 0.1077 下降到 -0.0867。

（2）韩国。2007 - 2009 年属于金牛市场；2010 - 2011 属于明星市场；2012 年属于金牛市场，市场占有率 0.0676 高于年度均值 0.0380，市场增长率 -0.1837 高于年度均值 -0.2769；2013 - 2015 年属于明星市场，市场占有率和市场增长率均高于年度均值。整体看，2007 - 2015 年市场占有率均值 0.0717 高于年度均值 0.0364，市场增长率均值 0.2155 低于年度均值 0.2732，属于金牛市场；市场占有率 2007 年为 0.0702，2015 年上升到 0.1190，市场增长率则从 2007 年的 -0.0191 上升到 2015 年的 0.5176。

（3）马来西亚。2007 - 2009 年属于瘦狗市场，市场占有率从 0.0099 上升到 0.0087，市场增长率先从 0.0290 下降到 -0.1609 再上升到 0.2291；2010 - 2011 年属于幼童市场，市场占有率从 0.0147 下降到 0.0145，市场增长率从 1.4762 下降到 0.2591；2012 年属于瘦狗市场，市场占有率 0.0137 低于年度均值 0.0308，市场增长率 0.1710 低于年度均值 1.0508；2013 - 2014 年属于幼童市场，市场占有率从 0.0095 上升到 0.0307，市场增长率从 -0.2760上升到了 1.4556；2015 年属于瘦狗市场，市场占有率为 0.0277，市场增长率为 -0.0084。整体看，属于幼童市场。

（4）菲律宾。2007 - 2013 年属于幼童市场，市场占有率低于年度均值，市场增长率高于年度均值；2014 - 2015 年属于瘦狗市场，市场占有率和市场增长率均低于年度均值。整体看，2007 - 2015 年市场增长率均值为 0.2386，低于年度均值 0.2732，市场占有率均值为 0.0050，低于年度均值 0.0364，因此属于瘦狗市场。从时间角度看，市场占有率 2007 年的从 0.0031 下降到 2015 年的 0.0018，市场增长率从 2007 年的 0.2617 下降到 2015 年的 -0.6904，呈现下滑走势。

（5）新加坡。2007 年属于幼童市场，2008 年属于瘦狗市场，2009－2011 年属于幼童市场，2012－2013 年属于瘦狗市场，2014 年属于幼童市场，2014 年属于瘦狗市场。整体看，属于瘦狗市场，市场占有率 0.0137 低于年度均值 0.0364，市场增长率 0.2324 低于年度均值 0.2732。从时间演变看，占有率从 0.0111 上升到 0.0125，市场增长率从 0.4537 下降到－0.1455。

（6）泰国。2007－2008 年属于幼童市场；2009 年属于幼童市场，市场占有率分别为 0.0076 和 0.0079，低于年度均值 0.0424 与 0.0408，市场增长率分别是 0.2635 和 0.0660，高于年度均值 0.2161 和－0.0309；2010 年属于幼童市场，市场占有率 0.0138 低于年度均值 0.0451，市场增长率 1.6203 高于年度均指 0.9151；2011－2012 年属于瘦狗市场，市场占有率和市场增长率低于年度均值；2013 年市场增长率为－0.0064，高于年度均值－0.2769，转化为幼童市场；2014－2015 年属于瘦狗市场。整体看，属于瘦狗市场，市场占有率从 2007 年的 0.0076 上升到 0.0087，市场增长率则从 2007 年的 0.2635 下降到 2015 年的 0.1904。

（7）美国。2007－2012 年属于金牛市场；2013 年属于明星市场，市场占有率 0.0566 高于年度均值 0.0208，市场增长率－0.2380 高于年度均值－0.2769；2014 年属于金牛市场，市场占有率高于年度均值，市场增长率则低于年度均值 0.1230；2015 年属于明星市场。整体看，属于金牛市场，市场占有率从 2007 年的 0.1272 下降低到 2015 年的 0.1027，市场增长率从 2007 年的 0.1950 上升到 2015 年的 0.5644。

（8）加拿大。2007－2008 年属于幼童市场，市场占有率 0.0265 和 0.0297 低于年度均值 0.0424 和 0.2161，市场增长率 0.4660 和 0.1504 高于年度均值 0.2161 和－0.0309；2009 年属于瘦狗市场；2011 年属于金牛市场，市场占有率 0.0328 高于年度均值，市场增长率低于年度均值；2012－2014 年属于瘦狗市场；2015 年市场增长率 0.3625 高于年度均值 0.2308，属于幼童市场。整体看，属于瘦狗市场，市场占有率 0.0279 低于均值 0.0364，市场增长率 0.1979 低于均值 0.2732。

（9）英国。2007 年属于金牛市场，市场占有率 0.0527 高于年度均值，市场增长率则低于年度均值；2008 年属于明星市场，市场占有率 0.0578 和市场增长率0.1231均高于年度均值；2009－2011年属于金牛市场；2012年市场占有率0.0304低于年度均值，市场增长率0.1187低于年度均值1.0508，属于瘦狗市场；2013年属于瘦狗市场；2014年市场占有率上升，属于金牛市场；2015年市场占用率0.0433高于年度均值0.0377，市场增长率也高于年度均值，属于明星市场。整体看，属于金牛市场，市场占有率从2007年的0.0527下降到2015年的0.0433，市场增长率从2007年的0.1738上升到2015年的0.6121。

（10）法国。2007－2008年属于明星市场；2009－2010年属于金牛市场；2011年市场占有率低于年度均值，市场增长率高于年度均值，属于瘦狗市场；2012－2014年属于瘦狗市场；2015年市场占有率上升到0.0365，市场增长率上升到0.6906，属于明星市场。整体看，属于金牛市场。

（11）德国。2007年、2008年、2010年属于金牛市场；2009年市场增长率上升到0.0545，属于明星市场；2011－2014年属于瘦狗市场；2015年属于明星市场。整体看，属于金牛市场。从时间演变看，市场占有率从2007年的0.0455下降到2015年的0.0395，市场增长率从2007年的0.2141上升到2015年的0.7002。

（12）俄罗斯。2009－2010年属于幼童市场，市场增长率为1.5571和1.0970高于年度均值0.3446和0.9151；其他年份均为瘦狗市场。整体看，属于瘦狗市场。从时间演变看，市场占有率从2007年的0.0086下降到2015年0.0068，市场增长率从2007年的0.1673下降到2015年的－0.3405，走势不太理想。

（13）澳大利亚。2007－2008年属于幼童市场，2009－2011年市场占有率低于年度均值，属于瘦狗市场；2012年市场增长率为11.349，高于年度均值，属于幼童市场；2013－2014年属于瘦狗市场；2015年属于明星市场；整体看，属于幼童市场，从时间演变看，2007－2015年，缺少明星市场，以幼童市场、瘦狗市场居多，发展空间很大。

三、亲景度演变

根据2006－2015年统计数据，计算得到入境旅游流对陕西的亲景度及其市场演变状况。如表3－11和表3－12所示，如图3－7和图3－8所示。

表3－11　　2006－2015年陕西入境旅游流亲景度指数一览表

亲景度	日本	韩国	马来西亚	菲律宾	新加坡	泰国	美国	加拿大	英国	法国	德国	俄罗斯	澳大利亚	均值
2006	3.58	2.64	1.54	0.50	1.34	1.47	9.02	5.24	11.79	15.44	10.86	0.44	7.12	5.46
2007	3.39	1.94	1.23	0.48	1.59	1.63	8.82	6.05	11.50	14.99	10.78	0.38	7.27	5.39
2008	3.10	1.88	1.02	0.48	1.34	1.85	10.34	7.23	13.64	14.72	10.46	0.29	7.89	5.71
2009	3.13	2.11	1.04	0.70	1.74	1.80	10.18	6.80	13.77	13.52	13.28	1.13	8.24	5.96
2010	3.10	2.50	1.58	1.34	2.48	2.90	8.21	8.37	11.17	12.49	10.23	1.26	7.46	5.62
2011	2.56	2.03	1.58	1.04	2.29	1.70	5.48	5.93	7.66	8.36	6.54	0.67	0.44	3.56
2012	2.06	2.20	1.47	0.94	2.00	1.78	4.88	5.07	6.51	7.66	5.91	0.77	3.99	3.48
2013	1.16	1.71	1.01	0.63	1.41	1.63	3.50	3.46	4.29	4.66	3.87	0.51	2.84	2.36
2014	1.86	2.66	3.50	0.85	2.13	1.69	4.44	3.87	6.29	5.92	4.96	0.71	4.30	3.32
2015	1.75	3.58	3.44	0.24	1.84	1.82	6.59	4.89	10.00	10.05	8.48	0.57	6.60	4.60
均值	2.57	2.32	1.74	0.72	1.82	1.83	7.15	5.69	9.66	10.78	8.54	0.67	5.62	4.55

表3－12　　2006－2015年陕西入境旅游流亲景度指数一览表

亲景度	日本	韩国	马来西亚	菲律宾	新加坡	泰国	美国	加拿大	英国	法国	德国	俄罗斯	澳大利亚	均值
2006	强亲景	强亲景	弱亲景	强亲景	弱亲景	弱亲景	强亲景	强亲景	强亲景	强亲景	强亲景	强疏景	强亲景	强亲景
2007	强亲景	弱亲景	弱亲景	强疏景	弱亲景	弱亲景	强亲景	强亲景	强亲景	强亲景	强亲景	强疏景	强亲景	强亲景
2008	强亲景	弱亲景	弱亲景	强疏景	弱亲景	弱亲景	强亲景	强亲景	强亲景	强亲景	强亲景	强疏景	强亲景	强亲景
2009	强亲景	强亲景	弱亲景	弱疏景	弱亲景	弱亲景	强亲景	强亲景	强亲景	强亲景	强亲景	弱亲景	强亲景	强亲景
2010	强亲景	强亲景	弱亲景	弱亲景	强亲景	强亲景	强亲景	强亲景	强亲景	强亲景	强亲景	弱亲景	强亲景	强亲景
2011	强亲景	强亲景	弱亲景	弱亲景	强亲景	弱亲景	强亲景	强亲景	强亲景	强亲景	强亲景	弱疏景	强疏景	强亲景
2012	强亲景	强亲景	弱亲景	弱疏景	强亲景	弱亲景	强亲景	强亲景	强亲景	强亲景	强亲景	弱疏景	强亲景	强亲景
2013	弱亲景	弱亲景	弱亲景	弱疏景	弱亲景	弱亲景	强亲景	强亲景	强亲景	强亲景	强亲景	弱疏景	强亲景	强亲景

续表

亲景度	日本	韩国	马来西亚	菲律宾	新加坡	泰国	美国	加拿大	英国	法国	德国	俄罗斯	澳大利亚	均值
2014	弱亲景	强亲景	强亲景	弱疏景	强亲景	弱亲景	强亲景	强亲景	强亲景	强亲景	强亲景	弱疏景	强亲景	强亲景
2015	弱亲景	强亲景	强亲景	强疏景	弱亲景	弱亲景	强亲景	强亲景	强亲景	强亲景	强亲景	弱疏景	强亲景	强亲景
均值	强亲景	强亲景	弱亲景	弱疏景	弱亲景	弱亲景	强亲景	强亲景	强亲景	强亲景	强亲景	弱疏景	强亲景	强亲景

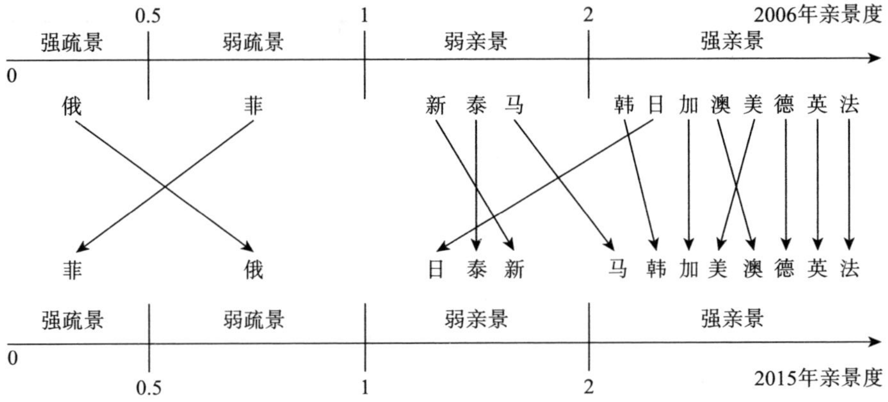

图 3－7　2006－2015 年陕西入境旅游流亲景度演变示意图

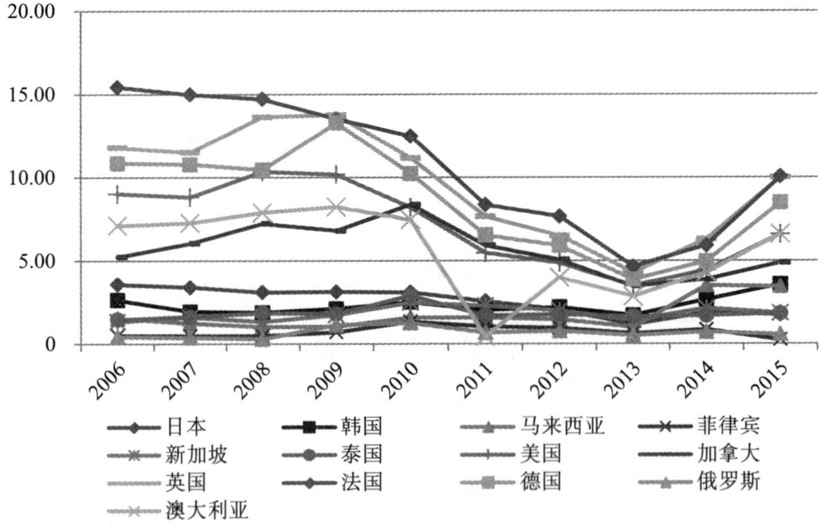

表 3－8　2006－2015 年陕西入境旅游流亲景度指数演变图

（1）日本亲景度逐渐降低，2006 年指数为 3.58，属于强亲景市场；2007 - 2010 年指数数值在 3.0 以上；2011 - 2012 年下降到 2.0 左右；2013 - 2015 年继续下降，指数降低到 1.16，属于弱亲景市场。整体看偏好指数为 2.57，属于强亲景市场。整体走势为降—降—升—降—降—降—升—降。

（2）韩国亲景度 2006 年指数为 2.64，属于强亲景市场；2007 - 2008 年属于弱亲景市场；2009 - 2012 年属于强亲景市场；2013 年指数为 1.71，属于弱亲景市场；2014 - 2015 年属于强亲景市场，指数分别是 2.66 和 3.58。整体指数为 2.32，属于强亲景市场。整体走势为降—降—升—升—降—升—降—升—升。

（3）马来西亚国外旅游者偏好指数从小到大，亲景度从 2006 年的 1.54 上升到 2015 年的 3.44，增加了 1.90，从弱亲景市场转化为强亲景市场。整体属于弱亲景市场。整体走势为降—降—升—升—不变—降—降—升—降。

（4）菲律宾亲景度最初为 0.50，2008 年下降到 0.48，此后上升到最高点 1.04 后又下降，从弱疏景市场演化为强疏景市场。整体走势为降—不变—升—升—降—降—降—升—降。

（5）新加坡亲景度 2006 年指数为 1.34，2014 年指数上升到 2.13，2015 年为 1.84，比最初指数数值增加了 0.50，从弱亲景市场转化为强亲景市场，又成为弱亲景市场。整体走势为升—降—升—升—降—降—降—升—降。

（6）泰国亲景度 2006 年指数为 1.47，2007 年指数为 1.63，2008 年上升到 1.85，2015 年为 1.82，增加了 0.35，起点和终点年份都是弱亲景市场。整体走势为升—升—降—升—降—升—降—升—升。

（7）美国保持强亲景市场不变，但指数变化幅度很大，2006 年为 9.02，2015 年达到 6.59。整体走势为降—升—降—降—降—降—降—升—升。

（8）加拿大亲景度 2006 年指数为 5.24，2008 年达到最大值为 7.23，2015 年为 4.89，一直属于强亲景市场，整体走势为升—升—降—升—降—降—降—升—升。

（9）英国亲景度 2006 年的指数为 11.79，其他年份指数有上升也有下降，2015 年为 10.00，一直为强亲景市场。整体走势为降—升—升—降—降—降—降—升—升。

（10）法国亲景度从 2006 年的 15.44 下降到 2014 年的 5.92，2015 年又上升到 10.05，一直属于强亲景市场。整体走势为降—降—降—降—降—降—降—升—升。

（11）德国亲景度从 2006 年的 10.86 下降到 2014 年的 4.96，2015 年又上升到 8.48，从强疏景市场转换到了弱疏景市场。整体看，属于弱疏景市场。整体走势为降—降—升—降—降—降—降—升—升。

（12）俄罗斯亲景度从 2006 年的 0.44 上升到 2015 年的 6.66。整体走势为降—降—升—升—降—升—降—升—降。

（13）澳大利亚亲景度在波动中从 2006 年的 7.12 演变到 2015 年的 6.60，属于强亲景市场。整体走势为升—升—升—升—降—升—降—升—升。

第三节　青海入境旅游流集散时空演变

一、地理集中指数演变

从 13 个主要客源国接待量看，2006 年青海入境游客主要来自日本、英国、法国，市场较小的是菲律宾、泰国、俄罗斯、2015 年主要入境客源地是日本、韩国、马来西亚、英国、法国、德国、俄罗斯、澳大利亚等。依据历年数据，可计算得到入境客源市场的地理集中指数。计算数据表明：从均值视角看，2006 - 2015 年度入境旅游客源市场的地理集中指数均值为 21.9294；从各年度看，入境旅游客源市场的地理集中指数相对较小，最高值为 35.6556，这说明入境客源市场比较分散，稳定性特别好；从时间方面看，呈现出单“Z”形态，2006 年为 19.5111；2007 年达到最大值，为 35.6556；2008 年为 20.8637，2009 年下降到 18.0281，2010 年指数上升到 24.8243，2011 年下降到 21.5261，2013 年上升到 22.4607，此后逐渐下降，2015 年为 16.1624。如表 3 - 13 所示，如图 3 - 9 和图 3 - 10 所示。

表 3-13　　2006-2015 年青海入境旅游流地理集中指数演变

年份	2006	2007	2008	2009	2010	2011	2012	2013	2014	2015
地理集中指数	19.5111	35.6556	20.8637	18.0281	24.8247	21.5261	20.9673	22.4607	19.2947	16.1624
入境总人次	42200	50000	30000	36000	46700	51700	47300	46500	51500	65600
日本	6461	16338	3889	3611	6720	5782	3878	3546	3393	4296
韩国	795	3969	2201	1802	2467	2105	1563	4683	2289	3932
马来西亚	460	498	479	1281	1341	1653	2225	1797	2266	2127
菲律宾	119	76	99	278	125	438	328	29	284	269
新加坡	870	2177	577	1340	2774	1985	1473	1085	2274	1531
泰国	95	322	406	441	263	592	263	451	400	2432
美国	3591	4840	3161	3001	6436	6427	6436	6778	6420	5847
加拿大	1319	683	702	731	2529	2774	2529	2032	2049	1871
英国	1183	1729	1324	1465	2397	2469	2397	2415	2998	2835
法国	1939	1398	1216	1380	2734	1979	2734	2273	2269	2554
德国	1872	961	1810	2621	2982	4010	2982	2180	2656	2763
俄罗斯	433	237	316	333	438	290	438	639	1413	1685
澳大利亚	969	484	1174	1247	1859	1897	1859	1933	1685	1709

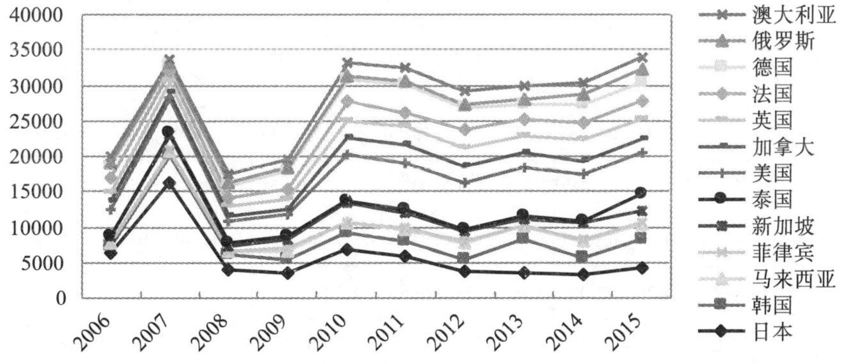

图 3-9　2006-2015 年青海主要客源国入境游客接待量演变趋势图

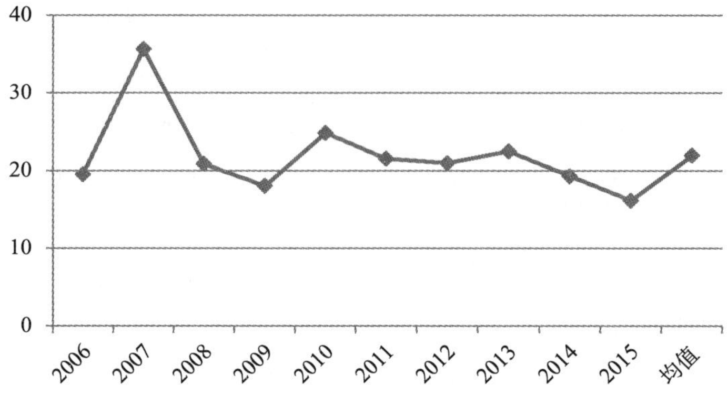

图 3－10　2006－2015 年青海入境旅游流地理集中指数演变趋势图

二、竞争态演变

依据入境旅游流市场占有率、市场增长率（如表 3－14 所示），可对青海入境旅游的竞争态分布（如表 3－15 所示）和演变特征（如表 3－16 所示）归纳如下：

表 3－14　　2007－2015 年青海入境旅游流竞争态演变

年份		2007	2008	2009	2010	2011	2012	2013	2014	2015	均值
日本	市场占有率	0.3268	0.1296	0.1003	0.1439	0.1118	0.0820	0.0763	0.0659	0.0655	0.1225
	市场增长率	1.5287	－0.7620	－0.0715	0.8610	－0.1396	－0.3293	－0.0856	－0.0431	0.2661	0.1361
韩国	市场占有率	0.0794	0.0734	0.0501	0.0528	0.0407	0.0330	0.1007	0.0444	0.0599	0.0594
	市场增长率	3.9925	－0.4455	－0.1813	0.3690	－0.1467	－0.2575	1.9962	－0.5112	0.7178	0.6148
马来西亚	市场占有率	0.0100	0.0160	0.0356	0.0287	0.0320	0.0470	0.0386	0.0440	0.0324	0.0316
	市场增长率	0.0826	－0.0382	1.6743	0.0468	0.2327	0.3460	－0.1924	0.2610	－0.0613	0.2613
菲律宾	市场占有率	0.0015	0.0033	0.0077	0.0027	0.0085	0.0069	0.0006	0.0055	0.0041	0.0045
	市场增长率	－0.3613	0.3026	1.8081	－0.5504	2.5040	－0.2511	－0.9116	8.7931	－0.0528	1.2534

续表

年份		2007	2008	2009	2010	2011	2012	2013	2014	2015	均值
新加坡	市场占有率	0.0435	0.0192	0.0372	0.0594	0.0384	0.0311	0.0233	0.0442	0.0233	0.0355
	市场增长率	1.5023	-0.7350	1.3224	1.0701	-0.2844	-0.2579	-0.2634	1.0959	-0.3267	0.3470
泰国	市场占有率	0.0064	0.0135	0.0123	0.0056	0.0115	0.0056	0.0097	0.0078	0.0371	0.0122
	市场增长率	2.3895	0.2609	0.0862	-0.4036	1.2510	-0.5557	0.7148	-0.1131	5.0800	0.9678
美国	市场占有率	0.0968	0.1054	0.0834	0.1378	0.1243	0.1361	0.1458	0.1247	0.0891	0.1159
	市场增长率	0.3478	-0.3469	-0.0506	1.1446	-0.0014	0.0014	0.0531	-0.0528	-0.0893	0.1118
加拿大	市场占有率	0.0137	0.0234	0.0203	0.0542	0.0537	0.0535	0.0437	0.0398	0.0285	0.0368
	市场增长率	-0.4822	0.0278	0.0413	2.4596	0.0969	-0.0883	-0.1965	0.0084	-0.0869	0.1978
英国	市场占有率	0.0346	0.0441	0.0407	0.0513	0.0478	0.0507	0.0519	0.0582	0.0432	0.0469
	市场增长率	0.4615	-0.2342	0.1065	0.6362	0.0300	-0.0292	0.0075	0.2414	-0.0544	0.1298
法国	市场占有率	0.0280	0.0405	0.0383	0.0585	0.0383	0.0578	0.0489	0.0441	0.0389	0.0437
	市场增长率	-0.2790	-0.1302	0.1349	0.9812	-0.2762	0.3815	-0.1686	-0.0018	0.1256	0.0853
德国	市场占有率	0.0192	0.0603	0.0728	0.0639	0.0776	0.0630	0.0469	0.0516	0.0421	0.0553
	市场增长率	-0.4866	0.8835	0.4481	0.1377	0.3447	-0.2564	-0.2689	0.2183	0.0403	0.1179
俄罗斯	市场占有率	0.0047	0.0105	0.0093	0.0094	0.0056	0.0093	0.0137	0.0274	0.0257	0.0128
	市场增长率	-0.4527	0.3333	0.0538	0.3153	-0.3379	0.5103	0.4589	1.2113	0.1925	0.2539
澳大利亚	市场占有率	0.0097	0.0391	0.0346	0.0398	0.0367	0.0393	0.0416	0.0327	0.0261	0.0333
	市场增长率	-0.5005	1.4256	0.0622	0.4908	0.0204	-0.0200	0.0398	-0.1283	0.0142	0.1560
均值	市场占有率	0.0519	0.0445	0.0417	0.0545	0.0482	0.0473	0.0494	0.0454	0.0397	0.0470
	市场增长率	0.5956	0.0417	0.4180	0.5814	0.2533	-0.062	0.0910	0.8446	0.4435	0.3563

表 3-15　　2007-2015 年青海入境旅游竞争态演变

年份		2007	2008	2009	2010	2011	2012	2013	2014	2015	整体市场类别
日本	市场占有率	高	高	高	低	高	高	高	高	高	高
	市场增长率	高	低	低	高	低	低	低	低	低	低
	市场类别	明星	金牛	金牛	幼童	金牛	金牛	金牛	金牛	金牛	金牛
韩国	市场占有率	高	高	高	低	低	低	高	低	高	高
	市场增长率	高	低	低	低	低	低	高	低	高	高
	市场类别	明星	金牛	金牛	瘦狗	瘦狗	瘦狗	明星	瘦狗	明星	明星

续表

年份		2007	2008	2009	2010	2011	2012	2013	2014	2015	整体市场类别
马来西亚	市场占有率	低	低	低	低	低	低	低	低	低	低
	市场增长率	低	低	高	低	低	高	低	低	低	低
	市场类别	瘦狗	瘦狗	幼童	瘦狗	瘦狗	幼童	瘦狗	瘦狗	瘦狗	瘦狗
菲律宾	市场占有率	低	低	低	低	低	低	低	低	低	低
	市场增长率	低	高	高	低	高	低	低	高	低	高
	市场类别	瘦狗	幼童	幼童	瘦狗	幼童	瘦狗	瘦狗	幼童	瘦狗	幼童
新加坡	市场占有率	低	低	低	高	低	低	低	低	低	低
	市场增长率	高	低	高	高	低	低	低	高	低	低
	市场类别	幼童	瘦狗	幼童	幼童	瘦狗	瘦狗	瘦狗	幼童	瘦狗	瘦狗
泰国	市场占有率	低	低	低	低	低	低	低	低	低	低
	市场增长率	高	高	低	低	高	低	高	低	高	高
	市场类别	幼童	幼童	瘦狗	瘦狗	幼童	瘦狗	幼童	瘦狗	幼童	幼童
美国	市场占有率	高	高	高	高	高	高	高	高	高	高
	市场增长率	低	低	低	高	低	高	低	低	低	低
	市场类别	金牛	金牛	金牛	明星	金牛	明星	金牛	金牛	金牛	金牛
加拿大	市场占有率	低	低	低	低	高	高	低	低	低	低
	市场增长率	低	低	低	高	低	低	低	低	低	低
	市场类别	瘦狗	瘦狗	瘦狗	幼童	金牛	金牛	瘦狗	瘦狗	瘦狗	瘦狗
英国	市场占有率	低	低	低	低	低	高	高	高	高	高
	市场增长率	低	低	低	高	低	高	低	低	低	低
	市场类别	瘦狗	瘦狗	瘦狗	幼童	瘦狗	明星	金牛	金牛	金牛	金牛
法国	市场占有率	低	低	低	高	低	高	低	低	低	低
	市场增长率	低	低	低	高	低	高	低	低	低	低
	市场类别	瘦狗	瘦狗	瘦狗	明星	瘦狗	明星	瘦狗	瘦狗	瘦狗	瘦狗
德国	市场占有率	低	高	高	高	高	高	低	高	高	高
	市场增长率	低	高	高	低	高	低	低	低	低	低
	市场类别	瘦狗	明星	明星	金牛	明星	金牛	瘦狗	金牛	金牛	金牛

续表

年份		2007	2008	2009	2010	2011	2012	2013	2014	2015	整体市场类别
俄罗斯	市场占有率	低	低	低	低	低	低	低	低	低	低
	市场增长率	低	高	低	低	低	高	高	高	低	低
	市场类别	瘦狗	幼童	瘦狗	瘦狗	瘦狗	幼童	幼童	幼童	瘦狗	瘦狗
澳大利亚	市场占有率	低	低	低	低	低	低	低	低	低	低
	市场增长率	低	高	低	低	低	高	低	低	低	低
	市场类别	瘦狗	幼童	瘦狗	瘦狗	瘦狗	幼童	瘦狗	瘦狗	瘦狗	瘦狗

表 3－16　　　2007－2015 年青海入境旅游流市场类别

市场类别	瘦狗	明星	金牛	幼童
2007	马来西亚、菲律宾、加拿大、澳大利亚、德国、英国、俄罗斯、法国	日本、韩国	美国	新加坡、泰国
2008	马来西亚、新加坡、加拿大、英国、法国	德国	日本、韩国、美国	澳大利亚、菲律宾、俄罗斯、泰国
2009	加拿大、英国、法国、俄罗斯、澳大利亚	德国	日木、韩国、美国	泰国、菲律宾、新加坡
2010	马来西亚、泰国、韩国、澳大利亚、菲律宾、俄罗斯	美国、法国	德国	日本、新加坡、英国、加拿大
2011	马来西亚、英国、法国、俄罗斯、澳大利亚、新加坡	德国	日本、加拿大、美国	泰国、韩国
2012	韩国、菲律宾、泰国	美国、英国、法国	日本、加拿大、德国	新加坡、俄罗斯
2013	马来西亚、菲律宾、新加坡、加拿大、德国、澳大利亚	韩国	美国、英国、德国、日本	泰国、法国、俄罗斯
2014	澳大利亚、马来西亚、韩国、泰国、法国		日本、美国、德国、英国	新加坡、加拿大、俄罗斯、菲律宾

续表

市场类别	瘦狗	明星	金牛	幼童
2015	加拿大、法国、菲律宾、新加坡、马来西亚、澳大利亚	韩国	日本、美国、英国、德国	泰国、俄罗斯
2007－2015年整体		德国、日本、韩国、美国、马来西亚、泰国、英国、俄罗斯		

（1）日本。2007年属于明星市场，市场占有率0.3286高于年度均值0.0519，市场增长率1.5287高于年度均值0.5956；2008－2009年属于金牛市场；2010年属于幼童市场，此后一直属于金牛市场；整体看，属于金牛市场。从时间演变看市场占有率从2007年的0.3268下降到2015年的0.0655，市场增长率从2007年的1.5287下降到2015年的0.2661。

（2）韩国。2007年属于明星市场，市场占有率0.0794高于年度均值0.0519，市场增长率3.9925高于年度均值0.5956；2008－2009年属于金牛市场；2010－2012年属于瘦狗市场；2013年属于明星市场；2014年属于瘦狗市场；2015年市场增长率和市场占有率高于年度均值，属于明星市场；整体市场占有率0.0594高于均值0.0470，市场增长率0.6148高于均指0.3563，属于明星市场。从时间演变看，市场占有率从2007年的0.0794下降到2015年的0.0599，市场增长率从2007年的3.9925下降到2015年的0.7178。

（3）马来西亚。2007－2008年属于瘦狗市场；2009年市场增长率1.6743高于年度均值0.5814，属于幼童市场；2010－2011年属于瘦狗市场；2012年属于幼童市场；2013年以后一直属于瘦狗市场。整体看，市场增长率0.2613低于均值0.3563，市场占有率0.0316低于均值0.2613，属于瘦狗市场。从时间演变看，市场占有率从2007年的0.0100上升到2015年的0.0324，市场增长率从2007年的0.0826下降到2015年的－0.0613。

（4）菲律宾。2007年属于瘦狗市场，2008－2009年属于幼童市场，2010年属于瘦狗市场，2011年属于幼童市场，2012－2013年属于瘦狗市场，

2014 年属于幼童市场，2015 年属于瘦狗市场。整体看，属于幼童市场；从时间演变看，市场占有率从 2007 年的 0.0015 上升到 2015 年的 0.0041，市场增长率从 2007 年的 -0.3613 上升到 2015 年的 -0.0528。

（5）新加坡。2007 年属于幼童市场，2008 年属于瘦狗市场，2009 - 2010 年属于幼童市场，2011 -2013 年属于瘦狗市场，2014 年属于幼童市场，2015 年属于瘦狗市场；整体看，市场占有率 0.0355 低于均值 0.0470，市场增长率 0.3470 低于均值 0.3563，属于瘦狗市场。从时间演变看，市场占有率从 2007 年的 0.0435 下降到 2015 年的 0.0233，市场增长率从 2007 年的 1.5023 下降到 2015 年的 -0.3267。

（6）泰国。2007 -2008 年属于幼童市场，2009 -2010年属于瘦狗市场，2011 年属于幼童市场，2012 年属于瘦狗市场，2013 年属于幼童市场，2014 年属于瘦狗市场，2015 年属于幼童市场；整体看，市场占有率 0.0122 低于均指 0.0470，市场增长率 0.9678 高于均值，属于幼童市场。从时间演变看，市场占有率从 2007 年的 0.0064 上升到 2015 年的 0.0371，市场增长率从 2007 年的 2.3895 上升到 2015 年的 5.0800。

（7）美国。2005 -2007 年属于金牛市场，2008 年和 2010 年属于明星市场，2009 年属于金牛市场，2011 -2015 年属于金牛市场；整体看，市场占有率 0.1159 高于均值 0.0470，市场增长率 0.1118 低于均值 0.3563，属于金牛市场。从时间演变看，市场占有率从 2007 年的 0.0968 下降到 2015 年的 0.0891，市场增长率从 2007 年的 0.3478 下降到 2015 年的 -0.0893。

（8）加拿大。2005 -2007 年属于瘦狗市场，2008 年属于幼童市场，2009 -2010 年属于金牛市场，2011 -2015 年属于瘦狗市场；整体属于瘦狗市场。从时间演变看，市场占有率从 2007 年的 0.0137 上升到 2015 年的 0.0285，市场增长率从 2007 年的 -0.4822 上升到 2015 年的 0.0869。

（9）英国。2005 -2007 年属于瘦狗市场，2008 年属于幼童市场，2009 年属于瘦狗市场，2010 年属于明星市场，2011 -2014 年属于金牛市场；整体看，市场占有率 0.0469 高于均值，增长率 0.1298 低于均值，属于金牛市场。从时间演变看，市场占有率从 2007 年的 0.0346 上升到 2015 年的 0.0432，市场增长率从 2007 年的 0.4615 下降到 2015 年的 -0.0544。

（10）法国。2007－2009年属于瘦狗市场，2010年属于明星市场，2010年属于瘦狗市场，2012年属于明星市场，2013－2015年属于瘦狗市场；整体看，属于瘦狗市场，市场占用率0.0437低于均值，增长率0.0853低于均值。从时间演变看，市场占用率从2007年的0.0280上升到2015年的0.0389，市场增长率从2007年的－0.2790上升到2015年的0.1256。

（11）德国。2007年属于瘦狗市场，2008－2009年属于明星市场，2010年属于金牛市场，2011年属于明星市场，2012年属于瘦狗市场，2013－2015年属于金牛市场，整体看，属于金牛市场，市场占用率0.0553高于均值，市场增长率0.1179低于均值。从时间演变看，市场占用率从2007年的0.0192上升到2015年的0.0421，市场增长率从2007年的－0.4866上升到2015年的0.0403。

（12）俄罗斯。2007年属于瘦狗市场，2008年属于幼童市场，2009－2011年属于瘦狗市场，2012－2014年属于幼童市场，2015年属于瘦狗市场；整体看，市场占用率0.0128低于均值，市场增长率0.2539低于均值，属于瘦狗市场。从时间演变看，市场占有率从2007年的0.0047上升到2015年的0.0257，市场增长率从2007年的－0.4527上升到2015年的0.1925。

（13）澳大利亚。2007－2015年整体属于瘦狗市场，仅2008年和2012年属于幼童市场。从时间演变看，市场占用率从2007年的0.0097上升到2015年的0.0261，市场增长率从2007年的－0.5005上升到2015年的0.0142。

三、亲景度演变

根据2006－2016年统计数据，计算得到入境旅游流对青海的亲景度及其市场演变状况。如表3－17和表3－18所示，如图3－11和图3－12所示。

表 3-17　　2006-2015 年青海亲景度指数演变

亲景度	日本	韩国	马来西亚	菲律宾	新加坡	泰国	美国	加拿大	英国	法国	德国	俄罗斯	澳大利亚	均值
2006	5.11	0.60	1.50	0.50	3.11	0.48	6.22	7.82	6.34	14.27	11.07	0.53	5.33	4.84
2007	10.83	2.19	1.24	0.24	6.23	1.39	6.71	3.12	7.54	7.96	4.55	0.21	2.10	4.18
2008	4.89	2.41	2.00	0.54	2.86	3.17	7.67	5.69	10.41	12.26	14.83	0.44	8.90	5.85
2009	3.82	1.98	4.25	1.30	5.29	2.86	6.17	4.67	9.73	11.41	17.76	0.67	7.80	5.98
2010	5.16	1.73	3.08	0.43	7.92	1.19	9.17	10.57	11.94	15.27	14.03	0.53	8.05	6.85
2011	4.14	1.32	3.48	1.28	4.89	2.55	7.96	9.71	10.86	10.51	16.49	0.30	6.84	6.18
2012	3.09	1.08	5.04	0.95	4.01	1.14	8.51	9.99	10.85	14.61	12.66	0.51	6.72	6.09
2013	3.42	3.28	4.13	0.08	3.12	1.92	9.02	8.24	10.73	11.83	9.32	0.81	7.42	5.64
2014	3.12	1.37	5.01	0.73	5.84	1.63	7.65	7.66	12.37	10.95	10.00	1.72	6.26	5.72
2015	3.51	1.80	4.03	0.55	3.45	7.73	5.72	5.61	9.98	10.70	9.04	2.17	5.15	5.34
均值	4.71	1.78	3.38	0.66	4.67	2.41	7.48	7.31	10.07	11.98	11.98	0.79	6.46	5.67

表 3-18　　2006-2015 年青海亲景度指数演变

亲景度	日本	韩国	马来西亚	菲律宾	新加坡	泰国	美国	加拿大	英国	法国	德国	俄罗斯	澳大利亚	均值
2006	强亲景	弱疏景	弱亲景	弱疏景	强亲景	强疏景	强亲景	强亲景	强亲景	强亲景	强亲景	弱疏景	强亲景	强亲景
2007	强亲景	强亲景	弱亲景	强疏景	强亲景	弱亲景	强亲景	强亲景	强亲景	强亲景	强亲景	强疏景	强亲景	强亲景
2008	强亲景	强亲景	强亲景	弱疏景	强亲景	强亲景	强亲景	强亲景	强亲景	强亲景	强亲景	强疏景	强亲景	强亲景
2009	强亲景	弱亲景	强亲景	弱亲景	强亲景	强亲景	强亲景	强亲景	强亲景	强亲景	强亲景	弱疏景	强亲景	强亲景
2010	强亲景	弱亲景	强亲景	强疏景	强亲景	弱亲景	强亲景	强亲景	强亲景	强亲景	强亲景	弱疏景	强亲景	强亲景
2011	强亲景	弱亲景	强亲景	弱亲景	强亲景	强亲景	强亲景	强亲景	强亲景	强亲景	强亲景	强疏景	强亲景	强亲景
2012	强亲景	弱亲景	强亲景	弱疏景	强亲景	弱亲景	强亲景	强亲景	强亲景	强亲景	强亲景	弱疏景	强亲景	强亲景
2013	强亲景	强亲景	强亲景	强疏景	强亲景	弱亲景	强亲景	强亲景	强亲景	强亲景	强亲景	弱疏景	强亲景	强亲景
2014	强亲景	弱亲景	强亲景	弱疏景	强亲景	弱亲景	强亲景	强亲景	强亲景	强亲景	强亲景	弱亲景	强亲景	强亲景
2015	强亲景	弱亲景	强亲景	弱疏景	强亲景	强亲景	强亲景	强亲景	强亲景	强亲景	强亲景	强亲景	强亲景	强亲景
均值	强亲景	弱亲景	强亲景	弱疏景	强亲景	强亲景	强亲景	强亲景	强亲景	强亲景	强亲景	弱疏景	强亲景	强亲景

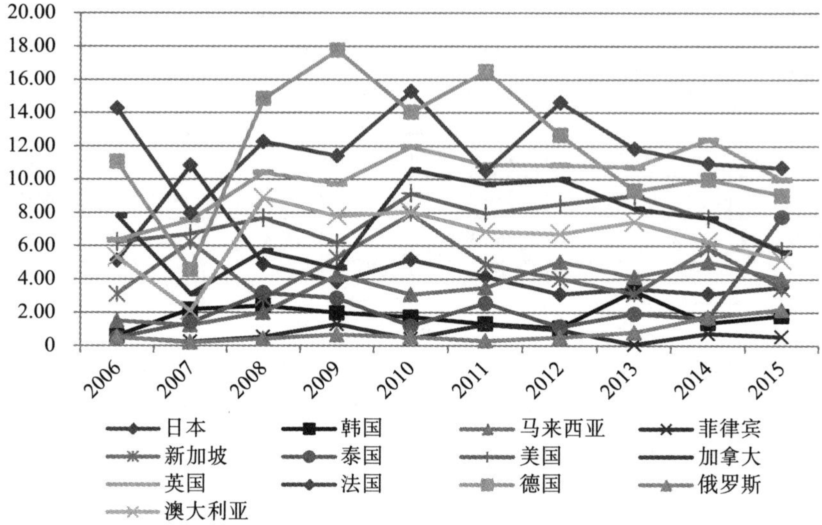

表 3－11　2006－2015 年青海亲景度指数演变趋势图

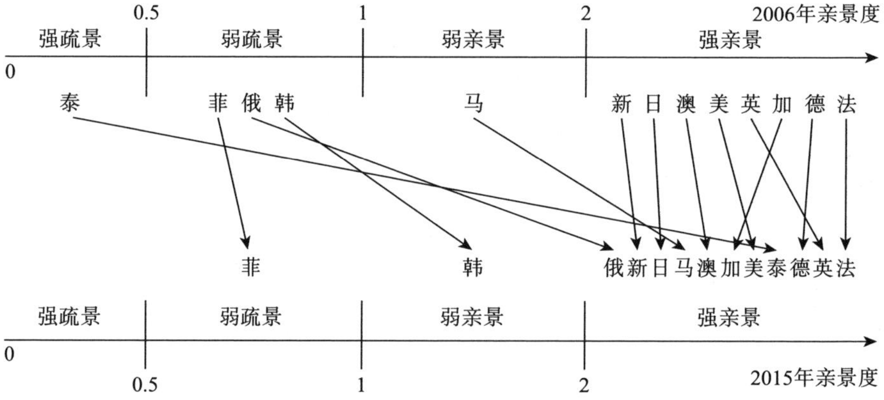

图 3－12　2006－2015 年青海入境旅游流亲景度演变示意图

（1）日本亲景度 2006 年为 5.11，2007 年为 10.83，2008 年急剧下降到 4.89，比 2006 年还低；2009 年继续下滑，指数为 3.82；2010 年上升到 5.16；2011 年下滑；2012 年下滑；2013 年有所上升；2015 年为 3.51。整体属于强亲景市场。

（2）韩国亲景度 2006 年为 0.60，2010 年上升到 2.19，2013 年为 3.28，2015 年为 1.80，比 2005 年上升了 1.20。整体属于弱亲景市场。

（3）马来西亚入境旅游者偏好指数在逐渐上升，亲景度从 2006 年的 1.50 上升到 2015 年的 4.03，从弱亲景市场转化为强亲景市场；整体指数均值为 3.38，属于强亲景市场。

（4）菲律宾亲景度从 2006 年的 0.50 上升到 2015 年的 0.55，其中在 2009 年达到了最大值 1.30；整体属于弱疏景市场。

（5）新加坡亲景度 2006 年为 3.11，2007 年上升到 6.23，2008 年下降到 2.86，2009 年上升到 5.29，2011 年继续上升，2012 年有所下降，2013 年下降到 3.12，2014 年为 5.84，2015 年为 3.45；整体指数均值为 4.67，属于强亲景市场。

（6）泰国亲景度 2006 年为 0.48，属于强疏景市场；2007 年为 1.39，成为弱亲景市场；2008 年指数上升，演化为强亲景市场；2009 年指数下降到 2.86；2010 年为 1.19；2011 年上升；2012 年降低到 1.14；2015 年为 7.33；整体指数均值为 2.41，属于强亲景市场。

（7）美国亲景度 2006 年为 6.22，2007 年上升到 6.71；2008 年上升到 7.67；2009 年下降；2010 年上升到 9.17；2012 年下降；2013 年上升；2014 年降低到 7.65；2015 年为 5.72；整体指数均值为 7.31，属于强亲景市场。

（8）加拿大亲景度 2006 年为 7.82，2007 年下降到 3.12，2008 年上升，2009 年为 4.67；2010 年为 10.57，上升幅度很大；2011 年下降到 9.71；2012 年上升；2013 年下降到 8.24；2014 年为 7.66；2015 年为 5.61；整体保持强亲景市场不变。

（9）英国亲景度 2006 年为 6.34，2007 年上升到 7.54，2008 年上升到 10.41，2009 年下降，2010 年上升，2011 年降低，2012 年略有降低，2013 年上升，2014 年上升，2015 年下降到 9.98；整体指数均值为 10.07，属于强亲景市场，指数上升幅度较大。

（10）法国亲景度从 2006 年的 14.27 下降到 2015 年的 10.70；整体指数均值为 11.98，在 13 个客源国中位居第一位，属于强亲景市场。

（11）德国亲景度从 2006 年的 11.07 下降到 2015 年的 9.04，整体指数均值为 11.98；终点偏好指数相比起点指数有所下降。

（12）俄罗斯亲景度从 2006 年的 0.53 增加到 2015 年的 2.17；整体指数

均值为0.79，属于弱疏景市场。

（13）澳大利亚亲景度在波动中下滑，从2006年的5.33下降到2015年的5.15；整体指数均值为6.46，属于强亲景市场。

第四节　宁夏入境旅游流集散时空演变

一、地理集中指数演变

从13个主要客源国接待量看，2006年宁夏主要入境游客来自日本，2015年主要入境客源地是日本、韩国、美国。结合历年数据，可计算得到入境市场的地理集中指数。计算数据表明：从均值视角看，2006－2015年入境旅游客源市场的地理集中指数均值为17.5774；从各年度看，入境旅游客源市场的地理集中指数相对较小，最高值为29.3007，这说明入境客源市场比较分散，稳定性特别好；从时间方面看，呈现出“雄鹰展翅”形态，2006年达到最大值29.3007；2007年开始下降，2008年为25.2253，2010年下降到第一阶段最低点，指数为17.6803；2011年指数上升到19.4514，2011年继续上升，为20.7416，2013年下降到13.2175，此后逐渐下降，2015年指数为10.5574。如表3－19所示，如图3－13和图3－14所示。

表3－19　　2006－2015年宁夏入境旅游流地理集中指数演变

年份	地理集中指数	入境总人次	日本	韩国	马来西亚	菲律宾	新加坡	泰国	美国	加拿大	英国	法国	德国	俄罗斯	澳大利亚
2006	29.3007	8665	2121	246	387	17	444	18	886	227	330	425	475	44	431
2007	25.3234	9373	1637	346	392	34	322	115	1010	478	397	712	634	127	481
2008	25.2253	11586	2318	946	204	28	492	115	981	240	414	478	596	74	442
2009	24.1995	14523	2682	795	462	36	524	112	1452	369	524	603	1037	51	253

续表

年份	地理集中指数	入境总人次	日本	韩国	马来西亚	菲律宾	新加坡	泰国	美国	加拿大	英国	法国	德国	俄罗斯	澳大利亚
2010	17.6803	17990	2459	758	564	59	568	292	1063	517	269	504	825	65	598
2011	19.4514	19479	2662	956	585	187	503	221	1638	490	553	486	1398	158	482
2012	20.7416	18994	2864	2006	291	66	595	292	1063	517	269	504	825	65	598
2013	13.2175	25357	1802	1307	1227	131	509	232	1696	445	354	563	821	157	476
2014	10.0771	33657	1819	1260	651	149	493	318	1945	478	306	424	918	678	479
2015	10.5574	37315	1800	1475	843	173	704	382	2548	536	414	670	931	403	541

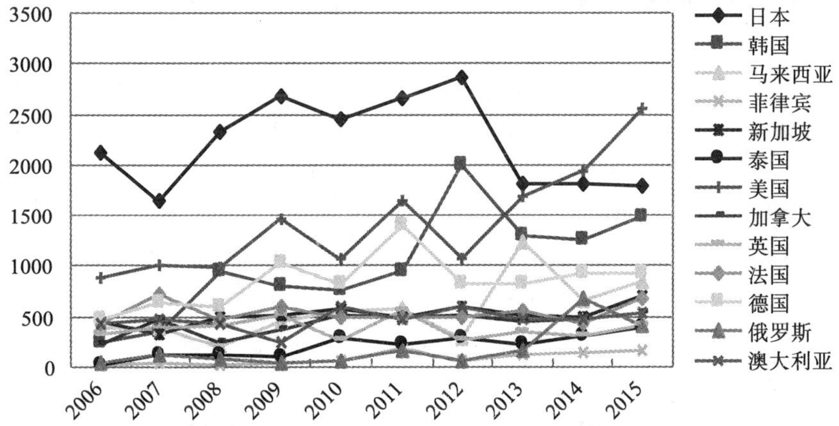

图 3-13　2006-2015 年宁夏主要客源地入境游客接待量演变趋势图

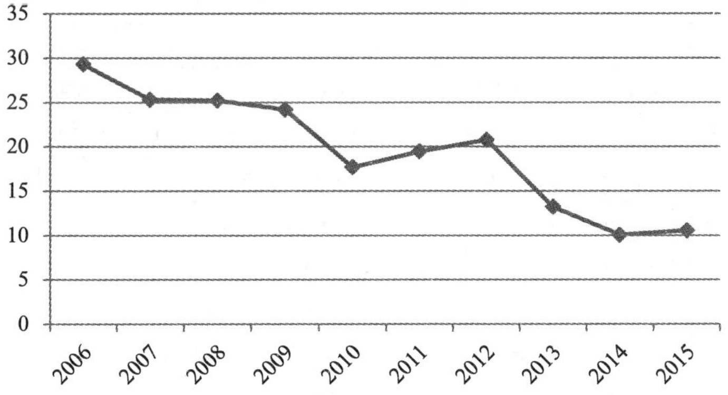

图 3-14　2006-2015 年宁夏入境旅游流地理集中指数演变

二、竞争态演变

依据入境旅游流市场占有率、市场增长率（如表 3－20 所示），可对宁夏入境旅游客源市场竞争态分布（如表 3－21 所示）和演变特征归纳如下：

表 3－20　　2007－2015 年宁夏入境旅游流竞争态演变

年份		2007	2008	2009	2010	2011	2012	2013	2014	2015	均值
日本	市场占有率	0.1747	0.2001	0.1847	0.1367	0.1367	0.1508	0.0711	0.0540	0.0482	0.1286
	市场增长率	－0.2282	0.4160	0.1570	－0.0831	0.0826	0.0759	－0.3708	0.0094	－0.0104	0.0054
韩国	市场占有率	0.0369	0.0817	0.0547	0.0421	0.0491	0.1056	0.0515	0.0374	0.0395	0.0554
	市场增长率	0.4065	1.7341	－0.1596	－0.0465	0.2612	1.0983	－0.3485	－0.0360	0.1706	0.3422
马来西亚	市场占有率	0.0418	0.0176	0.0318	0.0314	0.0300	0.0153	0.0484	0.0193	0.0226	0.0287
	市场增长率	0.0129	－0.4796	1.2647	0.2208	0.0372	－0.5026	3.2165	－0.4694	0.2949	0.3995
菲律宾	市场占有率	0.0036	0.0024	0.0025	0.0033	0.0096	0.0035	0.0052	0.0044	0.0046	0.0043
	市场增长率	1.0000	－0.1765	0.2857	0.6389	2.1695	－0.6471	0.9848	0.1374	0.1611	0.5060
新加坡	市场占有率	0.0344	0.0425	0.0361	0.0316	0.0258	0.0313	0.0201	0.0146	0.0189	0.0284
	市场增长率	－0.2748	0.5280	0.0650	0.0840	－0.1144	0.1829	－0.1445	－0.0314	0.4280	0.0803
泰国	市场占有率	0.0123	0.0099	0.0077	0.0162	0.0113	0.0154	0.0091	0.0094	0.0102	0.0113
	市场增长率	5.3889	0.0000	－0.0261	1.6071	－0.2432	0.3213	－0.2055	0.3707	0.2013	0.8238
美国	市场占有率	0.1078	0.0847	0.1000	0.0591	0.0841	0.0560	0.0669	0.0578	0.0683	0.0761
	市场增长率	0.1400	－0.0287	0.4801	－0.2679	0.5409	－0.3510	0.5955	0.1468	0.3100	0.1740
加拿大	市场占有率	0.0510	0.0207	0.0254	0.0287	0.0252	0.0272	0.0175	0.0142	0.0144	0.0249
	市场增长率	1.1057	－0.4979	0.5375	0.4011	－0.0522	0.0551	－0.1393	0.0742	0.1213	0.1784
英国	市场占有率	0.0424	0.0357	0.0361	0.0150	0.0284	0.0142	0.0140	0.0091	0.0111	0.0229
	市场增长率	0.2030	0.0428	0.2657	－0.4866	1.0558	－0.5136	0.3160	－0.1356	0.3529	0.1223
法国	市场占有率	0.0760	0.0413	0.0415	0.0280	0.0249	0.0265	0.0222	0.0126	0.0180	0.0323
	市场增长率	0.6753	－0.3287	0.2615	－0.1642	－0.0357	0.0370	0.1171	－0.2469	0.5802	0.0995
德国	市场占有率	0.0676	0.0514	0.0714	0.0459	0.0718	0.0434	0.0324	0.0273	0.0249	0.0485
	市场增长率	0.3347	－0.0599	0.7399	－0.2044	0.6945	－0.4099	－0.0048	0.1181	0.0142	0.1358
俄罗斯	市场占有率	0.0135	0.0064	0.0035	0.0036	0.0081	0.0034	0.0062	0.0201	0.0108	0.0084
	市场增长率	1.8864	－0.4173	－0.3108	0.2745	1.4308	－0.5886	1.4154	3.3185	－0.4056	0.7337

续表

年份		2007	2008	2009	2010	2011	2012	2013	2014	2015	均值
澳大利亚	市场占有率	0.0513	0.0381	0.0174	0.0332	0.0247	0.0315	0.0188	0.0142	0.0145	0.0271
	市场增长率	0.1160	−0.0811	−0.4276	1.3636	−0.1940	0.2407	−0.2040	0.0063	0.1294	0.1055
均值	市场占有率	0.0549	0.0487	0.0471	0.0365	0.0407	0.0403	0.0295	0.0226	0.0235	0.0382
	市场增长率	0.8282	0.0501	0.2410	0.2567	0.4333	−0.077	0.4021	0.2509	0.1806	0.2851

表3-21　　2007-2015年宁夏入境旅游流竞争态演变

年份		日本	韩国	马来西亚	菲律宾	新加坡	泰国	美国	加拿大	英国	法国	德国	俄罗斯	澳大利亚	整体市场类别
2007	市场占有率	高	低	低	低	低	低	高	低	低	高	高	低	低	高
	市场增长率	低	低	低	高	低	高	低	高	低	低	低	高	低	高
	市场类别	金牛	瘦狗	瘦狗	幼童	瘦狗	幼童	金牛	幼童	瘦狗	金牛	金牛	幼童	瘦狗	明星
2008	市场占有率	高	高	低	低	低	低	高	低	低	低	高	低	低	高
	市场增长率	高	高	低	低	高	低	低	低	低	低	低	低	低	高
	市场类别	明星	明星	瘦狗	瘦狗	幼童	瘦狗	金牛	瘦狗	瘦狗	瘦狗	金牛	瘦狗	瘦狗	明星
2009	市场占有率	高	高	低	低	低	低	高	低	低	低	高	低	低	高
	市场增长率	低	低	高	高	低	低	高	高	高	高	高	低	低	低
	市场类别	金牛	金牛	幼童	幼童	瘦狗	瘦狗	明星	幼童	幼童	幼童	明星	瘦狗	瘦狗	金牛
2010	市场占有率	高	高	低	低	低	低	高	低	低	低	高	低	低	低
	市场增长率	低	低	低	高	低	高	高	高	低	低	低	高	高	低
	市场类别	金牛	金牛	瘦狗	幼童	瘦狗	幼童	明星	幼童	瘦狗	瘦狗	金牛	幼童	幼童	瘦狗
2011	市场占有率	高	高	低	低	低	低	高	低	低	低	高	低	低	高
	市场增长率	低	低	低	高	低	低	高	低	高	低	高	高	低	高
	市场类别	金牛	金牛	瘦狗	幼童	瘦狗	瘦狗	明星	瘦狗	幼童	瘦狗	明星	幼童	瘦狗	明星
2012	市场占有率	高	高	低	低	低	低	高	低	低	低	高	低	低	高
	市场增长率	高	高	低	低	高	高	低	高	低	高	低	低	高	低
	市场类别	明星	明星	瘦狗	瘦狗	幼童	幼童	金牛	幼童	瘦狗	幼童	金牛	瘦狗	幼童	金牛
2013	市场占有率	高	高	低	低	低	低	高	低	低	低	高	低	低	低
	市场增长率	低	高	高	高	低	低	高	低	低	低	低	高	低	高
	市场类别	金牛	明星	幼童	幼童	瘦狗	瘦狗	明星	瘦狗	瘦狗	瘦狗	金牛	幼童	瘦狗	幼童

续表

年份		日本	韩国	马来西亚	菲律宾	新加坡	泰国	美国	加拿大	英国	法国	德国	俄罗斯	澳大利亚	整体市场类别
2014	市场占有率	高	高	高	低	低	低	高	低	低	低	高	低	低	低
	市场增长率	低	低	低	低	低	高	低	低	低	低	低	高	低	低
	市场类别	金牛	金牛	金牛	瘦狗	瘦狗	幼童	金牛	瘦狗	瘦狗	瘦狗	金牛	幼童	瘦狗	瘦狗
2015	市场占有率	高	高	低	低	低	低	高	低	低	低	高	低	低	高
	市场增长率	低	低	高	低	高	高	高	低	高	高	低	低	低	高
	市场类别	金牛	金牛	幼童	瘦狗	幼童	幼童	明星	瘦狗	幼童	幼童	金牛	瘦狗	瘦狗	明星

（1）日本。2007 年属于金牛市场，2008 年属于明星市场，2009－2011 年属于金牛市场，2012 年属于明星市场，2013－2015 年属于金牛市场，整体看，属于金牛市场。从时间演变看，市场占有率从 2007 年的 0.1747 上升到 2015 年的 0.0482，市场增长率从 2007 年的－0.2282 上升到 2015 年的－0.0104。

（2）韩国。2007 年属于瘦狗市场，2008 年属于明星市场，2009－2011 年属于金牛市场，2012－2014 年属于明星市场，2015 年属于金牛市场，整体看，属于金牛市场。从时间演变看，市场占有率从 2007 年的 0.0369 上升到 2015 年的 0.0395，市场增长率从 2007 年的 0.4065 下降到 2015 年的 0.1706。

（3）马来西亚。2007－2008 年属于瘦狗市场，2009 年属于幼童市场，2010－2012 年属于瘦狗市场，2013 年属于幼童市场，2015 年属于金牛市场，整体看，幼童市场。从时间演变看，市场占有率从 2007 年的 0.0418 下降到 2015 年的 0.0226，市场增长率从 2007 年的 0.0129 上升到 2015 年的 0.2949。

（4）菲律宾。2007 年属于幼童市场，2008 年属于瘦狗市场，2009－2011 年属于幼童市场，2012 年属于瘦狗市场，2013 年属于幼童市场，2014－2015 年属于瘦狗市场。从时间演变看，市场占有率从 2007 年的 0.0036 上升到 2015 年的 0.0046，市场增长率从 2007 年的 1.0000 下降到 2015 年的 0.1611。

（5）新加坡。2007 年属于瘦狗市场，2008 年属于幼童市场，2009－

2011 年属于瘦狗市场，2012 年属于幼童市场，2013 – 2014 年属于瘦狗市场，2015 年属于幼童市场。从时间演变看，市场占有率从 2007 年的 0.0344 下降到 2015 年的 0.0189，市场增长率从 2007 年的 – 0.2748 上升到 2015 年的 0.4280。

（6）泰国。2007 年属于幼童市场，2008 – 2009 年属于瘦狗市场，2010 年属于幼童市场，2011 年属于瘦狗市场，2012 年属于幼童市场，2013 年属于瘦狗市场，2014 – 2015 年属于幼童市场。从时间演变看，市场占有率从 2007 年的 0.0123 下降到 2015 年的 0.0102，市场增长率从 2007 年的 5.3889 下降到 2015 年的 0.2013。

（7）美国。2007 – 2008 年属于金牛市场，2009 – 2011 年属于明星市场，2012 年属于金牛市场，2013 年属于明星市场，2014 年属于金牛市场，2015 年属于明星市场。从时间演变看，市场占有率从 2007 年的 0.1078 下降到 2015 年的 0.0683，市场增长率从 2007 年的 0.1400 上升到 2015 年的 0.3100。

（8）加拿大。2007 年属于幼童市场，2008 年属于瘦狗市场，2009 – 2010 年属于幼童，2011 年属于瘦狗市场，2012 年属于幼童市场，2013 – 2015 年属于瘦狗市场。从时间演变看，市场占有率从 2007 年的 0.0510 下降到 2015 年的 0.0144，市场增长率从 2007 年的 1.1057 下降到 2015 年的 0.1213。

（9）英国。2007 – 2008 年属于瘦狗市场，2009 年属于幼童市场，2010 年属于瘦狗市场，2011 年属于幼童市场，2012 年属于瘦狗市场，2013 – 2014 年属于瘦狗市场，2015 年属于幼童市场。从时间演变看，市场占有率从 2007 年的 0.0424 下降到 2015 年的 0.0111，市场增长率从 2007 年的 0.2030 上升到 2015 年的 0.3529。

（10）法国。2007 年属于金牛市场，2008 年属于瘦狗市场，2009 年属于幼童市场，2010 – 2011 年属于瘦狗市场，2012 年属于幼童市场，2013 – 2014 年属于瘦狗市场，2015 年属于幼童市场。从时间演变看，市场占有率从 2007 年的 0.0760 下降到 2015 年的 0.0180，市场增长率从 2007 年的 0.6753 下降到 2015 年的 0.5802。

（11）德国。仅 2009 年和 2011 年属于明星市场，其他年份均为金牛市场。从时间演变看，市场占有率从 2007 年的 0.0676 下降到 2015 年的 0.0249，市场增长率从 2007 年的 0.3347 下降到 2015 年的 0.0142。

（12）俄罗斯。2007 年属于幼童市场，2008 - 2009 年属于瘦狗市场，2010 - 2011 年属于幼童市场，2012 年属于瘦狗市场，2013 - 2014 年属于幼童市场，2015 年属于瘦狗市场。从时间演变看，市场占有率从 2007 年的 0.0135 下降到 2015 年的 0.0108，市场增长率从 2007 年的 1.8864 下降到 2015 年的 -0.4056。

（13）澳大利亚。2007 - 2009 年属于瘦狗市场，2010 年属于幼童市场，2011 年属于瘦狗市场，2012 年属于幼童市场，2013 - 2015 年属于瘦狗市场。从时间演变看，市场占有率从 2007 年的 0.0513 下降到 2015 年的 0.0145，市场增长率从 2007 年的 0.1160 上升到 2015 年的 0.1294。

整体看，2007 - 2008 年属于明星市场，2009 年属于金牛市场，2010 年属于瘦狗市场，2011 年属于明星市场，2012 年属于金牛市场，2013 年属于幼童市场，2014 年属于瘦狗市场，2015 年属于明星市场。

三、亲景度演变

根据 2006 - 2016 年统计数据，可计算得到入境旅游流对宁夏的亲景度及其市场演变状况。如表 3 - 22 和表 3 - 23 所示，如图 3 - 15 所示。

表 3 - 22　　2006 - 2015 年宁夏入境旅游流亲景度演变

亲景度	日本	韩国	马来西亚	菲律宾	新加坡	泰国	美国	加拿大	英国	法国	德国	俄罗斯	澳大利亚	均值
2006	8.16	0.90	6.13	0.35	7.73	0.44	7.47	6.55	8.61	15.24	13.68	0.26	11.55	6.70
2007	5.79	1.02	5.19	0.57	4.91	2.65	7.47	11.65	9.23	21.62	16.02	0.59	11.14	7.53
2008	7.55	2.68	2.20	0.40	6.30	2.33	6.16	5.04	8.42	12.48	12.65	0.27	8.68	5.78
2009	7.04	2.17	3.80	0.42	5.13	1.80	7.40	5.84	8.63	12.36	17.42	0.25	3.92	5.86
2010	4.90	1.38	3.37	0.53	4.21	3.42	3.93	5.61	3.48	7.31	10.08	0.20	6.72	4.24
2011	5.06	1.59	3.27	1.45	3.29	2.53	5.38	4.55	6.45	6.85	15.26	0.43	4.61	4.67
2012	5.67	3.44	1.64	0.48	4.04	3.14	3.50	5.09	3.03	6.71	8.72	0.19	5.38	3.93

续表

亲景度	日本	韩国	马来西亚	菲律宾	新加坡	泰国	美国	加拿大	英国	法国	德国	俄罗斯	澳大利亚	均值
2013	3.19	1.68	5.18	0.67	2.68	1.81	4.14	3.31	2.88	5.37	6.44	0.37	3.35	3.16
2014	2.56	1.15	2.20	0.59	1.94	1.98	3.55	2.74	1.93	3.13	5.29	1.27	2.72	2.39
2015	2.58	1.19	2.81	0.62	2.79	2.14	4.38	2.83	2.56	4.93	5.36	0.91	2.86	2.77
均值	5.25	1.72	3.59	0.61	4.30	2.22	5.34	5.32	5.52	9.60	11.09	0.47	6.10	4.70

表 3－23　　2006－2015 年宁夏入境旅游流亲景度演变

亲景度	日本	韩国	马来西亚	菲律宾	新加坡	泰国	美国	加拿大	英国	法国	德国	俄罗斯	澳大利亚
2006	强亲景	弱疏景	强亲景	强疏景	强亲景	强疏景	强亲景	强亲景	强亲景	强亲景	强亲景	强疏景	强亲景
2007	强亲景	弱亲景	强亲景	弱疏景	强亲景	强亲景	强亲景	强亲景	强亲景	强亲景	强亲景	弱疏景	强亲景
2008	强亲景	强亲景	强亲景	强疏景	强亲景	强亲景	强亲景	强亲景	强亲景	强亲景	强亲景	强疏景	强亲景
2009	强亲景	强亲景	强亲景	强疏景	强亲景	弱亲景	强亲景	强亲景	强亲景	强亲景	强亲景	强疏景	强亲景
2010	强亲景	弱亲景	强亲景	弱疏景	强亲景	强亲景	强亲景	强亲景	强亲景	强亲景	强亲景	强疏景	强亲景
2011	强亲景	弱亲景	强亲景	弱亲景	强亲景	强亲景	强亲景	强亲景	强亲景	强亲景	强亲景	强疏景	强亲景
2012	强亲景	强亲景	弱亲景	强疏景	强亲景	强亲景	强亲景	强亲景	强亲景	强亲景	强亲景	强疏景	强亲景
2013	强亲景	弱亲景	强亲景	弱疏景	强亲景	弱亲景	强亲景	强亲景	强亲景	强亲景	强亲景	强疏景	强亲景
2014	强亲景	弱亲景	强亲景	弱疏景	弱亲景	弱亲景	强亲景	强亲景	弱亲景	强亲景	强亲景	弱亲景	强亲景
2015	强亲景	弱亲景	强亲景	弱疏景	强亲景	强亲景	强亲景	强亲景	强亲景	强亲景	强亲景	弱疏景	强亲景
均值	强亲景	弱亲景	强亲景	弱疏景	强亲景	强亲景	强亲景	强亲景	强亲景	强亲景	强亲景	强疏景	强亲景

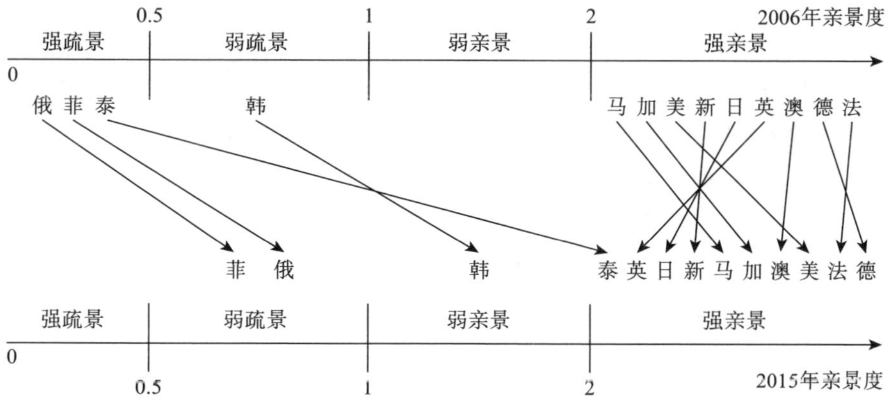

图 3－15　2006－2015 年宁夏入境旅游流亲景度演变示意图

（1）日本亲景度先升后降，2006 年为 8.16，2015 年下降到 2.58，整体呈现大幅度下降。总体走势是降—升—降—降—升—升—降—降—升。

（2）韩国亲景度 2001 年为 0.90，2015 年为 1.19，整体呈现大幅度上升；总体走势是升—升—降—降—升—升—降—降—升。

（3）马来西亚旅游者偏好指数在逐渐增大，亲景度从 2006 年的 6.13 下降到 2015 年的 2.81；总体走势是降—降—升—降—降—降—升—降—升。

（4）菲律宾亲景度从 2006 年的 0.35 上升到 2015 年的 0.62，从强疏景市场态势转化为弱疏景市场；总体走势是升—降—升—升—升—降—升—降—升。

（5）新加坡亲景度从 2006 年的 7.33 下降到 2015 年的 2.79；总体走势是降—升—降—降—降—升—降—降—升。

（6）泰国亲景度从 2006 年的 0.44 上升到 2015 年的 2.14；总体走势是升—降—降—升—降—降—降—升—升。

（7）美国亲景度下降，2006 年为 7.47，2015 年下降到 4.38；总体走势是不变—降—升—降—升—降—升—降—升。

（8）加拿大亲景度从 2006 年的 6.55 下降到 2015 年的 2.83；总体走势是升—降—升—降—降—升—降—降—升。

（9）英国亲景度从 2006 年的 8.61 下降到 2015 年的 2.56；总体走势是升—降—升—降—升—降—降—降—升。

（10）法国亲景度从 2006 年的 15.24 下降到 2015 年的 4.93；总体走势是升—降—降—降—降—降—降—降—升。

（11）德国亲景度从 2006 年的 13.68 下降到 2015 年的 5.36，偏好指数大幅度下降；总体走势是升—降—升—降—升—降—降—升—升。

（12）俄罗斯亲景度从 2006 年的 0.26 上升到 2015 年的 0.91；总体走势是升—降—降—降—升—降—升—升—降。

（13）澳大利亚亲景度从 2006 年的 11.55 下降到 2015 年的 2.86；总体走势是降—降—降—升—降—升—降—降—升。

第五节　新疆入境旅游流集散时空演变

一、地理集中指数演变

从13个主要客源国接待量看，2006年新疆主要入境游客来自日本、韩国、美国、俄罗斯，2015年主要入境客源地是日本、韩国、马来西亚、新加坡、加拿大、英国、法国、德国、美国。结合历年数据，可计算得到入境市场的地理集中指数。计算数据表明：从均值视角看，2006－2015年度入境旅游客源市场的地理集中指数均值为21.0824，从各年度看，入境旅游客源市场的地理集中指数相对较小，最高值为35.5083，这说明入境客源市场比较分散，稳定性特别好；从时间方面看，呈现出“M＋W”形态，具有三升两降特点，2007年达到第一阶段最高值，指数为34.9521；2008年下降，到2009年达到第二阶段最大值35.5083；2010年下降到20.5285，2012年下降到第二阶段最低点，指数为14.6348；2013年指数上升到15.1084，2014年下降到11.2216，此后逐渐下降，2015年下降到第三阶段最低点，指数为6.3985。如表3－24所示，如图3－16和图3－17所示。

表3－24　　2006－2015年新疆入境旅游流地理集中指数演变

年份	2006	2007	2008	2009	2010	2011	2012	2013	2014	2015
地理集中指数	29.9529	34.9521	27.1980	35.5083	20.5285	15.3204	14.6348	15.1084	11.2216	6.3985
入境总人次	362500	438400	363200	354900	1065300	1325000	1498000	1567300	1501700	1683600
日本	33775	25449	12842	14722	32629	28085	26992	25931	7013	6252
韩国	11072	11340	9815	9358	13613	17841	23768	25369	9072	7591
马来西亚	3384	3428	2456	2787	3950	5257	11930	13480	8527	6167
菲律宾	303	298	195	2918	1346	321	536	729	966	891
新加坡	4211	3753	3267	4188	6269	6992	10331	11586	5083	5365

续表

年份	2006	2007	2008	2009	2010	2011	2012	2013	2014	2015
泰国	969	1384	3355	4119	3539	3108	3539	3597	1438	2574
美国	10564	9907	11316	14755	29235	25965	29235	31225	6861	8045
加拿大	3097	2508	2405	5182	9185	6880	9185	9362	3809	6856
英国	3679	3129	4112	11725	10348	8788	10348	10584	5385	6254
法国	6476	7819	6466	6529	12671	10197	12671	12982	6836	8643
德国	4657	6083	6163	6124	9098	7412	9098	11269	7045	8346
俄罗斯	101415	149828	96015	122672	212420	197531	212420	229877	167172	105502
澳大利亚	3539	3822	4412	3887	9730	6135	9730	10586	5542	2822

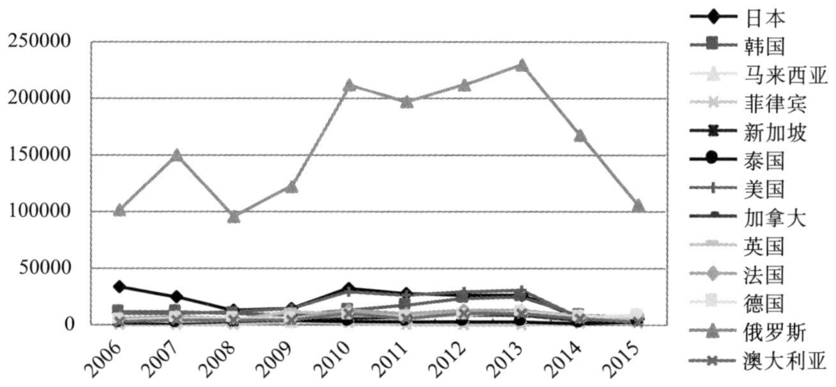

图 3－16　2006－2015 年新疆主要客源地入境游客接待量演变趋势图

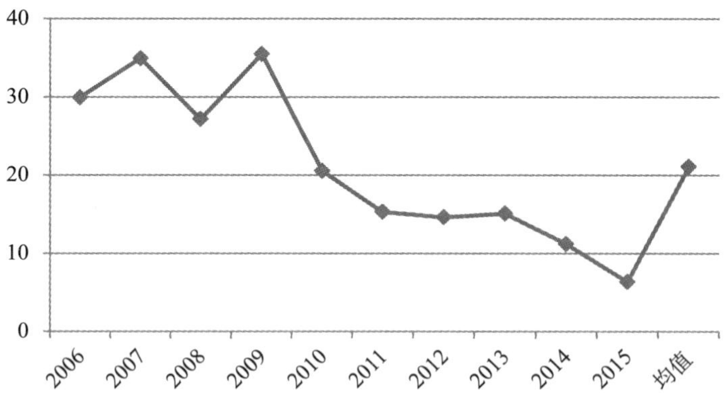

图 3－17　2006－2015 年新疆入境旅游流地理集中指数演变

二、竞争态演变

依据入境旅游流市场占有率、市场增长率（如表 3－25 所示），可对新疆入境旅游客源市场竞争态分布（如表 3－26 所示）和演变特征（如表 3－27所示）归纳如下：

表 3－25　　2007－2015 年新疆入境旅游竞争态演变一览表

年份		2007	2008	2009	2010	2011	2012	2013	2014	2015	均值
日本	市场占有率	0.0580	0.0354	0.0415	0.0306	0.0212	0.0180	0.0165	0.0047	0.0037	0.0255
	市场增长率	－0.2465	－0.4954	0.1464	1.2163	－0.1393	－0.0389	－0.0393	－0.7296	－0.1085	－0.0483
韩国	市场占有率	0.0259	0.0270	0.0264	0.0128	0.0135	0.0159	0.0162	0.0060	0.0045	0.0165
	市场增长率	0.0242	－0.1345	－0.0466	0.4547	0.3106	0.3322	0.0674	－0.6424	－0.1632	0.0225
马来西亚	市场占有率	0.0078	0.0068	0.0079	0.0037	0.0040	0.0080	0.0086	0.0057	0.0037	0.0062
	市场增长率	0.0130	－0.2835	0.1348	0.4173	0.3309	1.2694	0.1299	－0.3674	－0.2768	0.1520
菲律宾	市场占有率	0.0007	0.0005	0.0082	0.0013	0.0002	0.0004	0.0005	0.0006	0.0005	0.0014
	市场增长率	－0.0165	－0.3456	13.9641	－0.5387	－0.7615	0.6698	0.3601	0.3251	－0.0776	1.5088
新加坡	市场占有率	0.0086	0.0090	0.0118	0.0059	0.0053	0.0069	0.0074	0.0034	0.0032	0.0068
	市场增长率	－0.1088	－0.1295	0.2819	0.4969	0.1153	0.4775	0.1215	－0.5613	0.0555	0.0832
泰国	市场占有率	0.0032	0.0092	0.0116	0.0033	0.0023	0.0024	0.0023	0.0010	0.0015	0.0041
	市场增长率	0.4283	1.4241	0.2277	－0.1408	－0.1218	0.1387	0.0164	－0.6002	0.7900	0.2403
美国	市场占有率	0.0226	0.0312	0.0416	0.0274	0.0196	0.0195	0.0199	0.0046	0.0048	0.0212
	市场增长率	－0.0622	0.1422	0.3039	0.9814	－0.1119	0.1259	0.0681	－0.7803	0.1726	0.0933
加拿大	市场占有率	0.0057	0.0066	0.0146	0.0086	0.0052	0.0061	0.0060	0.0025	0.0041	0.0066
	市场增长率	－0.1902	－0.0411	1.1547	0.7725	－0.2510	0.3350	0.0193	－0.5931	0.7999	0.2229
英国	市场占有率	0.0071	0.0113	0.0330	0.0097	0.0066	0.0069	0.0068	0.0036	0.0037	0.0099
	市场增长率	－0.1495	0.3142	1.8514	－0.1174	－0.1508	0.1775	0.0228	－0.4912	0.1614	0.1798
法国	市场占有率	0.0178	0.0178	0.0184	0.0119	0.0077	0.0085	0.0083	0.0046	0.0051	0.0111
	市场增长率	0.2074	－0.1730	0.0097	0.9407	－0.1952	0.2426	0.0245	－0.4734	0.2643	0.0942
德国	市场占有率	0.0139	0.0170	0.0173	0.0085	0.0056	0.0061	0.0072	0.0047	0.0050	0.0095
	市场增长率	0.3062	0.0132	－0.0063	0.4856	－0.1853	0.2275	0.2386	－0.3748	0.1847	0.0988

续表

年份		2007	2008	2009	2010	2011	2012	2013	2014	2015	均值
俄罗斯	市场占有率	0.3418	0.2644	0.3457	0.1994	0.1491	0.1418	0.1467	0.1113	0.0627	0.1959
	市场增长率	0.4774	-0.3592	0.2776	0.7316	-0.0701	0.0754	0.0822	-0.2728	-0.3689	0.0637
澳大利亚	市场占有率	0.0087	0.0121	0.0110	0.0091	0.0046	0.0065	0.0068	0.0037	0.0017	0.0071
	市场增长率	0.0800	0.1544	-0.1190	1.5032	-0.3695	0.5860	0.0880	-0.4765	-0.4908	0.1062
均值	市场占有率	0.0401	0.0345	0.0453	0.0254	0.0188	0.019	0.0195	0.0120	0.0080	0.0247
	市场增长率	0.0587	0.007	1.5249	0.4750	-0.1230	0.3553	0.0923	-0.4645	0.1195	0.2272

表3-26　2007-2015年新疆入境旅游竞争态演变一览表

年份		2007	2008	2009	2010	2011	2012	2013	2014	2015	整体市场类别
日本	市场占有率	高	高	低	高	高	低	低	低	低	高
	市场增长率	低	低	低	高	低	低	低	低	低	低
	市场类别	金牛	金牛	瘦狗	明星	金牛	瘦狗	瘦狗	瘦狗	瘦狗	金牛
韩国	市场占有率	低	低	低	低	低	低	低	低	低	低
	市场增长率	低	低	低	低	高	低	低	低	低	低
	市场类别	瘦狗	瘦狗	瘦狗	瘦狗	幼童	瘦狗	瘦狗	瘦狗	瘦狗	瘦狗
马来西亚	市场占有率	低	低	低	低	低	低	低	低	低	低
	市场增长率	低	低	低	低	高	高	低	高	低	低
	市场类别	瘦狗	瘦狗	瘦狗	瘦狗	幼童	幼童	瘦狗	幼童	瘦狗	瘦狗
菲律宾	市场占有率	低	低	低	低	低	低	低	低	低	低
	市场增长率	低	低	高	低	低	高	高	高	低	高
	市场类别	瘦狗	瘦狗	幼童	瘦狗	瘦狗	幼童	幼童	幼童	瘦狗	幼童
新加坡	市场占有率	低	低	低	低	低	低	低	低	低	低
	市场增长率	低	低	低	高	高	高	高	低	低	低
	市场类别	瘦狗	瘦狗	瘦狗	幼童	幼童	幼童	幼童	瘦狗	瘦狗	瘦狗
泰国	市场占有率	低	低	低	低	低	低	低	低	低	低
	市场增长率	高	高	低	低	高	低	低	低	高	高
	市场类别	幼童	幼童	瘦狗	瘦狗	幼童	瘦狗	瘦狗	瘦狗	幼童	幼童
美国	市场占有率	低	低	低	高	高	高	高	低	低	低
	市场增长率	低	高	低	高	高	低	低	低	高	低
	市场类别	瘦狗	幼童	瘦狗	明星	明星	金牛	金牛	瘦狗	幼童	瘦狗

续表

年份		2007	2008	2009	2010	2011	2012	2013	2014	2015	整体市场类别
加拿大	市场占有率	低	低	低	低	低	低	低	低	低	低
	市场增长率	低	低	低	高	低	低	低	低	高	低
	市场类别	瘦狗	瘦狗	瘦狗	幼童	瘦狗	瘦狗	瘦狗	瘦狗	幼童	瘦狗
英国	市场占有率	低	低	低	低	低	低	低	低	低	低
	市场增长率	低	高	高	低	低	低	低	低	高	低
	市场类别	瘦狗	幼童	幼童	瘦狗	瘦狗	瘦狗	瘦狗	瘦狗	幼童	瘦狗
法国	市场占有率	低	低	低	低	低	低	低	低	低	低
	市场增长率	高	低	低	高	低	低	低	低	高	低
	市场类别	幼童	瘦狗	瘦狗	幼童	瘦狗	瘦狗	瘦狗	瘦狗	幼童	瘦狗
德国	市场占有率	低	低	低	低	低	低	低	低	低	低
	市场增长率	高	高	低	高	低	低	高	高	高	低
	市场类别	幼童	幼童	瘦狗	幼童	瘦狗	瘦狗	幼童	幼童	幼童	瘦狗
俄罗斯	市场占有率	高	高	高	高	高	低	低	低	高	高
	市场增长率	高	低	低	高	高	低	低	高	低	低
	市场类别	明星	金牛	金牛	明星	明星	瘦狗	瘦狗	幼童	金牛	金牛
澳大利亚	市场占有率	低	低	低	低	低	低	低	低	低	低
	市场增长率	高	高	低	高	低	高	低	低	低	低
	市场类别	幼童	幼童	瘦狗	幼童	瘦狗	幼童	瘦狗	瘦狗	瘦狗	瘦狗

表 3－27　　2007－2015 年新疆入境旅游流市场类别

市场类别	瘦狗	明星	金牛	幼童
2007	韩国、美国、马来西亚、新加坡、菲律宾、加拿大、英国	俄罗斯	日本	泰国、法国、澳大利亚、德国
2008	新加坡、菲律宾、加拿大、俄罗斯、马来西亚、法国、日本、韩国		日本、俄罗斯	泰国、英国、德国、美国、澳大利亚

续表

市场类别	瘦狗	明星	金牛	幼童
2009	日本、韩国、泰国、美国、新加坡、德国、马来西亚、澳大利亚		俄罗斯	英国、加拿大、菲律宾
2010	菲律宾、英国、韩国、泰国、马来西亚	日本、美国、俄罗斯		德国、新加坡、加拿大、法国、澳大利亚
2011	加拿大、英国、法国、俄罗斯、澳大利亚、美国、日本、新加坡、德国	美国、俄罗斯	日本	韩国、马来西亚、泰国
2012	日本、韩国、泰国、加拿大、英国、法国、德国、澳大利亚		美国	新加坡、菲律宾、俄罗斯
2013	日本、韩国、马来西亚、泰国、加拿大、英国、法国、澳大利亚		美国	菲律宾、俄罗斯、德国
2014	日本、韩国、新加坡、泰国、加拿大、美国、英国、法国、澳大利亚			俄罗斯、马来西亚、菲律宾
2015	澳大利亚、日本、韩国、马来西亚、新加坡、菲律宾		俄罗斯	泰国、加拿大、英国、法国、德国
2007－2015年整体	加拿大、马来西亚、韩国、新加坡、美国、英国、法国、德国、澳大利亚		俄罗斯、日本	泰国、菲律宾

（1）日本。2007－2008年属于金牛市场，2009年属于瘦狗市场，2010年属于明星市场，2011年属于金牛市场，2012－2015年属于瘦狗市场，整体看，属于金牛市场。从时间演变看，市场占有率从2007年的0.0580下降到2015年的0.0037，市场增长率从2007年的－0.2465上升到2015年的－0.1085。

（2）韩国。2007－2010 年属于瘦狗市场，2011 年属于幼童市场，2012－2015 年属于瘦狗市场，整体看，属于瘦狗市场。从时间演变看，市场占有率从 2007 年的 0.0259 下降到 2015 年的 0.0045，市场增长率从 2007 年的 0.0242 下降到 2015 年的－0.1632。

（3）马来西亚。2007－2010 年属于瘦狗市场，2011－2012 年属于幼童市场，2013 年属于瘦狗市场，2014 年属于幼童市场，2015 年属于瘦狗市场。从时间演变看，市场占有率从 2007 年的 0.0078 下降到 2015 年的 0.0037，市场增长率从 2007 年的 0.0130 下降到 2015 年的－0.2768。

（4）菲律宾。2007－2008 年属于瘦狗市场，2009 年属于幼童市场，2010－2011 年属于瘦狗市场，2012－2014 年属于幼童市场，2015 年属于瘦狗市场，整体看，属于幼童市场。从时间演变看，市场占有率从 2007 年的 0.0007 下降到 2015 年的 0.0005，市场增长率从 2007 年的－0.0165 下降到 2015 年的－0.0776。

（5）新加坡。2007－2009 年属于瘦狗市场，2010－2012 年属于幼童市场，2013－2015 年属于瘦狗市场。从时间演变看，市场占有率从 2007 年的 0.0086 下降到 2015 年的 0.0032，市场增长率从 2007 年的－0.1088 上升到 2015 年的 0.0555。

（6）泰国。2007－2008 年属于幼童市场，2009－2010 年属于瘦狗市场，2011 年属于幼童市场，2012－2014 年属于瘦狗市场，2015 年属于幼童市场，整体看，属于幼童市场。从时间演变看，市场占有率从 2007 年的 0.0032 下降到 2015 年的 0.0015，市场增长率从 2007 年的 0.4283 上升到 2015 年的 0.7900。

（7）美国。2007 年属于瘦狗市场，2008 年属于幼童市场，2009 年属于瘦狗市场，2010－2011 年属于明星市场，2012－2013 年属于金牛市场，2014 年属于瘦狗市场，2015 年属于幼童市场，整体看，属于瘦狗市场。从时间演变看，市场占有率从 2007 年的 0.0226 下降到 2015 年的 0.0048，市场增长率从 2007 年的－0.0622 上升到 2015 年的 0.1726。

（8）加拿大。2007－2009 年属于瘦狗市场，2010 年属于幼童市场，2011－2014 年属于瘦狗市场，2015 年属于幼童市场，整体看，属于瘦狗市场。从时间演变看，市场占有率从 2007 年的 0.0057 下降到 2015 年的 0.0041，市场增长率从 2007 年的 -0.1902 上升到 2015 年的 0.7999。

（9）英国。2007 年属于瘦狗市场，2008 - 2009 年属于幼童市场，2010 - 2014 年属于瘦狗市场，2015 年属于幼童市场，整体看，属于瘦狗市场。从时间演变看，市场占有率从 2007 年的 0.0071 下降到 2015 年的 0.0037，市场增长率从 2007 年的 -0.1495 上升到 2015 年的 0.1614。

（10）法国。2007 年属于幼童市场，2008 - 2009 年属于瘦狗市场，2009 年属于幼童市场，2010 - 2014 年属于瘦狗市场，2015 年属于幼童市场，整体看，属于瘦狗市场。从时间演变看，市场占有率从 2007 年的 0.0178 下降到 2015 年的 0.0051，市场增长率从 2007 年的 0.2074 上升到 2015 年的 0.2643。

（11）德国。2007 - 2008 年属于幼童市场，2009 年属于瘦狗市场，2010 年属于幼童市场，2011 - 2012 年属于瘦狗市场，2013 - 2015 年属于幼童市场，整体看，属于瘦狗市场。从时间演变看，市场占有率从 2007 年的 0.0139 下降到 2015 年的 0.0050，市场增长率从 2007 年的 0.3062 下降到 2015 年的 0.1847。

（12）俄罗斯。2007 年属于明星市场，2008 - 2009 年属于金牛市场，2010 - 2011 年属于明星市场，2012 - 2013 年属于瘦狗市场，2014 年属于幼童市场，2015 年属于金牛市场，整体看，属于金牛市场。从时间演变看，市场占有率从 2007 年的 0.3418 下降到 2015 年的 0.0627，市场增长率从 2007 年的 0.4774 下降到 2015 年的 -0.3689。

（13）澳大利亚。2007 - 2008 年属于幼童市场，2009 年属于瘦狗市场，2010 年属于幼童市场，2011 年属于瘦狗市场，2012 年属于幼童市场，2013 - 2015 年属于瘦狗市场，整体看，属于瘦狗市场。从时间演变看，市场占有率从 2007 年的 0.0087 下降到 2015 年的 0.0017，市场增长率从 2007 年的 0.0800 下降到 2015 年的 -0.4908。

整体看，2007 年属于明星市场，2008 年属于金牛市场，2009 - 2010 年属于明星市场，2011 年属于瘦狗市场，2012 年属于幼童市场，2013 - 2015 年属于瘦狗市场。

三、亲景度演变

根据2006－2015年统计数据，可计算得到入境旅游流对新疆的亲景度及其市场演变状况。如表3－28和表3－29所示，如图3－18和图3－19所示。

表3－28　　　　2006－2015年新疆入境旅游流亲景度演变

亲景度	日本	韩国	马来西亚	菲律宾	新加坡	泰国	美国	加拿大	英国	法国	德国	俄罗斯	澳大利亚	均值
2006	3.11	0.97	1.28	0.15	1.75	0.56	2.13	2.14	2.29	5.55	3.21	14.53	2.27	3.07
2007	1.92	0.71	0.97	0.11	1.22	0.68	1.57	1.31	1.56	5.08	3.29	15.00	1.89	2.72
2008	1.33	0.89	0.85	0.09	1.34	2.17	2.27	1.61	2.67	5.38	4.17	11.01	2.76	2.81
2009	1.58	1.04	0.94	1.39	1.68	2.71	3.08	3.36	7.90	5.48	4.21	25.08	2.47	4.69
2010	1.10	0.42	0.40	0.20	0.78	0.70	1.83	1.68	2.26	3.10	1.88	11.25	1.85	2.11
2011	0.78	0.44	0.43	0.04	0.67	0.52	1.25	0.94	1.51	2.11	1.19	7.96	0.86	1.44
2012	0.68	0.52	0.85	0.05	0.89	0.48	1.22	1.15	1.48	2.14	1.22	7.74	1.11	1.50
2013	0.74	0.53	0.92	0.06	0.99	0.45	1.23	1.13	1.39	2.00	1.43	8.66	1.21	1.60
2014	0.22	0.19	0.65	0.09	0.45	0.20	0.28	0.49	0.76	1.13	0.91	6.99	0.71	1.00
2015	0.20	0.14	0.46	0.07	0.47	0.32	0.31	0.80	0.86	1.41	1.06	5.30	0.33	0.90
均值	1.17	0.58	0.77	0.22	1.02	0.88	1.52	1.46	2.27	3.34	2.26	11.35	1.55	2.18

表3－29　　　　2006－2015年新疆入境旅游流亲景度演变

亲景度	日本	韩国	马来西亚	菲律宾	新加坡	泰国	美国	加拿大	英国	法国	德国	俄罗斯	澳大利亚
2006	强亲景	弱疏景	弱亲景	弱疏景	弱亲景	弱疏景	强亲景	强亲景	强亲景	强亲景	强亲景	强亲景	强亲景
2007	弱亲景	弱疏景	弱疏景	弱疏景	弱亲景	弱疏景	弱亲景	弱亲景	弱亲景	强亲景	强亲景	强亲景	弱亲景
2008	弱亲景	弱疏景	弱疏景	弱疏景	弱亲景	强亲景	强亲景	弱亲景	强亲景	强亲景	强亲景	强亲景	强亲景
2009	弱亲景	弱亲景	弱疏景	弱亲景	弱亲景	强亲景	强亲景	强亲景	强亲景	强亲景	强亲景	强亲景	强亲景
2010	弱亲景	强疏景	强疏景	强疏景	弱疏景	弱疏景	弱亲景	弱亲景	强亲景	强亲景	弱亲景	强亲景	弱亲景
2011	弱疏景	强疏景	强疏景	强疏景	弱疏景	弱疏景	弱亲景	弱疏景	弱亲景	强亲景	弱亲景	强亲景	弱疏景
2012	弱疏景	弱疏景	弱疏景	强疏景	弱疏景	强疏景	弱亲景	弱亲景	弱亲景	强亲景	弱亲景	强亲景	弱亲景
2013	弱疏景	弱疏景	弱疏景	强疏景	弱疏景	强疏景	弱亲景	弱亲景	弱亲景	强亲景	弱亲景	强亲景	弱亲景

续表

亲景度	日本	韩国	马来西亚	菲律宾	新加坡	泰国	美国	加拿大	英国	法国	德国	俄罗斯	澳大利亚
2014	强疏景	强疏景	弱疏景	强疏景	强疏景	强疏景	强疏景	强疏景	弱疏景	弱亲景	弱疏景	强亲景	弱疏景
2015	强疏景	强疏景	强疏景	强疏景	强疏景	强疏景	强疏景	弱疏景	弱疏景	弱亲景	弱亲景	强亲景	强疏景
均值	弱亲景	弱疏景	弱疏景	强疏景	弱亲景	弱疏景	弱亲景	弱亲景	强亲景	强亲景	强亲景	强亲景	弱亲景

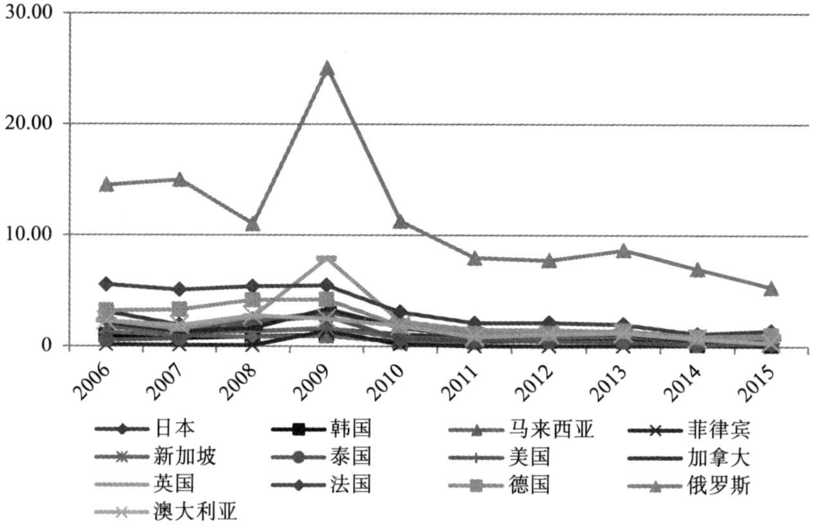

图 3－18　2006－2015 年新疆入境旅游流亲景度演变图

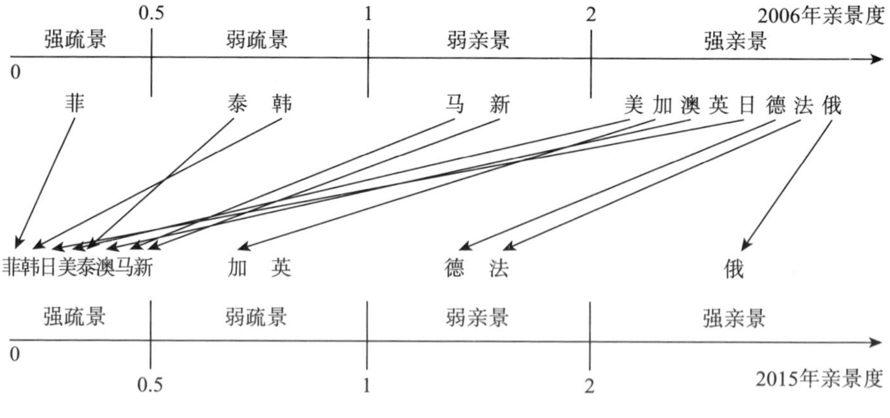

图 3－19　2006－2015 年新疆入境旅游流亲景度演变示意图

（1）日本亲景度整体下降，2006 年为 3.11，2015 年为 0.20；整体走势是降—降—升—降—降—降—升—降—降。

（2）韩国 2006 年亲景度为 0.97，2015 年为 0.14，呈现下降趋势；整体走势是降—升—升—降—升—升—升—降—降。

（3）马来西亚国外旅游者偏好指数从 2006 年的 1.28 下降到 2007 年的 0.46，保持强疏景市场；整体走势是降—降—升—降—升—升—升—降—降。

（4）菲律宾亲景度从 2006 年的 0.15 下降到 2015 年的 0.07，保持强疏景市场态势不变；整体走势是降—降—升—降—降—升—升—升—降。

（5）新加坡亲景度从 2006 年的 1.75 下降到 2015 年的 0.47；整体走势是降—升—升—降—降—升—升—降—升。

（6）泰国亲景度从 2006 年的 0.56 下降到 2015 年的 0.32；整体走势是升—升—升—降—降—降—降—降—升。

（7）美国亲景度降，2006 年为 2.13，2015 年为 0.31；整体走势是降—升—升—降—降—降—升—升—升。

（8）加拿大亲景度从 2006 年的 2.14 下降到 2015 年的 0.80，从强亲景市场转化为弱亲景市场；整体走势是升—降—升—降—降—升—降—降—升。

（9）英国亲景度从 2006 年的 2.29 下降到 2015 年的 0.86，从强亲景市场转化为弱疏景市场；整体走势是降—升—升—降—降—降—降—降—升。

（10）法国亲景度从 2006 年的 5.55 下降到 2015 年的 1.41，从强亲景市场转化为弱亲景市场；整体走势是降—升—升—降—降—升—降—降—升。

（11）德国亲景度从 2006 年的 3.21 下降到 2015 年的 1.06，从强亲景市场转化为弱亲景市场；整体走势是升—升—升—降—降—升—升—降—升。

（12）俄罗斯亲景度从 2006 年的 14.53 下降到 2015 年的 5.30；整体走势是升—降—升—降—降—降—升—降—升。

（13）澳大利亚亲景度从 2006 年的 2.27 下降到 2015 年的 0.33。整体走势是降—升—降—降—降—升—升—降—降。

第六节　丝路入境旅游流集散时空演变

一、地理集中指数演变

省域计算数据表明：基于年份看，分化很大。2006年新疆指数最大，为29.9529；2007年青海指数最大，为35.6556；2008年新疆指数最大，为27.1980；2009年新疆指数最大，为35.5083；2010年甘肃指数最大，为25.4082；2011年青海指数最大，为21.5261；2012年甘肃指数最大，为25.7740；2013年甘肃地理集中指数最大，为25.4051；2014年青海指数最大，为19.2947；2015年陕西指数最大，为18.2569。可见，在某些时段，甘肃入境旅游流市场的多样性不足。基于各省区均值视角看，青海地理集中指数均值最大，为21.9294，陕西地理集中指数均值最小，为17.0155。基于丝路均值看，2006－2015年入境旅游客源市场的地理集中指数均值为20.2133；从各年度看，2007年达到最高点，数值为27.2626；2015年为最低点，数值为13.78428。总之，入境旅游客源市场的地理集中指数呈现不断下降趋势，从2006年的23.2727下降到2015年的13.7843。如表3－30所示，如图3－20所示。

表3－30　　　　2006－2015年地理集中指数演变

年份	陕西	甘肃	青海	宁夏	新疆	丝路均值
2006	20.6031	16.9956	19.5111	29.3007	29.9529	23.2727
2007	20.3481	20.0336	35.6556	25.3234	34.9521	27.2626
2008	20.0230	23.9651	20.8637	25.2253	27.1980	23.4550
2009	19.9105	23.9435	18.0281	24.1995	35.5083	24.3180
2010	19.9425	25.4082	24.8247	17.6803	20.5285	21.6769

续表

年份	陕西	甘肃	青海	宁夏	新疆	丝路均值
2011	14.4726	19.5339	21.5261	19.4514	15.3204	18.0609
2012	13.5665	25.7740	20.9673	20.7416	14.6348	19.1367
2013	9.3609	25.4051	22.4607	13.2175	15.1084	17.1105
2014	13.671	16.0111	19.2947	10.0771	11.2216	14.0551
2015	18.2569	17.5462	16.1624	10.5574	6.3985	13.7843
均值	17.0155	21.4616	21.9294	19.5774	21.0824	20.2133

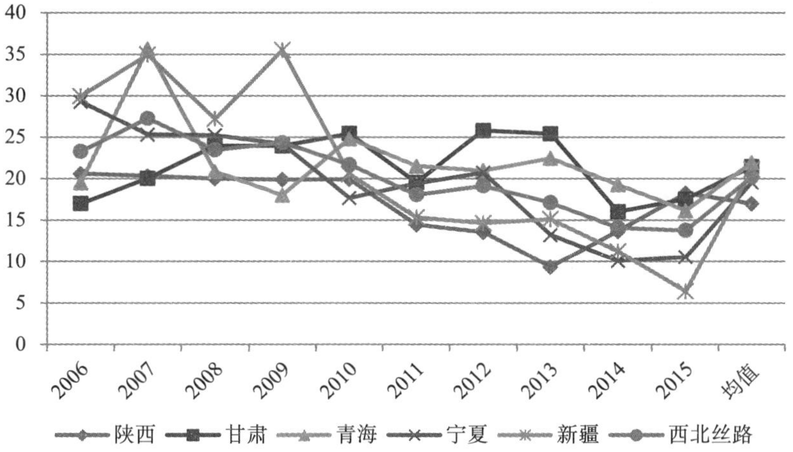

图 3－20　2006－2015 年地理集中指数演变

二、竞争态演变

依据各年市场占有率、市场增长率和平均值，可对整体入境旅游客源市场竞争态分布和演变特征做出归纳，即 2007－2008 年属于金牛市场，市场占有率 0.0401 和 0.0345 高于均值 0.0248，市场增长率 0.0587 和 0.0066 低于均值 0.2136；2009－2010 年属于明星市场，市场占有率 0.0453 和 0.0256 高于均值，市场增长率 1.39815 和 0.5541 高于均值；2011 年属于瘦狗市场，年度市场占有率及市场增长率低于均值；2012 年属于幼童市场，年度市场占有率低于均值，年度市场增长率高于均值；2013－2015 年属于瘦狗市场，年度市场占有率和市场增长率低于均值。从国别视角看，法国、德国、澳大利亚、韩国、美国、马来西亚、菲律宾、法国、德国属于瘦狗市场，新加坡、加拿大、泰国属于幼童市场，日本和俄罗斯属于金牛市场，缺少明星市场，其中加拿大从最初的瘦狗市场演化为幼童市场，法国、澳大利亚从幼童市场转化为瘦狗市场，俄罗斯由于市场增长态势不好，从明星市场转化为金牛市场。如表3－31、表3－32和表3－33所示。

表3－31　　2007－2015年丝路入境旅游流竞争态演变

市场类别	瘦狗	明星	金牛	幼童
2007	韩国、美国、马来西亚、新加坡、菲律宾、加拿大、英国	俄罗斯	日本	泰国、法国、澳大利亚、德国
2008	韩国、新加坡、菲律宾、马来西亚、法国		日本、俄罗斯	泰国、英国、澳大利亚、德国、加拿大、美国
2009	日本、韩国、新加坡、马来西亚、泰国、泰国、美国、加拿大、法国、澳大利亚、德国		俄罗斯	菲律宾、英国
2010	新加坡、菲律宾、英国、德国、韩国	日本、俄罗斯、美国	泰国、马来西亚	法国、澳大利亚、加拿大
2011	泰国、韩国、马来西亚、新加坡、	美国、俄罗斯	日本	德国、加拿大、英国、法国、澳大利亚
2012	新加坡、菲律宾、泰国、日本、泰国、法国、韩国		加拿大、德国	俄罗斯、美国
2013	德国、马来西亚、菲律宾、澳大利亚、新加坡		俄罗斯	英国、日本、泰国、加拿大、法国、韩国、美国
2014	泰国、日本、韩国、美国、新加坡、法国、加拿大、澳大利亚、英国、法国	俄罗斯		德国、菲律宾、马来西亚

续表

市场类别	瘦狗	明星	金牛	幼童
2015	澳大利亚、日本、菲律宾、韩国、新加坡、俄罗斯		马来西亚、美国、新加坡、	泰国、加拿大、英国、法国、德国
2007－2015年整体	法国、德国、澳大利亚、韩国、美国、马来西亚、菲律宾、法国、德国		日本、俄罗斯	新加坡、加拿大、泰国

表3－32　　2007－2015年丝路入境旅游流竞争态演变

年份		2007	2008	2009	2010	2011	2012	2013	2014	2015	均值
日本	市场占有率	0.0580	0.0354	0.0415	0.0306	0.0212	0.0180	0.0165	0.0047	0.0037	0.0255
	市场增长率	－0.2465	－0.4954	0.1464	1.2163	－0.1393	－0.0389	－0.0393	－0.7296	－0.1085	－0.0483
韩国	市场占有率	0.0259	0.0270	0.0264	0.0128	0.0135	0.0159	0.0162	0.0060	0.0045	0.0165
	市场增长率	0.0242	－0.1345	－0.0466	0.4547	0.3106	0.3322	0.0674	－0.6424	－0.1632	0.0225
马来西亚	市场占有率	0.0078	0.0068	0.0079	0.0037	0.0040	0.0080	0.0086	0.0057	0.0037	0.0062
	市场增长率	0.0130	－0.2835	0.1348	0.4173	0.3309	1.2694	0.1299	－0.3674	－0.2768	0.1520
菲律宾	市场占有率	0.0007	0.0005	0.0082	0.0013	0.0002	0.0004	0.0005	0.0006	0.0005	0.0014
	市场增长率	－0.0165	－0.3456	13.9641	－0.5387	－0.7615	0.6698	0.3601	0.3251	－0.0776	1.5088
新加坡	市场占有率	0.0086	0.0090	0.0118	0.0059	0.0053	0.0069	0.0074	0.0034	0.0032	0.0068
	市场增长率	－0.1088	－0.1295	0.2819	0.4969	0.1153	0.4775	0.1215	－0.5613	0.0555	0.0832
泰国	市场占有率	0.0032	0.0092	0.0116	0.0033	0.0023	0.0024	0.0023	0.0010	0.0015	0.0041
	市场增长率	0.4283	1.4241	0.2277	－0.1408	－0.1218	0.1387	0.0164	－0.6002	0.7900	0.2168
美国	市场占有率	0.0226	0.0312	0.0416	0.0274	0.0196	0.0195	0.0199	0.0046	0.0048	0.0212
	市场增长率	－0.0622	0.1422	0.3039	0.9814	－0.1119	0.1259	0.0681	－0.7803	0.1726	0.0933
加拿大	市场占有率	0.0057	0.0066	0.0146	0.0086	0.0052	0.0061	0.0060	0.0025	0.0041	0.0066
	市场增长率	－0.1902	－0.0411	1.1547	0.7725	－0.2510	0.3350	0.0193	－0.5931	0.7999	0.2229
英国	市场占有率	0.0071	0.0113	0.0330	0.0097	0.0066	0.0069	0.0068	0.0036	0.0037	0.0099
	市场增长率	－0.1495	0.3142	1.8514	－0.1174	－0.1508	0.1775	0.0228	－0.4912	0.1614	0.1798
法国	市场占有率	0.0178	0.0178	0.0184	0.0119	0.0077	0.0085	0.0083	0.0046	0.0051	0.0111
	市场增长率	0.2074	－0.1730	0.0097	0.9407	－0.1952	0.2426	0.0245	－0.4734	0.2643	0.0942

续表

年份		2007	2008	2009	2010	2011	2012	2013	2014	2015	均值
德国	市场占有率	0.0139	0.0170	0.0173	0.0085	0.0056	0.0061	0.0072	0.0047	0.0050	0.0095
	市场增长率	0.3062	0.0132	-0.0063	0.4856	-0.1853	0.2275	0.2386	-0.3748	0.1847	0.0814
俄罗斯	市场占有率	0.3418	0.2644	0.3457	0.1994	0.1491	0.1418	0.1467	0.1113	0.0627	0.1959
	市场增长率	0.4774	-0.3592	0.2776	0.7316	-0.0701	0.0754	0.0822	-0.2728	-0.3689	0.0637
澳大利亚	市场占有率	0.0087	0.0121	0.0110	0.0091	0.0046	0.0065	0.0068	0.0037	0.0017	0.0071
	市场增长率	0.0800	0.1544	-0.1190	1.5032	-0.3695	0.5860	0.0880	-0.4765	-0.4908	0.1062
均值	市场占有率	0.0401	0.0345	0.0453	0.0256	0.0188	0.0190	0.0195	0.01203	0.0080	0.0248
	市场增长率	0.0587	0.0066	1.39815	0.5541	-0.1230	0.3361	0.0926	-0.4645	0.0725	0.2136

表 3-33　2007-2015 年丝路入境旅游流竞争态演变

年份		2007	2008	2009	2010	2011	2012	2013	2014	2015	整体市场类别
日本	市场占有率	高	高	低	高	高	低	低	低	低	高
	市场增长率	低	低	低	高	低	低	低	低	低	低
	市场类别	金牛	金牛	瘦狗	明星	金牛	瘦狗	瘦狗	瘦狗	瘦狗	金牛
韩国	市场占有率	低	低	低	低	低	低	低	低	低	低
	市场增长率	低	低	低	低	高	低	低	低	低	低
	市场类别	瘦狗	瘦狗	瘦狗	瘦狗	幼童	瘦狗	瘦狗	瘦狗	瘦狗	瘦狗
马来西亚	市场占有率	低	低	低	低	低	低	低	低	低	低
	市场增长率	低	低	低	低	高	高	高	高	低	低
	市场类别	瘦狗	瘦狗	瘦狗	瘦狗	幼童	幼童	幼童	幼童	瘦狗	瘦狗
菲律宾	市场占有率	低	低	低	低	低	低	低	低	低	低
	市场增长率	低	低	高	低	低	高	高	高	低	高
	市场类别	瘦狗	瘦狗	幼童	瘦狗	瘦狗	幼童	幼童	幼童	瘦狗	幼童
新加坡	市场占有率	低	低	低	低	低	低	低	低	低	低
	市场增长率	低	低	低	低	高	高	高	低	低	低
	市场类别	瘦狗	瘦狗	瘦狗	瘦狗	幼童	幼童	幼童	瘦狗	瘦狗	瘦狗
泰国	市场占有率	低	低	低	低	低	低	低	低	低	低
	市场增长率	高	高	低	低	高	低	低	低	高	高
	市场类别	幼童	幼童	瘦狗	瘦狗	幼童	瘦狗	瘦狗	瘦狗	幼童	幼童

续表

年份		2007	2008	2009	2010	2011	2012	2013	2014	2015	整体市场类别
美国	市场占有率	低	低	低	高	高	高	高	低	低	低
	市场增长率	低	高	低	高	高	低	低	低	高	低
	市场类别	瘦狗	幼童	瘦狗	明星	明星	金牛	金牛	瘦狗	幼童	瘦狗
加拿大	市场占有率	低	低	低	低	低	低	低	低	低	低
	市场增长率	低	低	低	高	低	低	低	低	高	高
	市场类别	瘦狗	瘦狗	瘦狗	幼童	瘦狗	瘦狗	瘦狗	瘦狗	幼童	幼童
英国	市场占有率	低	低	低	低	低	低	低	低	低	低
	市场增长率	低	高	高	低	低	低	低	低	高	低
	市场类别	瘦狗	幼童	幼童	瘦狗	瘦狗	瘦狗	瘦狗	瘦狗	幼童	瘦狗
法国	市场占有率	低	低	低	低	低	低	低	低	低	低
	市场增长率	高	低	低	高	低	低	低	低	高	低
	市场类别	幼童	瘦狗	瘦狗	幼童	瘦狗	瘦狗	瘦狗	瘦狗	幼童	瘦狗
德国	市场占有率	低	低	低	低	低	低	低	低	低	低
	市场增长率	高	高	低	低	低	低	高	高	高	低
	市场类别	幼童	幼童	瘦狗	瘦狗	瘦狗	瘦狗	幼童	幼童	幼童	瘦狗
俄罗斯	市场占有率	高	高	高	高	高	高	高	高	低	高
	市场增长率	高	低	低	高	高	低	低	高	低	低
	市场类别	明星	金牛	金牛	明星	明星	金牛	金牛	明星	瘦狗	金牛
澳大利亚	市场占有率	低	低	低	低	低	低	低	低	低	低
	市场增长率	高	高	低	高	低	高	低	低	低	低
	市场类别	幼童	幼童	瘦狗	幼童	瘦狗	幼童	瘦狗	瘦狗	瘦狗	瘦狗
均值	市场占有率	高	高	高	高	低	低	低	低	低	低
	市场增长率	低	低	高	高	低	高	低	低	低	低
	市场类别	金牛	金牛	明星	明星	瘦狗	幼童	瘦狗	瘦狗	瘦狗	瘦狗

三、亲景度演变

根据2006－2016年统计数据，可计算得到入境旅游流对丝路的亲景度及其市场演变状况。

从年度视角看，各年份均属于强亲景市场，亲景度指数均值大于2.00，最高年份达到34.77；具体演化走势是升—升—升—升—降—降—升—降—升。

从国别视角看，日本、韩国、马来西亚、泰国、美国、加拿大、英国、法国、德国、澳大利亚属于强亲景市场，菲律宾属于弱亲景市场，指数为1.19；其中法国亲景度指数最高，为19.53，菲律宾亲景度指数最低，为1.19。

从省区视角看，入境客流对青海的亲景度指数最高，指数为5.67；入境客流对新疆的亲景度最低，指数为2.18；甘肃位居第二位，指数为4.85；陕西位居第四位，指数为4.55；宁夏位居第三位，指数为4.70。

从各省区视角看，甘肃方面，日本、韩国、新加坡、美国、泰国、加拿大、英国、德国、澳大利亚属于强亲景市场，菲律宾属于弱疏景市场，俄罗斯属于强疏景市场；陕西方面，日本、韩国、美国、加拿大、英国、法国、澳大利亚属于强亲景市场，菲律宾和俄罗斯属于弱疏景市场；青海方面，日本、马来西亚、新加坡、泰国、美国、加拿大、英国、法国、德国、澳大利亚属于强亲景市场，韩国属于弱亲景市场，俄罗斯属于弱疏景市场；宁夏方面，日本、马向阳、泰国、美国、英国、法国、德国、澳大利亚属于强亲景市场，菲律宾属于弱疏景市场，俄罗斯属于强疏景市场；新疆方面，日本、韩国、新加坡、泰国属于强亲景市场，马来西亚、新加坡、美国、加拿大、英国、法国、德国、俄罗斯属于强亲景市场，菲律宾属于弱疏景市场。如表3－34、表3－35、表3－36和表3－37所示，如图3－21、图3－22、图3－23和图3－24所示。

表 3-34　　2006-2015 年丝路入境旅游流亲景度演变

亲景度	日本	韩国	马来西亚	菲律宾	新加坡	泰国	美国	加拿大	英国	法国	德国	俄罗斯	澳大利亚	均值
2006	3.66	2.10	1.82	0.45	2.05	1.24	6.71	4.42	8.74	12.19	9.47	3.31	5.80	4.77
2007	3.39	1.78	1.52	0.42	2.18	1.50	6.81	4.75	8.66	12.27	8.86	3.54	5.82	4.73
2008	2.88	1.75	1.14	0.39	1.56	2.00	8.56	5.87	11.14	12.72	9.51	2.52	7.03	5.16
2009	3.02	1.90	1.24	0.84	1.93	1.99	8.65	6.09	12.49	11.94	11.66	5.52	7.11	5.72
2010	7.45	4.30	2.74	1.15	4.01	3.55	15.94	9.82	23.34	24.26	20.10	9.02	13.04	10.67
2011	2.09	1.52	1.33	0.71	1.86	1.34	4.18	4.34	5.68	6.41	5.01	2.96	0.76	2.94
2012	1.79	1.73	1.33	0.66	1.71	1.40	3.80	3.91	4.98	6.11	4.56	2.83	3.17	2.92
2013	12.43	6.73	4.78	2.00	6.94	5.56	21.33	16.77	29.09	31.36	25.66	14.38	14.96	14.77
2014	1.34	1.75	2.53	0.58	1.64	1.18	3.02	2.73	4.38	4.30	3.61	2.92	3.08	2.54
2015	30.73	14.04	13.75	4.66	17.13	12.53	45.55	37.06	66.78	73.76	57.20	44.27	34.44	34.77
均值	6.88	3.76	3.22	1.19	4.10	3.23	12.45	9.58	17.53	19.53	15.56	9.139	9.52	8.90

表 3-35　　2006-2015 年丝路入境旅游流亲景度演变

亲景度	日本	韩国	马来西亚	菲律宾	新加坡	泰国	美国	加拿大	英国	法国	德国	俄罗斯	澳大利亚
2006	强亲景	强亲景	弱亲景	强疏景	强亲景	弱亲景	强亲景	强亲景	强亲景	强亲景	强亲景	强亲景	强亲景
2007	强亲景	弱亲景	弱亲景	强疏景	强亲景	弱亲景	强亲景	强亲景	强亲景	强亲景	强亲景	强亲景	强亲景
2008	强亲景	弱亲景	弱亲景	强疏景	弱亲景	强亲景	强亲景	强亲景	强亲景	强亲景	强亲景	强亲景	强亲景
2009	强亲景	弱亲景	弱亲景	弱疏景	弱亲景	弱亲景	强亲景	强亲景	强亲景	强亲景	强亲景	强亲景	强亲景
2010	强亲景	强亲景	强亲景	弱亲景	弱亲景	强亲景	强亲景	强亲景	强亲景	强亲景	强亲景	强亲景	强亲景
2011	强亲景	弱亲景	弱亲景	弱疏景	弱亲景	弱亲景	强亲景	强亲景	强亲景	强亲景	强亲景	强亲景	弱疏景
2012	弱亲景	弱亲景	弱亲景	弱疏景	弱亲景	弱亲景	强亲景	强亲景	强亲景	强亲景	强亲景	强亲景	强亲景
2013	强亲景	强亲景	强亲景	强亲景	强亲景	强亲景	强亲景	强亲景	强亲景	强亲景	强亲景	强亲景	强亲景
2014	弱亲景	弱亲景	强亲景	弱疏景	弱亲景	弱亲景	强亲景	强亲景	强亲景	强亲景	强亲景	强亲景	强亲景
2015	强亲景	强亲景	强亲景	强亲景	强亲景	强亲景	强亲景	强亲景	强亲景	强亲景	强亲景	强亲景	强亲景
均值	强亲景	强亲景	强亲景	弱亲景	强亲景	强亲景	强亲景	强亲景	强亲景	强亲景	强亲景	强亲景	强亲景

表 3-36　　丝路入境旅游流亲景度演变

亲景度	日本	韩国	马来西亚	菲律宾	新加坡	泰国	美国	加拿大	英国	法国	德国	俄罗斯	澳大利亚	均值
甘肃	5.89	2.59	4.38	0.51	4.93	2.31	5.69	4.31	6.69	10.60	8.36	0.35	6.39	4.85
陕西	2.57	2.32	1.74	0.72	1.82	1.83	7.15	5.69	9.66	10.78	8.54	0.67	5.62	4.55
青海	4.71	1.78	3.38	0.66	4.67	2.41	7.48	7.31	10.07	11.98	11.98	0.79	6.46	5.67
宁夏	5.25	1.72	3.59	0.61	4.30	2.22	5.34	5.32	5.52	9.60	11.09	0.47	6.10	4.70
新疆	1.17	0.58	0.77	0.22	1.02	0.88	1.52	1.46	2.27	3.34	2.26	11.35	1.55	2.18
均值	3.92	1.80	2.77	0.54	3.35	1.93	5.44	4.82	6.84	9.26	8.45	2.73	5.22	4.39

表 3-37　　丝路入境旅游流亲景度演变

亲景度	日本	韩国	马来西亚	菲律宾	新加坡	泰国	美国	加拿大	英国	法国	德国	俄罗斯	澳大利亚	整体
甘肃	强亲景	强亲景	强亲景	弱疏景	强亲景	强亲景	强亲景	强亲景	强亲景	强亲景	强亲景	强疏景	强亲景	强亲景
陕西	强亲景	强亲景	弱亲景	弱疏景	弱亲景	弱亲景	强亲景	强亲景	强亲景	强亲景	强亲景	弱疏景	强亲景	强亲景
青海	强亲景	弱亲景	强亲景	弱疏景	强亲景	强亲景	强亲景	强亲景	强亲景	强亲景	强亲景	弱疏景	强亲景	强亲景
宁夏	强亲景	弱亲景	强亲景	弱疏景	强亲景	强亲景	强亲景	强亲景	强亲景	强亲景	强亲景	强疏景	强亲景	强亲景
新疆	弱亲景	弱疏景	弱疏景	强疏景	弱亲景	弱疏景	弱亲景	弱亲景	强亲景	强亲景	强亲景	强亲景	弱亲景	强亲景
均值	强亲景	弱亲景	强亲景	弱疏景	强亲景	弱亲景	强亲景	强亲景	强亲景	强亲景	强亲景	强亲景	强亲景	强亲景

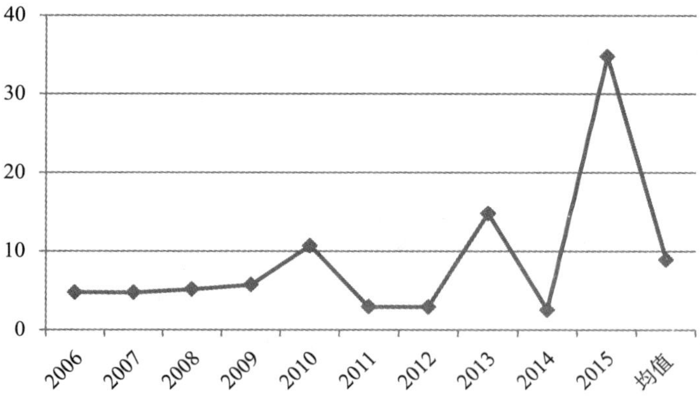

图 3-21　2006-2015 年丝路入境旅游流亲景度演变趋势图

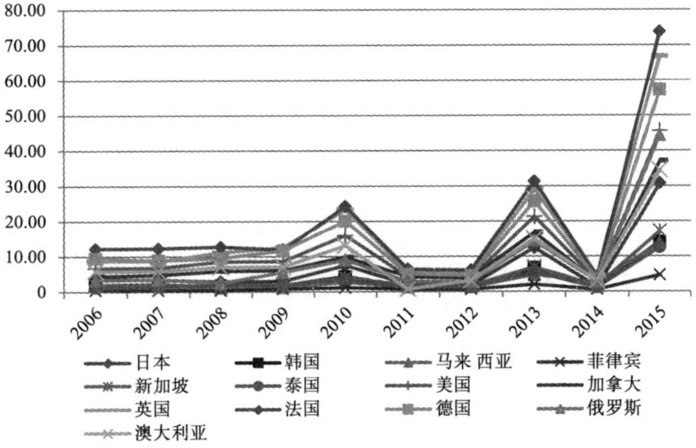

图 3-22　2006-2015 年丝路入境旅游流亲景度演变图

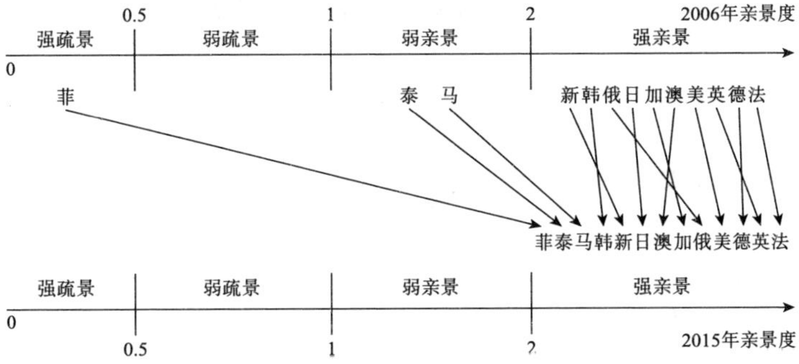

图 3-23　2006-2015 年丝路入境旅游流亲景度演变示意图

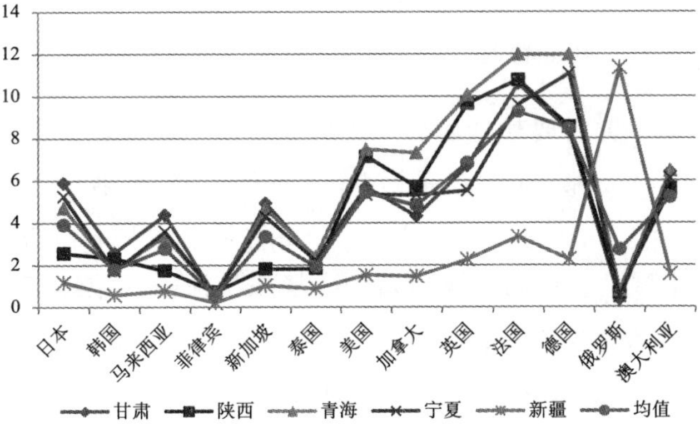

图 3-24　丝路入境旅游流亲景度演变趋势图

第四章

丝路入境旅游流耦合发展模式分析

旅游流研究的热点之一是耦合研究。本章基于区域经济、旅游环境、旅游产业、文化教育科技、基础设施等要素，对丝绸入境旅游流和相关要素的耦合协调关系进行分析，探究旅游系统之间的互动关系及模式。

第一节　丝路入境旅游流和经济耦合分析

一、耦合评价模型的构建

（一）综合发展评价模型构建

首先，依据研究需要建构函数。入境旅游流—区域经济系统的序参量为 $U_i(i=1,2,\cdots,n)$，第 i 个序参量第 j 个指标就是 U_{ij}；第 i 个序参量第 j 个指标值就是 $X_{ij}(j=1,2,\cdots,p;i=1,2,\cdots,n)$。$\alpha_{ij}$ 是系统稳定临界点上序参量的上限值，β_{ij} 为下限值。此时，可以得到入境旅游流—区域经济系统对系统有序的功效函数公式，具体是：

$$U_{ij}=\begin{cases}(X_{ij}-\beta_{ij})/(\alpha_{ij}-\beta_{ij}) & U_{ij}\text{ 具有正功效}\\(\alpha_{ij}-X_{ij})/(\alpha_{ij}-\beta_{ij}) & U_{ij}\text{ 具有负功效}\end{cases}\tag{1}$$

其中，U_{ij} 表示变量 X_{ij} 对系统的功效作用力的大小，该数值取值范围区间为［0，1］，数值越趋于0表示功效越不令人满意，数值越趋于1则表示功效令人越满意。

其次，确定序参量的总贡献值。为避免人为因素造成的结果不正确不客观，一般采用几何平均法或线性加权和法进行测算，公式为：

$$U_i = \sum_{j=1}^{p} \omega_{ij}\mu_{ij} \quad \sum_{i=1}^{n} \omega_{ij} = 1 \tag{2}$$

其中，系统第 i 年的综合评价值用 U_i 表示，第 j 个指标对系统的功效贡献大小用 U_{ij} 表示，权重用 ω_{ij} 表示。由于各指标的原始数据量纲不同，故进行无量纲化处理。公式为：

$$X_{ij} = \frac{x_{ij} - x_{j\min}}{x_{j\max} - x_{j\min}} \tag{3}$$

为避免求熵值时对数计算的无意义，特对数据进行非负化处理：

$$X_{ij}^{'} = \frac{x_{ij} - x_{j\min}}{x_{j\max} - x_{j\min}} + 0.01 \tag{4}$$

对各指标进行比重变换：

$$S_{ij} = \frac{X_{ij}^{'}}{\sum_{i=1}^{n} X_{ij}^{'}} \tag{5}$$

计算第 j 项指标的熵值：

$$h_j = -\frac{1}{\ln n}\sum_{i=1}^{n} S_{ij}\ln S_{ij} \tag{6}$$

计算第 j 项指标的差异度：

$$\alpha_i = 1 - h_j \tag{7}$$

计算第 j 项指标的权重：

$$\omega_i = \frac{\alpha_j}{\sum_{j=1}^{p} \alpha_j} \tag{8}$$

（二）耦合度模型

耦合度测算公式为：

$$C = [(U_1 \times U_2)/(U_1 \times U_2)^2]^{1/2} \tag{9}$$

其中，耦合度数值用 C 表示，取值区间是 $0 < C < 1$。如果 $C = 1$，则表示此时耦合度数值达到最大值，系统之间或系统各要素形成良性共振耦合运行状态；如果 $C = 0$，此时耦合度数值达到了最小值，系统之间或系统内部要素之间处于无关运行状态。

（三）耦合协调度模型与等级评定标准

两系统耦合协调度模型为：

$$D = (C \times T)^{1/2} \tag{10}$$

其中，$T = \alpha U_1 + \beta U_2$，$D$ 表示耦合协调度，C 表示两系统的耦合度，T 为入境旅游流系统与区域经济系统的综合发展指数或者评价指数，α、β 为待定系数（本研究确定 $\alpha = 0.6$，$\beta = 0.4$）。U_1、U_2 分别为入境旅游流系统与区域经济系统综合发展水平指数。借鉴马耀峰教授等学者研究成果，等级评定标准划分为五个等级，如表 4－1 所示。

表 4－1　入境旅游流系统与区域经济系统耦合协调度等级评定标准

耦合协调度 D	协调等级	耦合协调度 D	协调等级
0.000－0.0999	极度失调	0.5000－0.5999	勉强协调
0.1000－0.1999	严重失调	0.6000－0.6999	初级协调
0.2000－0.2999	中度失调	0.7000－0.7999	中级协调
0.3000－0.3999	轻度失调	0.8000－0.8999	良好协调
0.4000－0.4999	濒临失调	0.9000－1.000	优质协调

二、评价指标体系

入境旅游流与区域经济关系逻辑如下：一方面，旅游流发展需要经济基础的支撑，区域经济整体水平、外汇收入、进出口贸易、基础设施建设、人均收入、消费水平等影响入境旅游规模和质量；另一方面，入境旅游流的扩散集聚又影响区域外汇收入、居民就业水平、经济收入增长等因素。基于此，入境旅游流系统指标体系有4项，依次是入境旅游人次（万人次）X_1、入境旅游收入（万美元）X_2、入境游客平均停留时间（天）X_3、入境游客人均花费（美元/人天）X_4；区域经济系统指标体系包含GDP总量（亿元）Y_1、第三产业总量（亿元）Y_2、人均GDP（元）Y_3、社会从业人员（万人）Y_4、固定资产投资（亿元）Y_5、邮电业务量（亿元）Y_6、社会消费品零售额（亿元）Y_7、财政收入（亿元）Y_8、财政支出（亿元）Y_9、进出口贸易总额（亿元）Y_{10}、客运总量（万人）Y_{11}共11项。

根据上述公式，可得到入境旅游流系统与区域经济系统评价指标体系的耦合度、耦合协调度，并判断协调等级。

三、西北五省区入境旅游流系统与区域经济系统耦合协调分析

（一）陕西入境旅游流与区域经济系统耦合协调分析

1. 陕西入境旅游流系统与区域经济系统评价指标及权重

依据统计数据和模型，首先计算各评价指标权重，其中，入境旅游流系统中，入境旅游人次（万人次）X_1所占权重为0.2566，入境旅游收入（万美元）X_2所占权重为0.2477，入境游客平均停留时间（天）X_3所占权重为0.1972，入境游客人均消费（美元/人天）X_4所占权重为0.2985；区域经济系统中，GDP总量（亿元）Y_1所占权重为0.0735，第三产业总量（亿元）Y_2所占权重为0.0782，人均GDP（元）Y_3所占权重为0.0736，社会从业人员（万人）Y_4所占权重为0.2311，固定资产投资（亿元）Y_5所占权重为0.0813，邮电业务量（亿元）Y_6所占权重为0.0747，社会消费品零售额（亿元）Y_7所占权重为0.0838，财政收入（亿元）Y_8所占权重为0.079，财政支出（亿元）Y_9所占权重为0.0718，进出口贸易总额（亿元）Y_{10}所占权重为0.0958，客运总量（万人）Y_{11}所占权重为0.0573。如表4-2所示。

表 4-2　　陕西入境旅游流系统与区域经济系统评价指标及权重

项目	评价指标	权重
入境旅游流系统 X	入境旅游人次（万人次）X_1	0.2566
	入境旅游收入（万美元）X_2	0.2477
	入境游客平均停留时间（天）X_3	0.1972
	入境游客人均花费（美元/人天）X_4	0.2985
区域经济系统 Y	GDP 总量（亿元）Y_1	0.0735
	第三产业总量（亿元）Y_2	0.0782
	人均 GDP（元）Y_3	0.0736
	社会从业人员（万人）Y_4	0.2311
	固定资产投资（亿元）Y_5	0.0813
	邮电业务量（亿元）Y_6	0.0747
	社会消费品零售额（亿元）Y_7	0.0838
	财政收入（亿元）Y_8	0.079
	财政支出（亿元）Y_9	0.0718
	进出口贸易总额（亿元）Y_{10}	0.0958
	客运总量（万人）Y_{11}	0.0573

2. 入境旅游流系统与区域经济系统综合发展水平及耦合协调度等级划分

观察计算数据可以发现，陕西入境旅游流系统与区域经济系统综合发展水平及耦合程度。入境旅游综合发展水平方面，指数呈现双“Z”形走势，2006 年指数为 0.0673，2007 年为 0.2553，2008 年继续上升，指数为 0.4165，但 2009 年由于外部因素影响，指数下降为 0.2553，2010 年依旧受到影响，指数为 0.2531，2011 年有所恢复，指数为 0.439，2012 年继续上升，指数为 0.4819，2013 年指数为 0.6164，2014 年指数为 0.5755，2015 年达到最高点，指数为 0.7814，整体呈现出下降（2006－2007 年）—上升（2007－2008 年）—下降（2008－2010 年）—上升（2011－2013 年）—下降（2013－2015 年）走势；指数从 2006 年的 0.0673 上升到 2015 年的 0.7814，发展水平提升幅度较大。区域经济综合发展水平方面，指数呈现大“Z”形走势，2006 年指数为 0.0111，2007 年指数为 0.0722，2008 年指数为 0.1632，2009 年指数为 0.4617，2010 年上升到 0.5731，2011 年下降到

0.3892，2012年有所上升，指数为0.4717，2014年指数继续上升达到了0.6615，2015年为最大值0.7426，整体呈现出上升（2006－2010年）—下降（2010－2011年）—上升（2011－2015年），整体指数从2006年的0.0111上升到2015年的0.7426。耦合度方面，指数呈现“一”字走势，2006年指数为0.3491，2007年上升到0.4146，2012年上升到0.5，2015年为0.4998，整体呈现上升（2006－2009年）—下降（2009－2010年）—上升（2010－2012年）—下降（2012－2014年）—上升（2014－2015年）走势，指数从2006年的0.3491上升到2015年的0.4998。耦合协调度方面，指数呈现向右上方逐渐倾斜走势，2006年指数为0.1083，属于严重失调，入境旅游综合发展水平高于区域经济综合发展水平；2007年指数为0.2455，入境旅游综合发展水平高于区域经济综合发展水平，但失调程度有所减轻，属于重度失调；2008年，指数为0.3449，入境旅游发展态势依旧好于区域经济发展态势，属于轻度失调，2009－2012年，入境旅游综合发展水平较优，属于濒临失调状态；2014年属于勉强失调，2015年入境旅游综合发展水平虽然依旧较高，但和区域经济综合发展水平差距被极大缩小，呈现初级协调状态。如表4－3所示。

表4－3　2006－2015年陕西入境旅游流与区域经济系统综合发展水平及耦合协调度等级划分

年份	U_1值	U_2值	U_1和U_2比较含义	耦合度C	耦合协调度D	协调等级
2006	0.0673	0.0111	区域经济发展滞后	0.3491	0.1083	严重失调
2007	0.2553	0.0722	区域经济发展滞后	0.4146	0.2455	中度失调
2008	0.4165	0.1632	区域旅游发展滞后	0.4497	0.3449	轻度失调
2009	0.2710	0.4617	入境旅游发展滞后	0.4828	0.4314	濒临失调
2010	0.2531	0.5731	入境旅游发展滞后	0.4610	0.4530	濒临失调
2011	0.4390	0.3892	区域经济发展滞后	0.4991	0.4519	濒临失调
2012	0.4819	0.4717	区域经济发展滞后	0.5000	0.4877	濒临失调
2013	0.6164	0.5403	区域经济发展滞后	0.4989	0.5336	勉强协调
2014	0.5755	0.6615	入境旅游发展滞后	0.4988	0.5593	勉强协调
2015	0.7814	0.7426	区域经济发展滞后	0.4998	0.6156	初级协调

表4－3数据显示，2006－2015年陕西入境旅游流系统与区域经济系统耦合协调特征如下；一是入境旅游流系统与区域经济系统的耦合度和协调度都趋于良好发展态势，曲线有向右上方倾斜走势，最初阶段是“严重失调”模式，此后为“濒临失调”模式，最终演变为“初级协调”模式（如图4－1所示）。二是有波动变化。具体是：2006－2008年，入境旅游流整体发展态势较好，入境旅游流发展曲线位置高于区域经济发展曲线；2009－2010年入境旅游流发展曲线位置居于区域经济发展曲线之下；2013年入境旅游流发展曲线攀升；2014年，入境旅游流发展曲线降低；2015年，入境旅游流发展曲线位置高于区域经济发展曲线，但均呈现平稳上升趋势。整体上，两系统出现耦合度循序渐进运行态势。

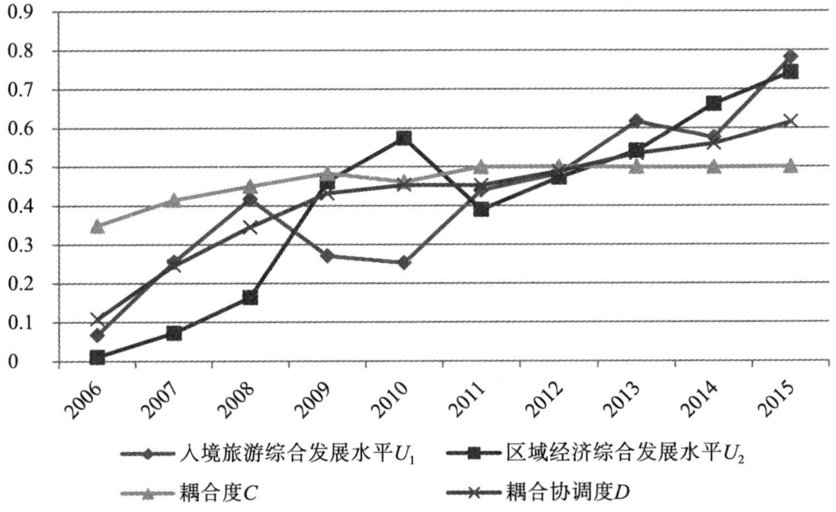

图4－1　2006－2015年陕西入境旅游流系统与区域经济系统耦合协调演变趋势图

3. 两系统耦合协调度时序分析

表4－3与图4－1信息显示，两系统综合发展水平处于波动之中，耦合协调度类型也不断演变：2006－2008年，呈现入境旅游流发展超前运行模式；2009－2011年以及2013年与2015年，呈现入境旅游流发展相对滞后运行模式。整体看，两系统耦合协调度达到了最大值0.6156，类别从“严重失调”模式演变到“初级协调”模式。

（二）甘肃入境旅游流系统与区域经济系统耦合协调分析

1. 入境旅游流系统与区域经济系统评价指标及权重

依据统计数据和模型，首先计算各评价指标权重，其中，入境旅游流系统中，入境旅游人次（万人次）X_1 所占权重为 0.3840，入境旅游收入（万美元）X_2 所占权重为 0.3485，入境游客平均停留时间（天）X_3 所占权重为 0.1632，入境游客人均花费（美元/人天）X_4 所占权重为 0.1043；区域经济系统中，GDP 总量（亿元）Y_1 所占权重为 0.0722，第三产业总量（亿元）Y_2 所占权重为 0.0854，人均 GDP（元）Y_3 所占权重为 0.0731，社会从业人员（万人）Y_4 所占权重为 0.2509，固定资产投资（亿元）Y_5 所占权重为 0.0958，邮电业务量（亿元）Y_6 所占权重为 0.0943，社会消费品零售额（亿元）Y_7 所占权重为 0.0896，财政收入（亿元）Y_8 所占权重为 0.0541，财政支出（亿元）Y_9 所占权重为 0.0557，进出口贸易总额（亿元）Y_{10} 所占权重为 0.0685，客运总量（万人）Y_{11} 所占权重为 0.0604。如表 4－4 所示。

表 4－4　甘肃入境旅游流系统与区域经济系统评价指标及权重

项目	评价指标	权重
入境旅游流系统 X	入境旅游人次（万人次）X_1	0.3840
	入境旅游收入（万美元）X_2	0.3485
	入境游客平均停留时间（天）X_3	0.1632
	入境游客人均花费（美元/人天）X_4	0.1043
区域经济系统 Y	GDP 总量（亿元）Y_1	0.0722
	第三产业总量（亿元）Y_2	0.0854
	人均 GDP（元）Y_3	0.0731
	社会从业人员（万人）Y_4	0.2509
	固定资产投资（亿元）Y_5	0.0958
	邮电业务量（亿元）Y_6	0.0943
	社会消费品零售额（亿元）Y_7	0.0896
	财政收入（亿元）Y_8	0.0541
	财政支出（亿元）Y_9	0.0557
	进出口贸易总额（亿元）Y_{10}	0.0685
	客运总量（万人）Y_{11}	0.0604

2. 入境旅游流系统与区域经济系统综合发展水平及耦合协调度等级划分

观察计算数据可以发现，甘肃入境旅游流系统与区域经济综合发展水平及耦合程度。入境旅游综合发展水平方面，2006 年指数为 0.7802，2007 年上升到 0.9034，2008 年下降到 0.1772，2009 年为 0.1574，2010 年入境旅游得到恢复，指数达到 0.2159，2011 年指数下降到 0.1807，2012 年下降到 0.2706，2013 年下降到 0.2084，2014 年为 0.1257，2015 年上升到 0.2216，整体呈现上升（2006 - 2007 年）—下降（2007 - 2009 年）—上升（2009 - 2010 年）—下降（2010 - 2011 年）—上升（2011 - 2012 年）—下降（2012 - 2014 年）—上升（2014 - 2015 年）走势；区域经济综合发展水平方面，2006 年指数为 0.0072，2007 年为 0.1139，2008 年为 0.1909，2010 年为 0.6103，2011 年为 0.3638，2012 年为 0.4580，2013 年为 0.5319，2014 年为 0.6249，2015 年为 0.7078，整体呈现上升（2006 - 2010 年）—下降（2010 - 2011 年）—上升（2011 - 2015 年）走势；耦合度方面，2006 年为 0.0952，2007 年上升到 0.3153，2008 年为 0.4997，2009 年为 0.4328，2010 年为 0.4393，2011 年为 0.4709，2012 年为 0.4832，2013 年为 0.4497，2014 年为 0.3734，2015 年为 0.4261，整体呈现上升（2006 - 2007 年）—下降（2007 - 2009 年）—上升（2009 - 2012 年）—下降（2012 - 2014 年）—上升（2014 - 2015 年）走势；耦合协调度方面，2006 年为 0.1736，属于严重不协调，2007 年指数为 0.3681，2008 年为 0.3044，2009 年为 0.3875，2010 年上升到 0.4459，2010 年有所下降，2015 年上升到 0.4677，整体呈现上升（2006 - 2007 年）—下降（2007 - 2008 年）—上升（2008 - 2010 年）—下降（2010 - 2011 年）—上升（2011 - 2012 年）—下降（2012 - 2014 年）—上升（2014 - 2015 年）走势。如表 4 - 5 所示。

表 4 - 5　2006 - 2015 年甘肃入境旅游流系统与区域经济系统综合发展水平及耦合协调度等级划分

年份	U_1 值	U_2 值	U_1 和 U_2 比较含义	耦合度 C	耦合协调度 D	协调等级
2006	0.7802	0.0072	区域经济发展滞后	0.0952	0.1736	严重失调
2007	0.9034	0.1139	区域经济发展滞后	0.3153	0.3681	轻度失调

续表

年份	U_1 值	U_2 值	U_1 和 U_2 比较含义	耦合度 C	耦合协调度 D	协调等级
2008	0.1772	0.1909	入境旅游发展滞后	0.4997	0.3044	轻度失调
2009	0.1574	0.4733	入境旅游发展滞后	0.4328	0.3875	轻度失调
2010	0.2159	0.6103	入境旅游发展滞后	0.4393	0.4459	濒临失调
2011	0.1807	0.3638	入境旅游发展滞后	0.4709	0.3699	轻度失调
2012	0.2706	0.4580	入境旅游发展滞后	0.4832	0.4302	濒临失调
2013	0.2084	0.5319	入境旅游发展滞后	0.4497	0.4255	濒临协调
2014	0.1257	0.6249	入境旅游发展滞后	0.3734	0.3985	轻度协调
2015	0.2216	0.7078	入境旅游发展滞后	0.4261	0.4677	濒临协调

表 4-5 信息显示，2006-2015 年入境旅游流系统与区域经济系统耦合协调特征如下：一是呈现基本稳定的趋势，没有出现大起大落；二是出现趋好发展态势。最初阶段是“严重失调”模式状态，后为“轻度失调”模式状态，最终耦合协调度为 0.4677，演变为“濒临协调”模式状态。如图 4-2 所示。

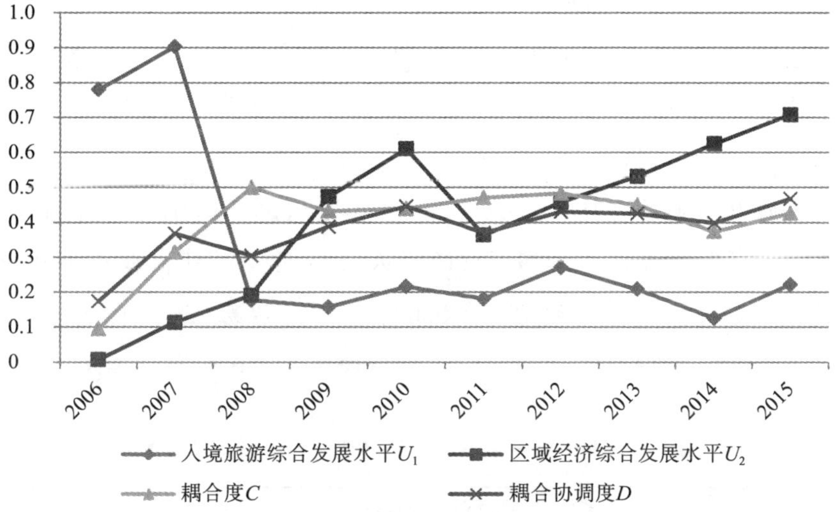

图 4-2　2006-2015 年甘肃入境旅游流系统与区域经济系统耦合协调演变趋势图

3. 两系统耦合协调度时序分析

由图 4-2 可以发现，甘肃入境旅游流系统与区域经济系统综合发展水平有很大变化与波动，2006－2008年，入境旅游综合发展水平急剧下滑，区域经济综合发展水平上升，曲线向右上方倾斜，两者一上一下，走势对比十分明显，但入境旅游发展曲线位置高于区域经济发展曲线，出现区域经济发展超前模式。2009－2010年，区域经济持续走好，入境旅游平稳发展，呈现区域经济超前发展模式；2011－2015年，入境旅游依旧保持平稳态势，区域经济虽然有波动，但整体趋势看好，综合发展水平较高，呈现入境旅游发展滞后模式。可见，甘肃的区域经济系统还需要进一步促进入境旅游的发展。

（三）青海入境旅游流系统与区域经济系统耦合协调分析

1. 入境旅游流系统与区域经济系统评价指标及权重

依据统计数据和模型，首先计算各评价指标权重，其中，入境旅游流系统中，入境旅游人次（万人次）X_1 所占权重为0.1927，入境旅游收入（万美元）X_2 所占权重为0.2910，入境游客平均停留时间（天）X_3 所占权重为0.2943，入境游客人均消费（美元/人天）X_4 所占权重为0.2221；区域经济系统中，GDP总量（亿元）Y_1 所占权重为0.0687，第三产业总量（亿元）Y_2 所占权重为0.0793，人均GDP（元）Y_3 所占权重为0.0669，社会从业人员（万人）Y_4 所占权重为0.1900，固定资产投资（亿元）Y_5 所占权重为0.1008，邮电业务量（亿元）Y_6 所占权重为0.0646，社会消费品零售额（亿元）Y_7 所占权重为0.0799，财政收入（亿元）Y_8 所占权重为0.0625，财政支出（亿元）Y_9 所占权重为0.0602，进出口贸易总额（亿元）Y_{10} 所占权重为0.1277，客运总量（万人）Y_{11} 所占权重为0.0995。如表4－6所示。

表4－6　青海入境旅游流系统与区域经济系统评价指标及权重

项目	评价指标	权重
入境旅游流系统 X	入境旅游人次（万人次）X_1	0.1927
	入境旅游收入（万美元）X_2	0.2910
	入境游客平均停留时间（天）X_3	0.2943
	入境游客人均花费（美元/人天）X_4	0.2221

续表

项目	评价指标	权重
区域经济系统 Y	GDP 总量（亿元）Y_1	0.0687
	第三产业总量（亿元）Y_2	0.0793
	人均 GDP（元）Y_3	0.0669
	社会从业人员（万人）Y_4	0.1900
	固定资产投资（亿元）Y_5	0.1008
	邮电业务量（亿元）Y_6	0.0646
	社会消费品零售额（亿元）Y_7	0.0799
	财政收入（亿元）Y_8	0.0625
	财政支出（亿元）Y_9	0.0602
	进出口贸易总额（亿元）Y_{10}	0.1277
	客运总量（万人）Y_{11}	0.0995

2. 入境旅游流系统与区域经济系统综合发展水平及耦合协调度等级划分

依据数据可观察到青海入境旅游流系统与区域经济系统综合发展水平及耦合程度。入境旅游综合发展水平方面，2006 年指数为 0.0976，2007 年为 0.1901，2008 年为 0.1961，2009 年为 0.3668，2010 年为 0.4777，2011 年为 0.6871，2012 年为 0.6802，2013 年为 0.4507，2014 年为 0.7090，2016 年为 1.000，整体呈现上升（2006－2011 年）—下降（2012－2013 年）—上升（2013－2015 年）走势；区域经济综合发展水平方面，2006 年指数为 0.0171，2007 年为 0.1099，2008 年为 0.1794，2009 年为 0.3998，2010 年为 0.5269，2011 年为 0.3803，2012 年为 0.5094，2013 年为 0.5024，2014 年为 0.6309，2016 年为 0.7390，整体呈现上升（2006－2010 年）—下降（2010－2011 年）—上升（2011－2012 年）—下降（2012－2013 年）—上升（2013－2015 年）走势；耦合度方面，2006 年为 0.3564，2007 年为 0.4818，此后一直保持在 0.4900 左右，整体呈现上升（2006－2009 年）—下降（2009－2011 年）—上升（2011－2013 年）—下降（2013－2015 年）走势；耦合协调度方面，2006 年指数为 0.1326，2007 年为 0.2616，2008 年为 0.3049，2009 年为 0.4394，其后有起有伏，最终在 2015 年达到了 0.6457，整体呈现上升（2006－2010 年）—下降（2010－2011 年）—上升（2011－

2012 年）—下降（2012－2013 年）—上升（2013－2015 年）走势，从严重不协调发展到了初步协调。如表 4－7 所示。

表 4－7 2006－2015 年青海入境旅游流系统与区域经济系统综合发展水平及耦合协调度等级划分

年份	U_1 值	U_2 值	U_1 和 U_2 比较含义	耦合度 C	耦合协调度 D	协调等级
2006	0.0976	0.0171	区域经济发展滞后	0.3564	0.1326	严重失调
2007	0.1901	0.1099	区域经济发展滞后	0.4818	0.2616	中度失调
2008	0.1961	0.1794	区域经济发展滞后	0.4995	0.3049	轻度失调
2009	0.3668	0.3998	入境旅游发展滞后	0.4995	0.4394	濒临失调
2010	0.4777	0.5269	入境旅游发展滞后	0.4994	0.5033	勉强协调
2011	0.6871	0.3803	区域经济发展滞后	0.4789	0.4908	濒临失调
2012	0.6802	0.5094	区域经济发展滞后	0.4948	0.5346	勉强协调
2013	0.4507	0.5024	入境旅游发展滞后	0.4993	0.4904	濒临失调
2014	0.7091	0.6309	区域经济发展滞后	0.4991	0.5749	勉强协调
2015	1.0000	0.7390	区域经济发展滞后	0.4943	0.6457	初级协调

从表 4－7 可以看出，2006－2015 年入境旅游流系统与区域经济系统耦合趋势具有如下特征：一是耦合度曲线相对平直，耦合协调度曲线有右上方倾斜，但整体都出现指数上升趋势。二是系统耦合协调度达到了 0.6457，从最初的“严重失调”状态发展到了“初级协调”态势。如图 4－3 所示。

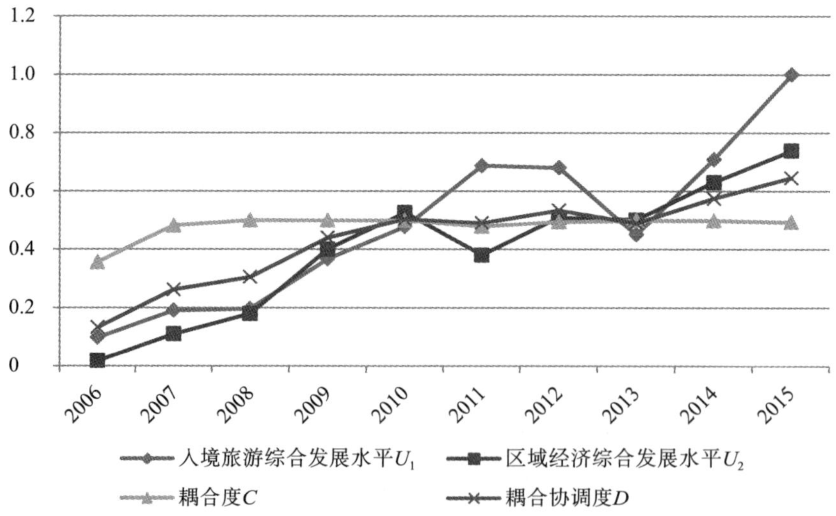

图 4－3 2006－2015 年青海入境旅游流系统与区域经济系统耦合协调演变趋势图

3. 两系统耦合协调度时序分析

由图4－3可以看出，2006－2008年，入境旅游流综合发展水平较高，区域经济发展曲线位置较低；2009年，两曲线位置发生改变，区域经济发展曲线呈现快速增长态势，位置抬高；2011年区域经济增长回落，曲线位置降低；2011－2015年入境旅游发展曲线位置较高，区域经济综合发展水平相对降低。整体看，区域经济发展相对滞后。

（四）宁夏入境旅游流系统与区域经济系统耦合协调分析

1. 入境旅游流系统与区域经济系统评价指标及权重

依据统计数据和模型，首先计算各评价指标权重，其中，入境旅游流系统中，入境旅游人次（万人次）X_1 所占权重为0.2136，入境旅游收入（万美元）X_2 所占权重为0.3239，入境游客平均停留时间（天）X_3 所占权重为0.3359，入境游客人均消费（美元/人天）X_4 所占权重为0.1267；区域经济系统中，GDP总量（亿元）Y_1 所占权重为0.0737，第三产业总量（亿元）Y_2 所占权重为0.0817，人均GDP（元）Y_3 所占权重为0.0714，社会从业人员（万人）Y_4 所占权重为0.1669，固定资产投资（亿元）Y_5 所占权重为0.0961，邮电业务量（亿元）Y_6 所占权重为0.0936，社会消费品零售额（亿元）Y_7 所占权重为0.0882，财政收入（亿元）Y_8 所占权重为0.0698，财政支出（亿元）Y_9 所占权重为0.0649，进出口贸易总额（亿元）Y_{10} 所占权重为0.0958，客运总量（万人）Y_{11} 所占权重为0.0979。如表4－8所示。

表4－8　宁夏入境旅游流系统与区域经济系统评价指标及权重

项目	评价指标	权重
入境旅游流系统 X	入境旅游人次（万人次）X_1	0.2136
	入境旅游收入（万美元）X_2	0.3239
	入境游客平均停留时间（天）X_3	0.3359
	入境游客人均花费（美元/人天）X_4	0.1267

续表

项目	评价指标	权重
区域经济系统 Y	GDP 总量（亿元）Y_1	0.0737
	第三产业总量（亿元）Y_2	0.0817
	人均 GDP（元）Y_3	0.0714
	社会从业人员（万人）Y_4	0.1669
	固定资产投资（亿元）Y_5	0.0961
	邮电业务量（亿元）Y_6	0.0936
	社会消费品零售额（亿元）Y_7	0.0882
	财政收入（亿元）Y_8	0.0698
	财政支出（亿元）Y_9	0.0649
	进出口贸易总额（亿元）Y_{10}	0.0958
	客运总量（万人）Y_{11}	0.0979

2. 入境旅游流系统与区域经济系统综合发展水平及耦合协调度等级划分

依据数据，可观察到宁夏入境旅游流系统与区域经济系统综合发展水平及耦合程度。入境旅游综合发展水平方面，2006 年指数为 0.0370，2007 年为 0.0414，2008 年为 0.0822，2009 年为 0.1809，2010 年为 0.2865，2011 年为 0.2066，2012 年为 0.2007，2013 年为 0.7065，2014 年为 0.9124，2015 年为 1.0000，整体呈现上升（2006 - 2010 年）—下降（2010 - 2012 年）—上升（2012 - 2015 年）走势。区域经济综合发展水平方面，2006 年指数为 0.0163，2007 年指数为 0.1088，2008 年指数为 0.1927，2010 年指数为 0.5673，2013 年指数为 0.5306，2015 年指数为 0.7661，整体呈现上升（2006 - 2010 年）—下降（2010 - 2011 年）—上升（2011 - 2015 年）走势。耦合度方面，2006 年为 0.4606，此后开始下降，2010 年为 0.4722，2011 年保持上升态势，为 0.4871，2012 年下降到 0.4482，2013 年为 0.4949，2015 年为 0.6527，整体呈现下降（2006 - 2007 年）—上升（2007 - 2008 年）—下降（2008 - 2009 年）—上升（2009 - 2011 年）—下降（2011 - 2012

年）—上升（2012－2015 年）走势。耦合协调度方面，2006 年为 0.1064，属于严重不协调状态；2007 年指数为 0.1912，属于严重失调；2008 年为 0.2607，属于中度失调；2009 年指数为 0.3885，演变为轻度失调；2010 年为 0.4635，属于濒临失调；2013 年指数为 0.5454，2015 年指数为 0.6527，成为初级协调，整体呈现上升（2016－2010 年）—下降（2010－2012 年）—上升（2012－2015 年）变化模式，走势看好。如表 4－9 所示。

表 4－9　2006－2015 年宁夏入境旅游流系统与区域经济系统综合发展水平及耦合协调度等级划分

年份	U_1 值	U_2 值	U_1 和 U_2 比较含义	耦合度 C	耦合协调度 D	协调等级
2006	0.0370	0.0163	区域经济发展滞后	0.4606	0.1064	严重失调
2007	0.0414	0.1088	区域经济发展滞后	0.4468	0.1912	严重失调
2008	0.0822	0.1927	入境旅游发展滞后	0.4579	0.2607	中度失调
2009	0.1809	0.4304	入境旅游发展滞后	0.4565	0.3885	轻度失调
2010	0.2865	0.5673	入境旅游发展滞后	0.4722	0.4635	濒临失调
2011	0.2766	0.4379	入境旅游发展滞后	0.4871	0.4265	濒临失调
2012	0.2007	0.5202	入境旅游发展滞后	0.4482	0.4194	濒临失调
2013	0.7065	0.5306	区域经济发展滞后	0.4949	0.5454	勉强协调
2014	0.9124	0.6981	区域经济发展滞后	0.4956	0.6232	初级协调
2015	1.0000	0.7661	区域经济发展滞后	0.4956	0.6527	初级协调

从表 4－9 可以看出，2006－2015 年两系统耦合趋势具有如下特征：一是耦合度曲线比较平缓，近乎为“一”字形，耦合协调度指数曲线向右上方倾斜；二是耦合度指数均值高于耦合协调度指数；三是整体变大，从最初的“严重失调”演化为“初级协调”，趋于良好发展态势。如图 4－4 所示。

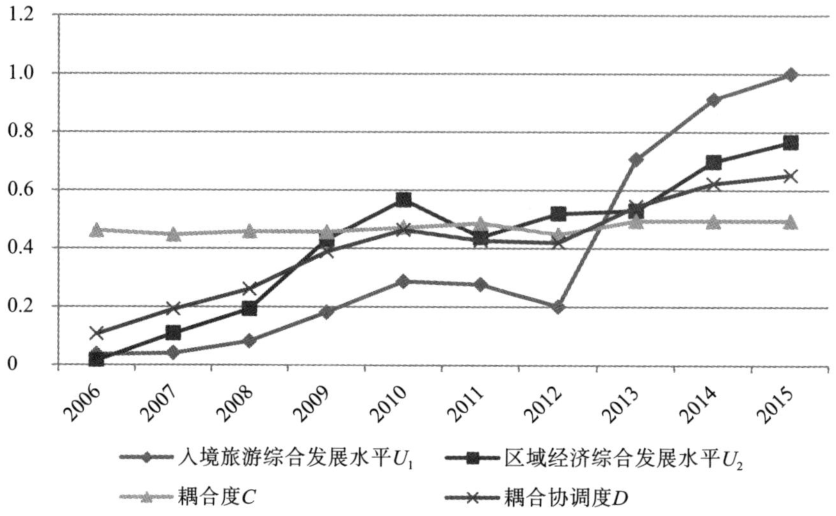

图 4-4　2006-2015 年宁夏入境旅游流系统与区域经济系统耦合协调演变趋势图

3. 两系统耦合协调度时序分析

结合图 4-4 可将两系统耦合协调度演变划分为两个阶段：第一阶段，2006-2012 年，入境旅游流综合发展水平较低，曲线位置也较低，位于区域经济发展曲线之下，为入境旅游滞后发展模式；第二阶段，2013-2015 年，入境旅游流发展态势较好，曲线位于区域经济发展曲线之上，呈现区域经济发展滞后模式。整体看，宁夏入境旅游流系统与区域经济系统之间耦合协调具有缓慢渐进发展、互相促进走势。

（五）新疆入境旅游流系统与区域经济系统耦合协调分析

1. 入境旅游流系统与区域经济系统评价指标及权重

依据统计数据和模型，首先计算各指标权重，其中，入境旅游流系统中，入境旅游人次（万人次）X_1 所占权重为 0.2970，入境旅游收入（万美元）X_2 所占权重为 0.2858，入境游客平均停留时间（天）X_3 所占权重为 0.3134，入境游客人均消费（美元/人天）X_4 所占权重为 0.1037；区域经济系统中，GDP 总量（亿元）Y_1 所占权重为 0.0816，第三产业总量（亿元）Y_2 所占权重为 0.0957，人均 GDP（元）Y_3 所占权重为 0.0808，社会从业人员（万人）Y_4 所占权重为 0.1761，固定资产投资（亿元）Y_5 所占权重为 0.1127，邮电业务量（亿元）Y_6 所占权重为 0.0959，社会消费品零售额（亿元）Y_7 所占权重为 0.0860，财政收入（亿元）Y_8 所占权重为 0.0733，财政支出（亿元）Y_9 所占权重为 0.0667，进出口贸易总额（亿元）Y_{10} 所占权重为 0.0521，客运总量（万人）Y_{11} 所占权重为 0.0790。如表 4－10 所示。

表 4－10　新疆入境旅游流系统与区域经济系统评价指标及权重

项目	评价指标	权重
入境旅游流系统 X	入境旅游人次（万人次）X_1	0.2970
	入境旅游收入（万美元）X_2	0.2858
	入境游客平均停留时间（天）X_3	0.3134
	入境游客人均花费（美元/人天）X_4	0.1037
区域经济系统 Y	GDP 总量（亿元）Y_1	0.0816
	第三产业总量（亿元）Y_2	0.0957
	人均 GDP（元）Y_3	0.0808
	社会从业人员（万人）Y_4	0.1761
	固定资产投资（亿元）Y_5	0.1127
	邮电业务量（亿元）Y_6	0.0959
	社会消费品零售额（亿元）Y_7	0.0860
	财政收入（亿元）Y_8	0.0733
	财政支出（亿元）Y_9	0.0667
	进出口贸易总额（亿元）Y_{10}	0.0521
	客运总量（万人）Y_{11}	0.0790

2. 入境旅游流系统与区域经济系统综合发展水平及耦合协调度等级划分

依据数据，可观察到新疆入境旅游流系统与区域经济综合发展水平及耦合程度。入境旅游综合发展水平方面，2006 年指数为 0.0351，2007 年上升到 0.1021，2008 年下降到 0.0889，2009 年上升到 0.1073，2010 年为 0.3703，2011 年为 0.5978，2012 年为 0.8350，2013 年为 0.8369，2014 年下降到 0.8218，2015 年为 1.000，整体呈现上升（2006－2007 年）—下降（2007－2008 年）—上升（2008－2013 年）—下降（2013－2014 年）—上升（2014－2015年）走势；区域经济综合发展水平方面，2006年指数为0.0249，2007年为0.1293，2008年为0.2071，2011年为0.3838，2012年为0.4948，2015年为0.7091，整体呈现上升（2006－2007年）—上升（2007－2010年）—下降（2010－2011年）—上升（2011－2014年）—下降（2014－2015年）走势。耦合度方面，2006年指数为0.4926，2007年为0.4965，2008年下降到0.4584，2009年为0.4122，2010年为0.4926，2011年为0.4880，2012年为0.4834，2013年为0.4944，2014年为0.4989，2015年为0.4927；整体呈现上升（2006－2007年）—下降（2007－2009年）—上升（2009－2010年）—下降（2010－2012年）—上升（2012－2014年）—降低（2014－2015年）走势；耦合协调度方面，2006年指数为0.1195，属于严重不协调；2007年上升到0.2425，属于中度不协调；2009年指数为0.3369，属于轻度不协调；2010年指数为0.4926，属于濒临不协调；2012年属于勉强协调，指数为0.5522；2014年处于初级协调，指数为0.6156；整体呈现上升走势。如表4－11所示。

表4－11　2006－2015年新疆入境旅游流系统与区域经济系统综合发展水平及耦合协调度等级划分

年份	U_1 值	U_2 值	U_1 和 U_2 比较含义	耦合度 C	耦合协调度 D	协调等级
2006	0.0351	0.0249	区域经济发展滞后	0.4926	0.1195	严重失调
2007	0.1021	0.1293	入境旅游发展滞后	0.4965	0.2425	中度失调
2008	0.0889	0.2071	入境旅游发展滞后	0.4584	0.2706	中度失调
2009	0.1073	0.3872	入境旅游发展滞后	0.4122	0.3368	轻度失调
2010	0.3703	0.5231	入境旅游发展滞后	0.4926	0.4771	濒临失调
2011	0.5978	0.3838	区域经济发展滞后	0.4880	0.4786	濒临失调
2012	0.8350	0.4948	区域经济发展滞后	0.4834	0.5522	勉强协调
2013	0.8369	0.6191	区域经济发展滞后	0.4944	0.5909	勉强协调
2014	0.8218	0.7184	区域经济发展滞后	0.4989	0.6156	初级协调
2015	1.000	0.7091	区域经济发展滞后	0.4927	0.6377	初级协调

从表4－11可以发现，2006－2015年入境旅游流系统与区域经济系统耦合协调特征如下：一是呈现逐年增长趋势，可见入境旅游流系统与区域经济

系统的耦合度和耦合协调度上升；二是耦合度上升缓慢，耦合度和耦合协调度上升幅度较大，出现良好发展走势，从最初的“严重失调”模式演变到“初级协调”模式。如图 4 – 5 所示。

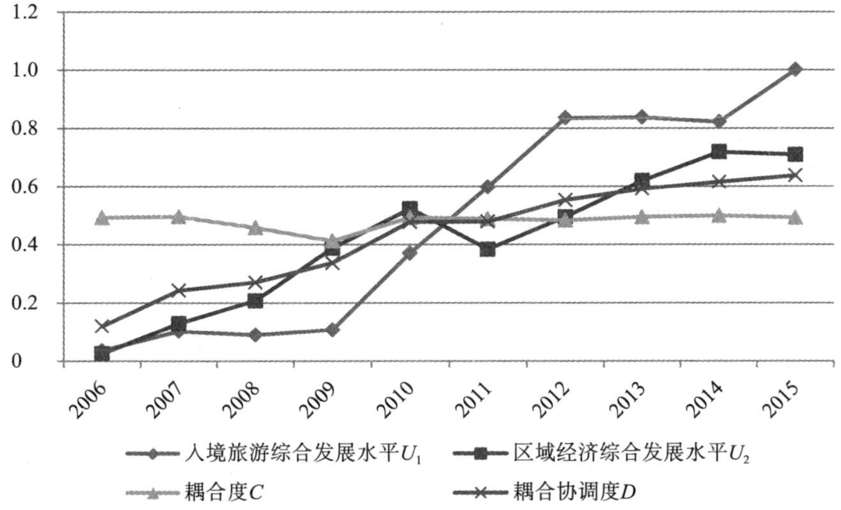

图 4 – 5　2006 – 2015 年新疆入境旅游流系统与区域经济系统耦合协调演变趋势图

3. 两系统耦合协调度时序分析

由表 4 – 11 与图 4 – 5 可以看出，入境旅游发展曲线呈现典型的“工”字形，不断攀升；区域经济发展曲线走势相同，但幅度较小。2006 – 2010 年，入境旅游流综合发展水平较低，曲线位置低于区域经济发展曲线；2011 年以后，入境旅游综合发展水平较好，曲线位置居于区域经济发展曲线之上，呈现区域经济发展滞后模式。

（六）西北五省区入境旅游流系统与区域经济系统耦合协调分析

1. 西北五省区入境旅游流系统与区域经济系统评价指标及权重

依据统计数据和模型，首先计算各指标权重，其中，入境旅游流系统中，入境旅游人次（万人次）X_1 所占权重为 0.2926，入境旅游收入（万美元）X_2 所占权重为 0.2564，入境游客平均停留时间（天）X_3 所占权重为 0.3342，入境游客人均消费（美元/人天）X_4 所占权重为 0.1167；区域经济系统中，GDP 总量（亿元）Y_1 所占权重为 0.0758，第三产业总量（亿元）Y_2 所占权重为 0.0843，人均 GDP（元）Y_3 所占权重为 0.0739，社会从业人员（万人）Y_4 所占权重为 0.2527，固定资产投资（亿元）Y_5 所占权重为 0.0941，邮电业务量（亿元）Y_6 所占权重为 0.0880，社会消费品零售额（亿元）Y_7 所占权重为 0.0870，财政收入（亿元）Y_8 所占权重为 0.0620，财政支出（亿元）Y_9 所占权重为 0.0626，进出口贸易总额（亿元）Y_{10} 所占权重为 0.0624，客运总量（万人）Y_{11} 所占权重为 0.0573。如表4－12所示。

表 4－12　西北五省区入境旅游流系统与区域经济系统评价指标及权重

项目	评价指标	权重
入境旅游流系统 X	入境旅游人次（万人次）X_1	0.2926
	入境旅游收入（万美元）X_2	0.2564
	入境游客平均停留时间（天）X_3	0.3342
	入境游客人均花费（美元/人天）X_4	0.1167
区域经济系统 Y	GDP 总量（亿元）Y_1	0.0758
	第三产业总量（亿元）Y_2	0.0843
	人均 GDP（元）Y_3	0.0739
	社会从业人员（万人）Y_4	0.2527
	固定资产投资（亿元）Y_5	0.0941
	邮电业务量（亿元）Y_6	0.0880
	社会消费品零售额（亿元）Y_7	0.0870
	财政收入（亿元）Y_8	0.0620
	财政支出（亿元）Y_9	0.0626
	进出口贸易总额（亿元）Y_{10}	0.0624
	客运总量（万人）Y_{11}	0.0573

2. 入境旅游流系统与区域经济系统综合发展水平及耦合协调度等级划分

依据数据，可观察到入境旅游流系统与区域经济系统综合发展水平及耦合程度。入境旅游综合发展水平方面，2006 年指数为 0.0148，2007 年为 0.0843，2008 年为 0.0846，2009 年为 0.1415，2010 年为 0.3302，2011 年为 0.5336，2012 年为 0.7572，2013 年为 0.8097，2014 年为 0.7534，2015 年为

0.9613，整体呈现上升（2006－2013年）—下降（2013－2014年）—上升（2014－2015年）走势；区域经济综合发展水平方面，2006年指数为0.0111，2007年为0.0991，2008年上升到0.1815，2009年上升到0.4790，2010年为0.6023，2011年下降到0.3759，2012年为0.4618，2013年为0.5334，2014年上升到0.6453，2015年上升到0.7109，整体呈现上升（2006－2010年）—下降（2010－2011年）—上升（2011－2015年）走势。耦合度指数方面，2006年为0.4949，2007年为0.4984，2008年下降到0.4657，2009年为0.4196，2010年为0.4782，2011年为0.4924，2012年为0.4851，2013年为0.4893，2014年为0.4985，2015年有所下降，指数为0.4944，整体呈现上升（2006－2007年）—下降（2007－2009年）—上升（2009－2011年）—降低（2011－2012年）—上升（2012－2013年）—降低（2013－2015年）走势。耦合协调度指数方面，2006年为0.0789，2007年上升到0.2155，2008年为0.2578，2009年为0.3799，2010年为0.4858，2011年为0.4649，2012年为0.5304，2013年为0.5613，2014年为0.5859，2015年为0.6332，整体呈现上升（2006－2010年）—下降（2010－2011年）—上升（2011－2015年）走势。如表4－13所示。

表4－13　2006－2015年西北五省区入境旅游流系统与区域经济系统综合发展水平及耦合协调度等级划分

年份	U_1 值	U_2 值	U_1 和 U_2 比较含义	耦合度 C	耦合协调度 D	协调等级
2006	0.0148	0.0111	区域经济发展滞后	0.4949	0.0789	极度失调
2007	0.0843	0.0991	入境旅游发展滞后	0.4984	0.2155	中度失调
2008	0.0846	0.1815	入境旅游发展滞后	0.4657	0.2578	中度失调
2009	0.1415	0.4790	入境旅游发展滞后	0.4196	0.3799	轻度失调
2010	0.3302	0.6023	入境旅游发展滞后	0.4782	0.4858	濒临失调
2011	0.5336	0.3759	区域经济发展滞后	0.4924	0.4649	濒临失调
2012	0.7572	0.4618	区域经济发展滞后	0.4851	0.5304	勉强协调
2013	0.8097	0.5334	区域经济发展滞后	0.4893	0.5613	勉强协调
2014	0.7534	0.6453	区域经济发展滞后	0.4985	0.5859	勉强协调
2015	0.9613	0.7109	区域经济发展滞后	0.4944	0.6332	初级协调

从表 4 – 13 可以看出，2006 – 2015 年西北五省区入境旅游流系统与区域经济系统耦合态势具有如下特点：一是耦合度在 2006 年为 0. 4949，2015 年却下降到 0. 4944，整体下降；耦合协调度却增大，并且幅度很大，从最初的 0. 0789 增加到了 2015 年的 0. 6332。二是协调等级发生演变，最初为“极度失调”模式，后为“濒临失调”与“勉强协调”，最后是“初级协调”。如图 4 – 6 所示。

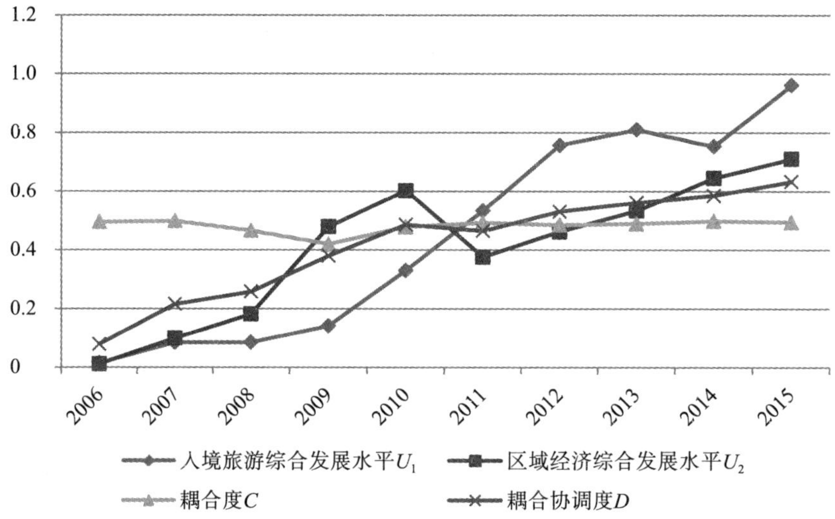

图 4 – 6　2006 – 2015 年西北五省区入境旅游流系统与区域经济系统耦合协调演变趋势图

3. 两系统耦合协调度时序分析

观察西北五省区入境旅游与经济综合发展水平，可发现两系统耦合协调度演变特点：一是两者曲线互相交叉，形成“X”模型。第一阶段（2010 年之前），入境旅游发展滞后；第二阶段，区域经济发展滞后。二是区域经济综合发展水平在 2009 年之前一直保持上升趋势，但在 2010 年有所下降，之后又恢复上升态势；入境旅游综合发展水平在 2010 – 2011 年有所下降，后恢复上升趋势。整体看，区域经济综合发展水平和入境旅游综合发展水平存在相互促进的发展关系。

第二节　丝路入境旅游流和文化耦合分析

本节采用的耦合评价模型与前文原理相同，耦合协调度模型与等级评定标准也不变化。

一、评价指标体系

入境旅游流系统与文化系统耦合协调关系较复杂，因此选取多个评价指标进行综合分析。入境旅游流系统指标体系包括入境旅游人次（万人次）X_1、入境旅游收入（万美元）X_2、入境游客平均停留时间（天）X_3、入境游客人均花费（美元/人天）X_4 共 4 项；文化系统指标体系包含旅游年末从业人员（人）Y_1、旅游院校数（所）Y_2、旅游院校在校生人数（人）Y_3、专利受理数（件）Y_4、专利授权数（件）Y_5、技术市场成交额（万元）Y_6、普通高校生师比（师 = 1）Y_7、教育经费（万元）Y_8、艺术表演团体机构数（个）Y_9、艺术表演场所机构数（个）Y_{10}、公共图书馆数量（个）Y_{11}、博物馆机构数（个）Y_{12} 共 12 项。

根据前文公式（4）至公式（8）可计算得到入境旅游流系统与文化系统评价指标体系中的指标权重 ω_j，结合权重结果再根据公式（2）、公式（3）、公式（9）和公式（10）可计算得到入境旅游流系统与文化系统评价指标体系的耦合度、耦合协调度，并判断协调等级。

二、西北五省区入境旅游流系统与文化系统耦合协调分析

（一）陕西入境旅游流系统与文化系统耦合协调分析

1. 陕西入境旅游流系统与文化系统评价指标及权重

依据统计数据和模型，首先计算各评价指标权重，其中，入境旅游流系统中，入境旅游人次（万人次）X_1 所占权重为0.2566，入境旅游收入（万美元）X_2 所占权重为0.2477，入境游客平均停留时间（天）X_3 所占权重为0.1972，入境游客人均花费（美元/人天）X_4 所占权重为0.2985；文化系统中，旅游年末从业人员（人）Y_1 所占权重为0.1191，旅游院校数（所）Y_2 所占权重为0.0345，旅游院校在校生人数（人）Y_3 所占权重为0.0970，专利受理数（件）Y_4 所占权重为0.0806，专利授权数（件）Y_5 所占权重为0.0876，技术市场成交额（万元）Y_6 所占权重为0.1119，普通高校生师比（师=1）Y_7 所占权重为0.0356，教育经费（万元）Y_8 所占权重为0.0818，艺术表演团体机构数（个）Y_9 所占权重为0.1250，艺术表演场所机构数（个）Y_{10}所占权重为0.0673，公共图书馆数量（个）Y_{11}所占权重为0.0478，博物馆机构数（个）Y_{12}所占权重为0.1119。如表4－14所示。

表4－14 陕西入境旅游流系统与文化系统评价指标及权重

项目	评价指标	权重
入境旅游流系统 X	入境旅游人次（万人次）X_1	0.2566
	入境旅游收入（万美元）X_2	0.2477
	入境游客平均停留时间（天）X_3	0.1972
	入境游客人均花费（美元/人天）X_4	0.2985
文化系统 Y	旅游年末从业人员（人）Y_1	0.1191
	旅游院校数（所）Y_2	0.0345
	旅游院校在校生人数（人）Y_3	0.097
	专利受理数（件）Y_4	0.0806
	专利授权数（件）Y_5	0.0876
	技术市场成交额（万元）Y_6	0.1119
	普通高校生师比（师=1）Y_7	0.0356
	教育经费（万元）Y_8	0.0818
	艺术表演团体机构数（个）Y_9	0.125
	艺术表演场所机构数（个）Y_{10}	0.0673
	公共图书馆数量（个）Y_{11}	0.0478
	博物馆机构数（个）Y_{12}	0.1119

2. 入境旅游流系统与文化系统综合发展水平及耦合协调度等级划分

依据数据，可观察到陕西入境旅游流系统与文化系统综合发展水平及耦合程度。入境旅游综合发展水平方面，指数呈现双“Z”形走势。文化综合发展水平方面，指数呈现大“U”形走势，2006 年的指数为 0.1058，2007 年为 0.1362，2008 年为 0.1313，2009 年为 0.2040，2010 年上升到 0.2424，2011 年下降到 0.3037，2012 年有所上升，指数为 0.4525，2013 年为 0.5077，2014 年指数继续上升达到了 0.6738，2015 年为 0.8883，整体呈现上升（2006 - 2007 年）—下降（2007 - 2008 年）—上升（2008 - 2015 年）走势，指数从 2006 年的 0.1058 上升到 2015 年的 0.8883。耦合度方面，指数呈现“一”字走势，2006 年指数为 0.4875，2007 年为 0.4763，2008 年为 0.4950，2010 年为 0.4999，2011 年为 0.4916，2012 年为 0.4998，2013 年为 0.4977，2014 年为 0.4984，2015 年为 0.4990，整体呈现下降（2006 - 2008 年）—上升（2008 - 2009 年）—下降（2009 - 2010 年）—上升（2010 - 2011 年）—下降（2011 - 2015 年）走势，指数从 2006 年的 0.4875 上升到 2015 年的 0.4990。耦合协调度方面，指数呈现向右上方缓慢倾斜走势，2006 年指数为 0.21，属于中度失调，入境旅游流综合发展水平低于文化综合发展水平；2007 年指数为 0.2959，入境旅游流综合发展水平高于文化综合发展水平，但失调程度有所减轻，属于中度失调；2008 年指数为 0.4165，入境旅游流发展态势依旧好于区域文化发展态势，属于轻度失调，2009 - 2011 年，入境旅游发展态势优，属于轻度失调状态；2011 年属于濒临失调，2013 年入境旅游流综合发展水平较高，呈现勉强不协调状态，2015 年属于初级协调状态，指数为 0.6495。如表 4 - 15 所示。

表 4 - 15　2006 - 2015 年陕西入境旅游流系统与文化系统综合发展水平及耦合协调度等级划分

年份	U_1 值	U_2 值	U_1 和 U_2 比较含义	耦合度 C	耦合协调度 D	协调等级
2006	0.0673	0.1058	入境旅游发展滞后	0.4875	0.2100	中度失调
2007	0.2553	0.1362	文化发展滞后	0.4763	0.2959	中度失调
2008	0.4165	0.1313	文化发展滞后	0.4269	0.3237	轻度失调

续表

年份	U_1 值	U_2 值	U_1 和 U_2 比较含义	耦合度 C	耦合协调度 D	协调等级
2009	0.2710	0.2040	文化发展滞后	0.4950	0.3380	轻度失调
2010	0.2531	0.2424	文化发展滞后	0.4999	0.3512	轻度失调
2011	0.4390	0.3037	文化发展滞后	0.4916	0.4194	濒临失调
2012	0.4819	0.4525	文化发展滞后	0.4998	0.4817	濒临失调
2013	0.6164	0.5077	文化发展滞后	0.4977	0.5237	勉强协调
2014	0.5755	0.6738	入境旅游发展滞后	0.4984	0.5624	勉强协调
2015	0.7814	0.8883	入境旅游发展滞后	0.4990	0.6495	初级协调

从表 4－15 可以发现，陕西入境旅游流系统和文化系统耦合协调特征如下：一是 2006－2015 年耦合度呈现倒“V”形，而耦合协调度恰好相反，呈“V”形。二是呈现逐年上升的趋势，最初为“中度失调”，2008 年进入“轻度失调”阶段，2011 年进入“濒临失调”状态，2013－2014 年为“勉强协调”模式，最后为“初级协调”模式。两系统耦合协调演变趋势如图 4－7所示。

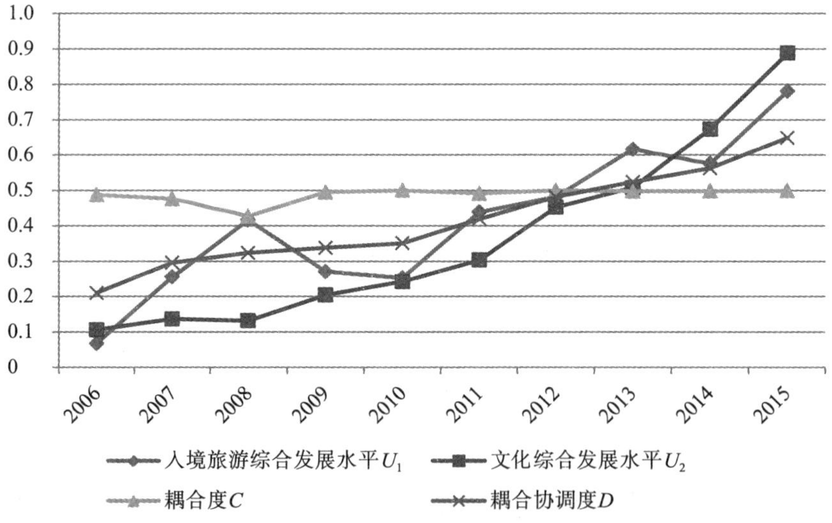

图 4－7　2006－2015 年陕西入境旅游流系统与文化系统耦合协调演变趋势图

3. 两系统耦合协调度时序分析

观察入境旅游与文化产业综合发展水平可发现两系统耦合协调的基本特征：一是两者都有强大的上升趋势，曲线朝着右上方倾斜。二是耦合协调度从0.2100上升到0.6495，发展态势较好。三是有阶段性变化。2009－2013年，文化综合发展水平较低，曲线位置也较低；此后，文化综合发展水平上升，其曲线位于入境旅游发展曲线之上，呈现为入境旅游发展滞后模式。整体看，陕西入境旅游流系统与文化系统之间有循序渐进耦合协调发展关系。

（二）甘肃入境旅游流系统与文化系统耦合协调分析

1. 入境旅游流系统与文化系统评价指标及权重

依据统计数据和模型，首先计算各指标权重，其中，入境旅游流系统中，入境旅游人次（万人次）X_1 所占权重为0.2566，入境旅游收入（万美元）X_2 所占权重为0.2477，入境游客平均停留时间（天）X_3 所占权重为0.1972，入境游客人均花费（美元/人天）X_4 所占权重为0.2985；文化系统中，旅游年末从业人员（人）Y_1 所占权重为0.0995，旅游院校数（所）Y_2 所占权重为0.0349，旅游院校在校生人数（人）Y_3 所占权重为0.0894，专利受理数（件）Y_4 所占权重为0.0959，专利授权数（件）Y_5 所占权重为0.0959，技术市场成交额（万元）Y_6 所占权重为0.0844，普通高校生师比（师=1）Y_7 所占权重为0.0611，教育经费（万元）Y_8 所占权重为0.0671，艺术表演团体机构数（个）Y_9 所占权重为0.1369，艺术表演场所机构数（个）Y_{10} 所占权重为0.0656，公共图书馆数量（个）Y_{11} 所占权重为0.1032，博物馆机构数（个）Y_{12} 所占权重为0.0662。如表4－16所示。

表4－16　　甘肃入境旅游流系统与文化系统评价指标及权重

项目	评价指标	权重
入境旅游流系统 X	入境旅游人次（万人次）X_1	0.2566
	入境旅游收入（万美元）X_2	0.2477
	入境游客平均停留时间（天）X_3	0.1972
	入境游客人均花费（美元/人天）X_4	0.2985

续表

项目	评价指标	权重
文化系统 Y	旅游年末从业人员（人）Y_1	0.0995
	旅游院校数（所）Y_2	0.0349
	旅游院校在校生人数（人）Y_3	0.0894
	专利受理数（件）Y_4	0.0959
	专利授权数（件）Y_5	0.0959
	技术市场成交额（万元）Y_6	0.0844
	普通高校生师比（师 = 1）Y_7	0.0611
	教育经费（万元）Y_8	0.0671
	艺术表演团体机构数（个）Y_9	0.1369
	艺术表演场所机构数（个）Y_{10}	0.0656
	公共图书馆数量（个）Y_{11}	0.1032
	博物馆机构数（个）Y_{12}	0.0662

2. 入境旅游流系统与文化系统综合发展水平及耦合协调度等级划分

依据数据，可观察到甘肃入境旅游流系统与文化系统综合发展水平及两系统耦合程度。入境旅游综合发展水平方面，整体呈现上升（2006 - 2007 年）—降低（2007 - 2009 年）—上升（2009 - 2010 年）—下降（2010 - 2011 年）—上升（2011 - 2012 年）—下降（2012 - 2014 年）—上升（2014 - 2015 年）走势。文化综合发展水平方面，指数呈现大“M”形走势，2006 年指数为 0.0586，2007 年为 0.1963，2008 年为 0.3221，2009 年为 0.3476，2010 年为 0.3042，2011 年为 0.3403，2012 年为 0.4952，2013 年为 0.5345，2014 年为 0.6601，2015 年为 0.7705，整体呈现上升（2006 - 2009 年）—下降（2009 - 2010 年）—上升（2010 - 2015 年）走势，指数从 2006 年的 0.0586 上升到 2015 年的 0.7705。耦合度方面，指数呈现倒“U”形走势，2006 年指数为 0.2549，2007 年上升到 0.3829，2008 年为 0.4785，2009 年为 0.4632，2010 年为 0.4927，2011 年为 0.4760，2012 年为 0.4780，2013 年为 0.4492，2014 年为 0.3666，2015 年为 0.4146，整体呈现上升（2006 - 2008 年）—下降（2008 - 2009 年）—上升（2009 - 2010 年）—下降（2010 - 2011 年）—上升（2011 - 2012 年）—下降（2012 - 2013 年）—上

升（2013－2015 年）走势，指数从 2006 年的 0.2549 上升到 2015 年的 0.4165。耦合协调度方面，呈现向右基本平行延伸走势，2006 年指数为 0.2975，表示轻度失调，入境旅游综合发展水平低于区域文化综合发展水平；2007 年指数为 0.4283，表示入境旅游流综合发展水平高于区域文化综合发展水平，但失调程度有所减轻，属于中度失调；2008 年指数为 0.3555，入境旅游发展态势低于区域文化发展态势，属于轻度失调，2009 年指数为 0.3546，2010－2011 年，入境旅游综合发展水平低，属于轻度失调状态；2012 年属于濒临失调，2013 年指数为 0.4261，呈现濒临协调状态，2014 年指数为 0.4045，2015 年属于濒临协调状态，指数为 0.4790。如表 4－17 所示。

表 4－17　　2006－2015 年甘肃入境旅游流系统与文化系统综合发展水平及耦合协调度等级划分

年份	U_1 值	U_2 值	U_1 和 U_2 比较含义	耦合度 C	耦合协调度 D	协调等级
2006	0.7802	0.0586	文化发展滞后	0.2549	0.2975	轻度失调
2007	0.9034	0.1963	文化发展滞后	0.3829	0.4283	濒临失调
2008	0.1772	0.3221	入境旅游发展滞后	0.4785	0.3555	轻度失调
2009	0.1574	0.3476	入境旅游发展滞后	0.4632	0.3546	轻度失调
2010	0.2159	0.3042	入境旅游发展滞后	0.4927	0.3640	轻度失调
2011	0.1807	0.3403	入境旅游发展滞后	0.4760	0.3628	轻度失调
2012	0.2706	0.4952	入境旅游发展滞后	0.4780	0.4402	濒临失调
2013	0.2084	0.5345	入境旅游发展滞后	0.4492	0.4261	濒临协调
2014	0.1257	0.6601	入境旅游发展滞后	0.3666	0.4045	濒临协调
2015	0.2216	0.7705	入境旅游发展滞后	0.4165	0.4790	濒临协调

从表 4－17 可以看出，甘肃入境旅游流系统与文化系统耦合协调发生多次演变，最初为“轻度失调”（2006 年），后发展为“濒临失调”（2007 年），此后又几次反复，最后演变为“濒临失调”状态。两者的耦合度增大，从 2006 年的 0.2549 演变到 2015 年的 0.4165，耦合协调度从 2006 年的 0.2975 演变到 2015 年的 0.4790。如图 4－8 所示。

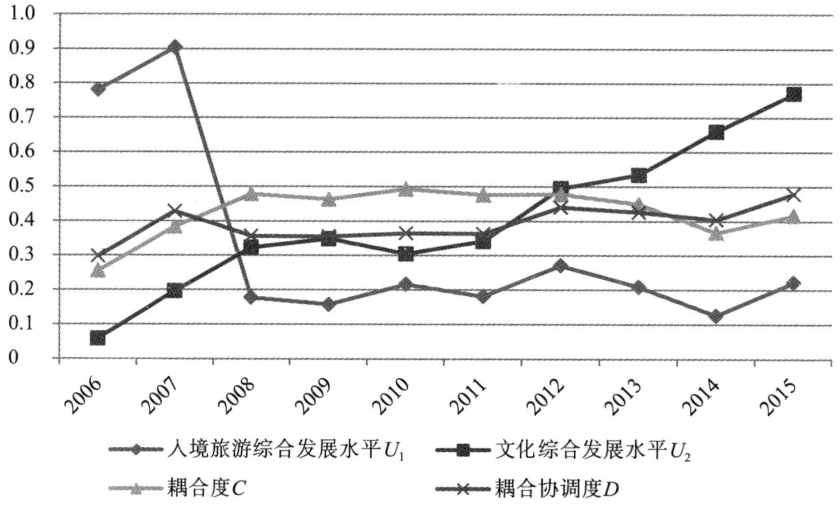

图 4-8　2006-2015 年甘肃入境旅游流系统与文化系统耦合协调演变趋势图

从入境旅游与文化综合发展水平变化趋势，可以发现两系统发展走势相反。其中，入境旅游综合发展水平降低，呈现为“L”形。文化综合发展水平则上升，呈现为“W”形。此外，耦合度有所增大，期间略有起伏，呈现倒“n”形；耦合协调度指数呈现“M”形。

3. 两系统耦合协调度时序分析

观察入境旅游与文化综合发展水平，可发现两系统耦合基本特征如下：2006-2007 年，甘肃入境旅游整体发展水平较好，曲线位于文化发展曲线之上，呈现文化发展滞后模式；2008 年以后态势逆转，文化发展曲线位置下降，居于下方，呈现入境旅游滞后模式。可见，文化发展还需要进一步促进入境旅游发展。

（三）青海入境旅游流系统与文化系统耦合协调分析

1. 入境旅游流系统与文化系统评价指标及权重

依据统计数据和模型，首先计算各评价指标权重，其中，入境旅游流系统中，入境旅游人次（万人次）X_1 所占权重为 0.2566，入境旅游收入（万美元）X_2 所占权重为 0.2477，入境游客平均停留时间（天）X_3 所占权重为 0.1972，入境游客人均花费（美元/人天）X_4 所占权重为 0.2985；文化系统中，旅游年末从业人员（人）Y_1 所占权重为 0.0826，旅游院校数（所）Y_2 所占权重为 0.0798，旅游院校在校生人数（人）Y_3 所占权重为 0.0397，专利受理数（件）Y_4 所占权重为 0.1420，专利授权数（件）Y_5 所占权重为 0.0843，技术市场成交额（万元）Y_6 所占权重为 0.0966，普通高校生师比（师 =1）Y_7 所占权重为 0.0562，教育经费（万元）Y_8 所占权重为 0.0927，艺术表演团体机构数（个）Y_9 所占权重为 0.0598，艺术表演场所机构数（个）Y_{10}所占权重为 0.0464，公共图书馆数量（个）Y_{11}所占权重为 0.1331，博物馆机构数（个）Y_{12}所占权重为 0.0867。如表 4 – 18 所示。

表 4 – 18　2006 – 2015 年青海入境旅游流系统与文化系统评价指标及权重

项目	评价指标	权重
入境旅游流系统 X	入境旅游人次（万人次）X_1	0.2566
	入境旅游收入（万美元）X_2	0.2477
	入境游客平均停留时间（天）X_3	0.1972
	入境游客人均花费（美元/人天）X_4	0.2985
文化系统 Y	旅游年末从业人员（人）Y_1	0.0826
	旅游院校数（所）Y_2	0.0798
	旅游院校在校生人数（人）Y_3	0.0397
	专利受理数（件）Y_4	0.1420
	专利授权数（件）Y_5	0.0843
	技术市场成交额（万元）Y_6	0.0966
	普通高校生师比（师 =1）Y_7	0.0562
	教育经费（万元）Y_8	0.0927
	艺术表演团体机构数（个）Y_9	0.0598
	艺术表演场所机构数（个）Y_{10}	0.0464
	公共图书馆数量（个）Y_{11}	0.1331
	博物馆机构数（个）Y_{12}	0.0867

2. 入境旅游流系统与文化系统综合发展水平耦合协调度等级划分

依据数据，可观察到入境旅游系统与文化系统综合发展水平及耦合程度。入境旅游综合发展水平方面，整体呈现上升（2006 – 2012 年）—下降（2012 – 2013 年）—上升（2013 – 2015 年）走势。文化综合发展水平方面，指数呈现双大“V”形走势，2006年指数为0.0812，2007年为0.1612，2008年为0.1372，2009年为0.2095，2010年为0.2924，2011年为0.5182，2012年指数为0.5817，2013年为0.6108，2014年指数为0.7397，2015年为0.9721，整体呈现上升（2006－2007年）—下降（2007－2008年）—上升（2008－2015年）走势。耦合度方面，指数呈现倒“U”形走势，2006年指数为0.4979，2007年为0.4983，2008年为0.4921，2009年为0.4810，2010年为0.4853，2011年为0.4951，2012年为0.4985，2013年为0.4943，2014年为0.4999，2015年为0.5000，整体呈现上升（2006－2007年）—下降（2007－2009年）—上升（2009－2010年）—下降（2010－2011年）—上升（2011－2012年）—下降（2012－2013年）—上升（2013－2015年）走势。耦合协调度方面，指数呈现向右基本平行延伸走势，2006年指数为0.2091，属于中度失调，入境旅游流综合发展水平低于文化综合发展水平；2007年指数为0.2934，入境旅游流综合发展水平高于文化综合发展水平，但失调程度有所减轻，属于中度失调；2008年指数为0.2813，入境旅游流综合发展水平高于文化综合发展水平，属于中度失调，2009年指数为0.3620，属于轻度协调；2010年指数为0.4218，属于濒临失调；2011年指数为0.5385，属于勉强协调；2014年指数为0.5564，2015年属于中级协调状态，指数为0.7011。如表4－19所示。

表4－19　2006－2015年青海入境旅游流系统与文化系统综合发展水平及耦合协调度等级划分

年份	U_1 值	U_2 值	U_1 和 U_2 比较含义	耦合度 C	耦合协调度 D	协调等级
2006	0.0976	0.0812	文化发展滞后	0.4979	0.2091	中度失调
2007	0.1901	0.1612	文化发展滞后	0.4983	0.2934	中度失调
2008	0.1961	0.1372	文化发展滞后	0.4921	0.2813	中度失调
2009	0.3668	0.2095	文化发展滞后	0.4810	0.3620	轻度失调
2010	0.4777	0.2924	文化发展滞后	0.4853	0.4218	濒临失调
2011	0.6871	0.5182	文化发展滞后	0.4951	0.5385	勉强协调
2012	0.6802	0.5817	文化发展滞后	0.4985	0.5564	勉强协调
2013	0.4507	0.6108	入境旅游发展滞后	0.4943	0.5199	勉强协调
2014	0.7091	0.7397	入境旅游发展滞后	0.4999	0.6030	初级协调
2015	1.0000	0.9721	文化发展滞后	0.5000	0.7011	中级协调

从表 4-19 可以看出，一是青海入境旅游流系统和文化系统耦合度有所增大，耦合协调度增加幅度较大；耦合协调度达到了 0.7011，协调等级从最初的“中度失调”模式演变为“勉强协调”模式，最后发展为“中级协调”态势。两系统耦合协调演变趋势如图 4-9 所示。

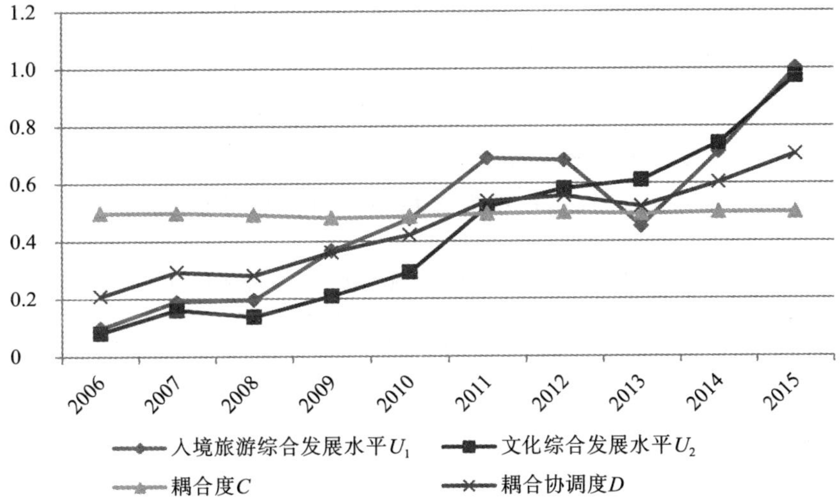

图 4-9　2006-2015 年青海入境旅游流系统与文化系统耦合协调演变趋势图

3. 两系统耦合协调度时序分析

表 4-19 和图 4-9 信息显示，2006-2015 年入境旅游流系统与文化系统耦合协调度特征如下：2013 年以前，入境旅游流整体发展态势较好，指数较高，曲线位置在文化发展曲线之上；2013 年以后，文化发展态势较好，指数增大，曲线位置改变，位于入境旅游流发展曲线之上。整体看，除个别年份外，耦合协调度类别基本保持文化发展滞后态势。

(四) 宁夏入境旅游流系统与文化系统耦合协调分析

1. 入境旅游流系统与文化系统评价指标及权重

依据统计数据和模型，首先计算各评价指标权重，其中，入境旅游流系统中，入境旅游人次（万人次）X_1 所占权重为 0.2566，入境旅游收入（万美元）X_2 所占权重为 0.2477，入境游客平均停留时间（天）X_3 所占权重为

0.1972，入境游客人均花费（美元/人天）X_4 所占权重为 0.2985；文化系统中，旅游年末从业人员（人）Y_1 所占权重为 0.0498，旅游院校数（所）Y_2 所占权重为 0.0638，旅游院校在校生人数（人）Y_3 所占权重为 0.0789，专利受理数（件）Y_4 所占权重为 0.1220，专利授权数（件）Y_5 所占权重为 0.0748，技术市场成交额（万元）Y_6 所占权重为 0.1034，普通高校生师比（师 =1）Y_7 所占权重为 0.0551，教育经费（万元）Y_8 所占权重为 0.0724，艺术表演团体机构数（个）Y_9 所占权重为 0.0474，艺术表演场所机构数（个）Y_{10} 所占权重为 0.1043，公共图书馆数量（个）Y_{11} 所占权重为 0.1135，博物馆机构数（个）Y_{12} 所占权重为 0.1146。如表 4 –20 所示。

表 4 –20　2006 –2015 年宁夏入境旅游流系统与文化系统评价指标及权重

项目	评价指标	权重
入境旅游流系统 X	入境旅游人次（万人次）X_1	0.2566
	入境旅游收入（万美元）X_2	0.2477
	入境游客平均停留时间（天）X_3	0.1972
	入境游客人均花费（美元/人天）X_4	0.2985
文化系统 Y	旅游年末从业人员（人）Y_1	0.0498
	旅游院校数（所）Y_2	0.0638
	旅游院校在校生人数（人）Y_3	0.0789
	专利受理数（件）Y_4	0.122
	专利授权数（件）Y_5	0.0748
	技术市场成交额（万元）Y_6	0.1034
	普通高校生师比（师 =1）Y_7	0.0551
	教育经费（万元）Y_8	0.0724
	艺术表演团体机构数（个）Y_9	0.0474
	艺术表演场所机构数（个）Y_{10}	0.1043
	公共图书馆数量（个）Y_{11}	0.1135
	博物馆机构数（个）Y_{12}	0.1146

2. 入境旅游流系统与文化系统综合发展水平及耦合协调度等级划分

依据数据，可观察到入境旅游流系统与文化系统综合发展水平及耦合程度。入境旅游综合发展水平方面，指数整体呈现上升（2006－2010 年）—下降（2010－2012 年）—上升（2012－2015 年）走势。文化系统综合发展水平方面，2006 年指数为 0.1155，2007 年上升到 0.2708，2008 年为 0.3162，2011 年为 0.4717，2012 年为 0.5204，2014 年为 0.6354，2015 年为 0.7250，整体呈现上升（2006－2009 年）—下降（2009－2010 年）—上升（2010－2015 年）走势；耦合度方面，2006 年指数为 0.4286，2007 年下降到 0.3391，2008 年上升到 0.4047，2009 年为 0.4738，2010 年为 0.5000，2011 年为 0.4827，2012 年为 0.4482，2013 年为 0.4974，2014 年为 0.4919，2015 年为 0.6420，整体呈现下降（2006－2007 年）—上升（2007－2010 年）—下降（2010－2012 年）—上升（2012－2013 年）—下降（2013－2014 年）—上升（2014－2015 年）走势；耦合协调度方面，2006 年指数为 0.1899，2007 年为 0.2464，2008 年为 0.3002，2011 年为 0.4359，2013 年为 0.5587，2014 年为 0.6059，2015 年为 0.6420，整体呈现上升（2006－2011 年）—下降（2011－2012 年）—上升（2012－2015 年）走势。如表 4－21 所示。

表 4－21　2006－2015 年宁夏入境旅游流系统与文化系统综合发展水平及耦合协调度等级划分

年份	U_1 值	U_2 值	U_1 和 U_2 比较含义	耦合度 C	耦合协调度 D	协调等级
2006	0.0370	0.1155	入境旅游发展滞后	0.4286	0.1899	严重失调
2007	0.0414	0.2708	入境旅游发展滞后	0.3391	0.2464	中度失调
2008	0.0822	0.3162	入境旅游发展滞后	0.4047	0.3002	轻度失调
2009	0.1809	0.3507	入境旅游发展滞后	0.4738	0.3661	轻度失调
2010	0.2865	0.2901	文化发展滞后	0.5000	0.3799	轻度失调
2011	0.2766	0.4717	入境旅游发展滞后	0.4827	0.4359	濒临失调
2012	0.2007	0.5204	入境旅游发展滞后	0.4482	0.4194	濒临失调
2013	0.7065	0.5700	文化发展滞后	0.4974	0.5587	勉强协调
2014	0.9124	0.6354	文化发展滞后	0.4919	0.6059	初级协调
2015	1.0000	0.7250	文化发展滞后	0.4936	0.6420	初级协调

从表4－21可以看出，一是宁夏入境旅游流系统和文化系统耦合度有所增大，耦合协调度也增大，并且幅度很大；二是耦合协调等级演变趋势较好，协调程度从2006年的“严重失调”演变为最后的“初级协调”。两系统耦合协调演变趋势如图4－10所示。

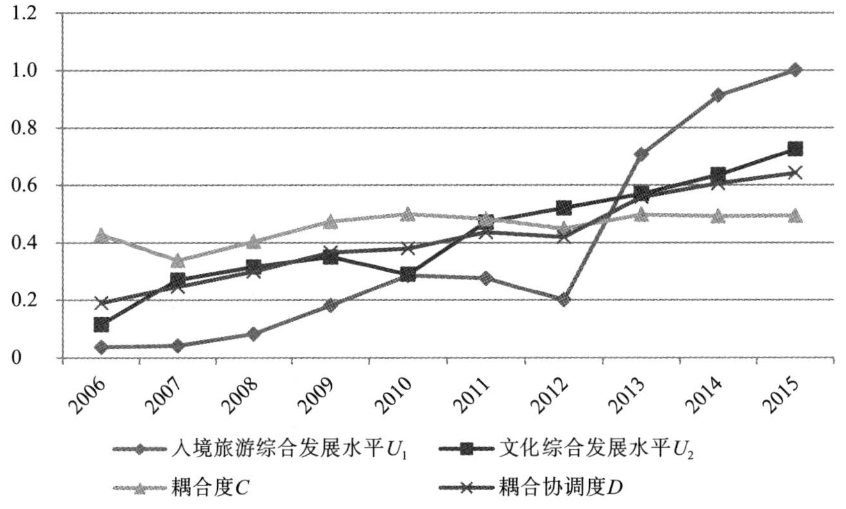

图4－10　2006－2015年宁夏入境旅游流系统与文化系统耦合协调演变趋势图

3. 两系统耦合协调度时序分析

结合表4－21和图4－10可以发现：一是入境旅游流系统与文化系统综合发展水平整体都表现为“V”形，中间一段时间略有降低。二是文化发展水平指数在起步时较高，呈现入境旅游发展滞后模式，但在终点时低于入境旅游发展水平指数，呈现文化发展滞后模式。

（五）新疆入境旅游流系统与文化系统耦合协调分析

1. 入境旅游流系统与文化系统评价指标及权重

依据统计数据和模型，首先计算各评价指标权重，其中，入境旅游流系统中，入境旅游人次（万人次）X_1所占权重为0.2566，入境旅游收入（万美元）X_2所占权重为0.2477，入境游客平均停留时间（天）X_3所占权重为0.1972，入境游客人均花费（美元/人天）X_4所占权重为0.2985；文化系统中，旅游年末从业人员（人）Y_1 所占权重为 0.0426，旅游院校数（所）Y_2 所占权重为 0.2124，旅游院校在校生人数（人）Y_3 所占权重为 0.1292，专利受理数（件）Y_4 所占权重为 0.0993，专利授权数（件）Y_5 所占权重为 0.0837，技术市场成交额（万元）Y_6 所占权重为 0.0338，普通高校生师比（师 =1）Y_7 所占权重为 0.0690，教育经费（万元）Y_8 所占权重为 0.0724，艺术表演团体机构数（个）Y_9 所占权重为 0.0626，艺术表演场所机构数（个）Y_{10}所占权重为 0.0977，公共图书馆数量（个）Y_{11}所占权重为 0.0539，博物馆机构数（个）Y_{12}所占权重为 0.0385。如表 4 –22 所示。

表 4 –22　2006 –2015 年新疆入境旅游流系统与文化系统评价指标及权重

项目	评价指标	权重
入境旅游流系统 X	入境旅游人次（万人次）X_1	0.2566
	入境旅游收入（万美元）X_2	0.2477
	入境游客平均停留时间（天）X_3	0.1972
	入境游客人均花费（美元/人天）X_4	0.2985
文化系统 Y	旅游年末从业人员（人）Y_1	0.0426
	旅游院校数（所）Y_2	0.2124
	旅游院校在校生人数（人）Y_3	0.1292
	专利受理数（件）Y_4	0.0993
	专利授权数（件）Y_5	0.0837
	技术市场成交额（万元）Y_6	0.0388
	普通高校生师比（师 =1）Y_7	0.069
	教育经费（万元）Y_8	0.0724
	艺术表演团体机构数（个）Y_9	0.0626
	艺术表演场所机构数（个）Y_{10}	0.0977
	公共图书馆数量（个）Y_{11}	0.0539
	博物馆机构数（个）Y_{12}	0.0385

2. 入境旅游流系统与文化系统综合发展水平及耦合协调度等级划分

依据数据，可观察到入境旅游流系统与文化系统综合发展水平及耦合程度。入境旅游系统综合发展水平方面，2006 年指数为 0.0351，2007 年上升到0.1021，2012年下降到0.0889，2009年上升到0.1073，2010年上升到0.3703，2011年上升到0.5978，2012年为0.8350，2013年为0.8369，2014年为0.8218，2015年为1.000，整体呈现上升（2006－2007年）—下降（2007－2008年）—上升（2008－2013年）—下降（2013－2014年）—上升（2014－2015年）走势。文化系统综合发展水平方面，2006年指数为0.2138，2007年下降到0.1485，2009年为0.1797，2010年为0.2153，2012年为0.3485，2013年为0.3485，2014年为0.4435，2015年为0.8549，整体呈现下降（2006－2008年）—上升（2008－2015年）走势。耦合度方面，2006年指数为0.3481，2007年为0.4913，2008年为0.4903，2009年为0.4839，2015年为0.4985，整体呈现上升（2006－2007年）—下降（2007－2011年）—上升（2011－2015年）走势。耦合协调度方面，2005年指数为0.2226，2010年指数为0.3657，属于轻度协调；2011年指数为0.4163，属于濒临失调；2013年指数为0.5347，属于勉强协调；2015年指数为0.6746，属于初级协调，整体呈现上升（2006－2007年）—下降（2007－2008年）—上升（2008－2015年）走势。如表4－23所示。

表4－23　2006－2015年新疆入境旅游流系统与文化系统综合发展水平及耦合协调度等级划分

年份	U_1 值	U_2 值	U_1 和 U_2 比较含义	耦合度 C	耦合协调度 D	协调等级
2006	0.0351	0.2138	入境旅游发展滞后	0.3481	0.2226	中度失调
2007	0.1021	0.1485	入境旅游发展滞后	0.4913	0.2527	中度失调
2008	0.0889	0.1323	入境旅游发展滞后	0.4903	0.2373	中度失调
2009	0.1073	0.1797	入境旅游发展滞后	0.4839	0.2701	中度失调
2010	0.3703	0.2153	文化发展滞后	0.4822	0.3657	轻度失调
2011	0.5978	0.2402	入境旅游发展滞后	0.4522	0.4163	濒临失调
2012	0.8350	0.3485	入境旅游发展滞后	0.4558	0.4975	濒临失调
2013	0.8369	0.4435	文化发展滞后	0.4758	0.5347	勉强协调
2014	0.8218	0.5236	文化发展滞后	0.4876	0.5599	勉强协调
2015	1.0000	0.8549	文化发展滞后	0.4985	0.6746	初级协调

从表4－23可以看出，一是入境旅游综合发展水平上升，文化综合发展

水平也上升；二是耦合度与耦合协调度指数均增大；三是入境旅游流系统与文化系统协调等级从2006的“中度失调”演变为2011年的“濒临失调”，2015年演变为“初级协调”。两系统耦合协调演变趋势如图4－11所示。

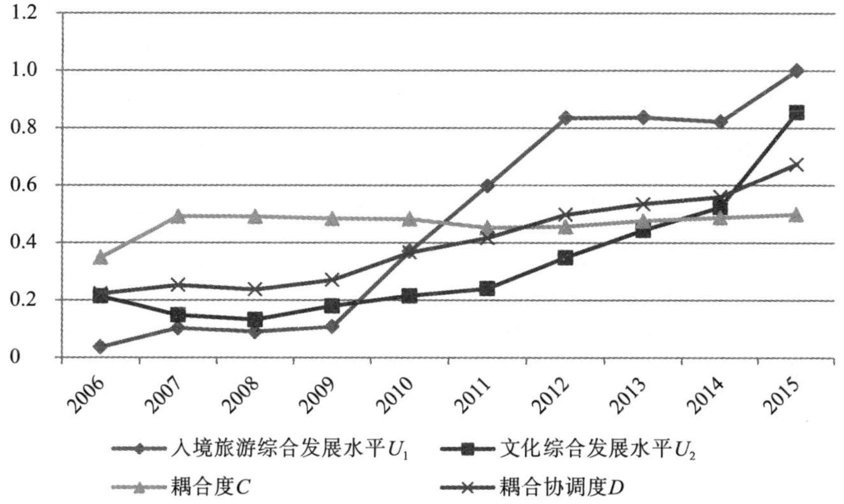

图4－11　2006－2015年新疆入境旅游流系统与文化系统耦合协调度演变趋势图

3. 两系统耦合协调度时序分析

结合表4－23和图4－16可以发现：一是入境旅游综合发展水平与文化综合发展水平都在上升，曲线向右上方倾斜；二是入境旅游发展曲线呈现“Z”形，而文化发展曲线为平缓的“U”形；三是2009年之前，入境旅游综合发展水平低于文化综合发展水平，为“入境旅游发展滞后模式”；2009年以后，文化产业得到很好发展，综合发展水平大于入境旅游综合发展水平，属于“入境旅游发展滞后模式”。

（六）西北五省区入境旅游流系统与文化系统耦合协调分析

1. 入境旅游流系统与文化系统评价指标及权重

依据统计数据和模型，首先计算各指标权重，其中，入境旅游流系统中，入境旅游人次（万人次）X_1 所占权重为0.2566，入境旅游收入（万美元）X_2 所占权重为0.2477，入境游客平均停留时间（天）X_3 所占权重为

0.1972，入境游客人均花费（美元/人天）X_4 所占权重为0.2985；文化系统中，旅游年末从业人员（人）Y_1 所占权重为0.0739，旅游院校数（所）Y_2 所占权重为0.0701，旅游院校在校生人数（人）Y_3 所占权重为0.0394，专利受理数（件）Y_4 所占权重为0.1013，专利授权数（件）Y_5 所占权重为0.1031，技术市场成交额（万元）Y_6 所占权重为0.1255，普通高校生师比（师=1）Y_7 所占权重为0.0608，教育经费（万元）Y_8 所占权重为0.0923，艺术表演团体机构数（个）Y_9 所占权重为0.0664，艺术表演场所机构数（个）Y_{10}所占权重为0.0809，公共图书馆数量（个）Y_{11}所占权重为0.1009，博物馆机构数（个）Y_{12}所占权重为0.0854。如表4-24所示。

表4-24　　西北五省区入境旅游流系统与文化系统评价指标及权重

项目	评价指标	权重
入境旅游流系统 X	入境旅游人次（万人次）X_1	0.2566
	入境旅游收入（万美元）X_2	0.2477
	入境游客平均停留时间（天）X_3	0.1972
	入境游客人均花费（美元/人天）X_4	0.2985
文化系统 Y	旅游年末从业人员（人）Y_1	0.0739
	旅游院校数（所）Y_2	0.0701
	旅游院校在校生人数（人）Y_3	0.0394
	专利受理数（件）Y_4	0.1013
	专利授权数（件）Y_5	0.1031
	技术市场成交额（万元）Y_6	0.1255
	普通高校生师比（师=1）Y_7	0.0608
	教育经费（万元）Y_8	0.0923
	艺术表演团体机构数（个）Y_9	0.0664
	艺术表演场所机构数（个）Y_{10}	0.0809
	公共图书馆数量（个）Y_{11}	0.1009
	博物馆机构数（个）Y_{12}	0.0854

2. 入境旅游流系统与文化系统综合发展水平及耦合协调度等级划分

依据数据，可观察到入境旅游流系统与文化系统综合发展水平及耦合程度。入境旅游综合发展水平方面，整体呈现上升（2006－2013年）—下降（2013－2014年）—上升（2014－2015年）走势。文化综合发展水平方面，2006年指数为0.1213，2007年为0.1880，2008年为0.2395，2009年为0.2838，2010年为0.3051，2011年为0.4016，2012年为0.5455，2013年为0.7375，2014年为0.7375，2015年为0.9185，整体呈现上升走势。耦合度方面，2006年指数为0.3112，2007年指数为0.4624，2008年为0.4392，2009年指数为0.4712，2010年为0.4996，2011年指数为0.4950，2012年指数为0.4934，2013年指数为0.4939，2014年指数为0.5000，2015年为0.4999，整体呈现上升（2006－2007年）—下降（2007－2008年）—上升（2008－2010年）—下降（2010－2012年）—上升（2012－2014年）—下降（2014－2015年）走势。耦合协调度方面，2006年指数为0.1565，2007年指数为0.2603，属于中度失调；2009年指数为0.3270，属于轻度失调；2012年指数达到勉强协调标准；2014年达到初级协调标准，整体呈现上升走势。如表4－25所示。

表4－25　2006－2015年西北五省区入境旅游流系统与文化系统综合发展水平及耦合协调度等级划分

年份	U_1 值	U_2 值	U_1 和 U_2 比较含义	耦合度 C	耦合协调度 D	协调等级
2006	0.0148	0.1213	入境旅游发展滞后	0.3112	0.1565	严重失调
2007	0.0843	0.1880	入境旅游发展滞后	0.4624	0.2603	中度失调
2008	0.0846	0.2395	入境旅游发展滞后	0.4392	0.2792	中度失调
2009	0.1415	0.2838	入境旅游发展滞后	0.4712	0.3270	轻度失调
2010	0.3302	0.3051	文化发展滞后	0.4996	0.3968	轻度失调
2011	0.5336	0.4016	入境旅游发展滞后	0.4950	0.4743	濒临失调
2012	0.7572	0.5455	入境旅游发展滞后	0.4934	0.5576	勉强协调
2013	0.8097	0.5923	文化发展滞后	0.4939	0.5792	勉强协调
2014	0.7534	0.7375	文化发展滞后	0.5000	0.6098	初级协调
2015	0.9613	0.9185	文化发展滞后	0.4999	0.6839	初级协调

从表4－25可以看出，一是西北五省区入境旅游流系统与文化系统耦合态势整体较好，耦合度指数增大，耦合协调度指数也是如此；不过相比之下，协调度指数曲线更加陡峭；二是协调等级有一个演变过程，从最初的

“严重失调”（2006 年）演变到“濒临失调”（2011 年），再演变到“初级协调”（2015 年）。两系统具体耦合协调演变趋势如图 4－12 所示。

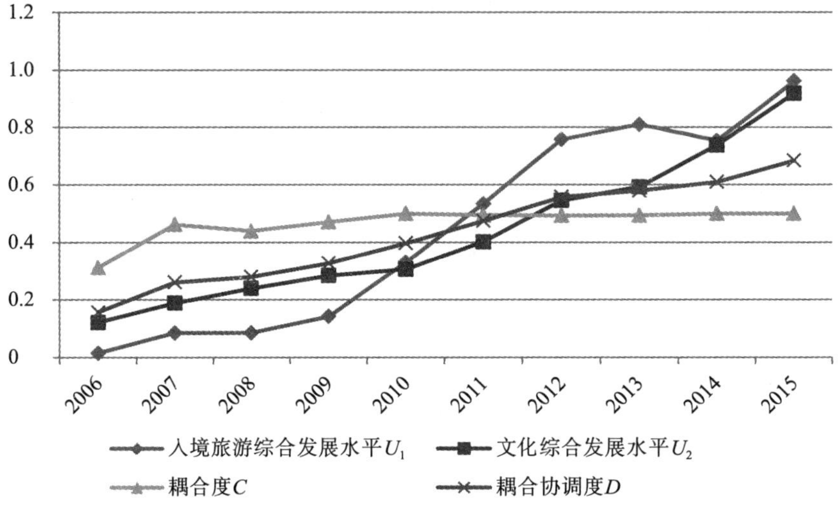

图 4－12　2006－2015 年西北五省区入境旅游流系统与文化系统耦合协调度演变趋势图

3. 两系统耦合协调度时序分析

结合表 4－25 和图 4－12 可以发现：一是 2009 年之前，入境旅游综合发展水平较低，文化综合发展水平较高，呈现为“入境旅游发展滞后模式”，2010 年发生转变，入境旅游后来居上，综合发展水平较高，曲线位置较高，呈现为“文化发展滞后模式”。2014－2015 年，文化综合发展水平接近入境旅游综合发展水平。二是演变阶段性明显，最初为“严重失调”（2006 年），后发展为“中度失调”（2007 年），最后演化为“初级协调”（2015 年），共经历了 6 个阶段。

第三节　丝路入境旅游流和旅游环境耦合分析

本节采用的耦合评价模型与前文原理相同，耦合协调度模型与等级评定标准也不变化。

一、甘肃入境旅游流系统与旅游环境系统的耦合协调分析

根据耦合协调度模型的基本要求，确定甘肃入境旅游流系统和旅游环境系统各自的评价指标。并在此基础上对两系统的各指标进行无量纲化处理，再利用熵值权重法对各评价指标赋予权重。如表4－26所示。

表4－26　甘肃入境旅游流系统和旅游环境系统评价指标及权重

耦合系统	评价指标	熵值权重
入境旅游流系统 X	入境旅游人次（万人次）X_1	0.1014
	入境旅游收入（万美元）X_2	0.0920
	入境游客平均停留天数（天）X_3	0.0431
	入境游客人均花费（美元/人天）X_4	0.0275
旅游环境系统 Y	公园个数（个）Y_1	0.0578
	公园面积（万公顷）Y_2	0.0528
	自然保护区数量（个）Y_3	0.0559
	自然保护区面积（万公顷）Y_4	0.0261
	建成区绿化覆盖率（%）Y_5	0.1080
	公园绿地面积（万公顷）Y_6	0.0547
	人均公园绿地面积（平方米/人）Y_7	0.0579
	森林面积（万公顷）Y_8	0.0495
	森林覆盖率（%）Y_9	0.0495
	环境治理投资总额（亿元）Y_{10}	0.0638
	湿地面积（千公顷）Y_{11}	0.1600

依据统计数据和模型，计算得到各评价指标权重，其中，入境旅游流系统中，入境旅游人次（万人次）X_1 所占权重为0.1014，入境旅游收入（万美元）X_2 所占权重为0.0920，入境游客平均停留时间（天）X_3 所占权重为0.0431，入境游客人均花费（美元/人天）X_4 所占权重为0.0275；旅游环境系统中，公园个数（个）Y_1所占权重为0.0578，公园面积（万公顷）Y_2所占权重为0.0528，自然保护区数量（个）Y_3所占权重为0.0559，自然保护

区面积（万公顷）Y_4所占权重为0.0261，建成区绿化覆盖率（%）Y_5所占权重为0.1080，公园绿地面积（万公顷）Y_6所占权重为0.0547，人均公园绿地面积（平方米/人）Y_7所占权重为0.0579，森林面积（万公顷）Y_8所占权重为0.0495，森林覆盖率（%）Y_9所占权重为0.0495，环境治理投资总额（亿元）Y_{10}所占权重为0.0638，湿地面积（千公顷）Y_{11}所占权重为0.1600。

利用熵值权重法可计算得到2006－2015年甘肃入境旅游综合发展U_X、旅游环境综合发展水平U_Y、耦合度C和耦合协调度D。如表4－27所示。旅游环境综合发展水平方面，2006年指数为0.6575，2007年指数为0.3529，2008年指数为0.0998，2009年指数为0.1103，2010年指数为0.2647，2011年指数为0.1805，2012年指数为0.3781，2013年指数为0.6257，2014年指数为0.7012，2015年指数为0.7194，整体呈现降低（2006－2008年）—上升（2008－2010年）—下降（2010－2011年）—上升（2011－2015年）走势。耦合度方面，2006年指数为0.4982，2007年指数为0.4494，2008年指数为0.480，2009年指数为0.4922，2011年指数为0.5000，2015年指数为0.4243，整体呈现降低（2006－2007年）—上升（2007－2011年））—下降（2011－2014年）—上升（2014－2015年）走势。耦合协调度方面，2006年指数为0.5933，2008年指数为0.2505，2011年指数上升为0.3492，2012年超过0.4000，2015年指数为0.4699，整体呈现降低（2006－2008年）—上升（2008－2010年）—下降（2010－2011年）—上升（2008－2013年）—下降（2013－2014年）—上升（2014－2015年）走势。如表4－27所示。

表4－27　2006－2015年甘肃入境旅游流系统与旅游环境系统综合发展水平及耦合协调度

年份	入境旅游综合发展水平 U_X	旅游环境综合发展水平 U_Y	U_X与U_Y比较含义	耦合度 C	耦合协调度 D
2006	0.7802	0.6575	入境旅游发展滞后	0.4982	0.5933
2007	0.9034	0.3529	旅游环境发展滞后	0.4494	0.5075
2008	0.1772	0.0998	旅游环境发展滞后	0.4800	0.2505
2009	0.1574	0.1103	旅游环境发展滞后	0.4922	0.2522
2010	0.2159	0.2647	入境旅游发展滞后	0.4974	0.3492

续表

年份	入境旅游综合发展水平 U_X	旅游环境综合发展水平 U_Y	U_X与 U_Y比较含义	耦合度 C	耦合协调度 D
2011	0.1807	0.1805	旅游环境发展滞后	0.5000	0.3005
2012	0.2706	0.3781	入境旅游发展滞后	0.4931	0.4065
2013	0.2084	0.6257	入境旅游发展滞后	0.4329	0.4457
2014	0.1257	0.7012	入境旅游发展滞后	0.3590	0.4112
2015	0.2216	0.7194	入境旅游发展滞后	0.4243	0.4699

图 4－13 可直观显示入境旅游流系统与旅游环境系统耦合协调演变趋势。2006－2009 年，旅游环境建设综合发展水平较低，相比之下，入境旅游综合发展水平较高，即 U_X曲线高于 U_Y曲线。2009－2011 年，旅游环境综合发展水平和入境旅游综合发展水平之间呈现出此消彼长的发展趋势。2011－2015 年，U_X曲线整体上低于 U_Y曲线，但两者均呈上升趋势。两者的耦合度在 2011 年之后呈现出稳定发展的趋势。U_X和 U_Y之间的协调度整体上呈"V"形发展趋势。

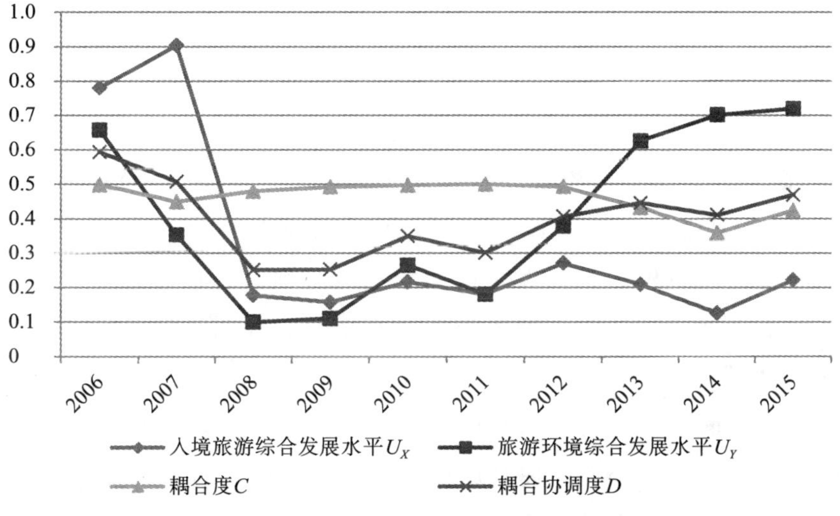

图 4－13　2006－2015 年甘肃入境旅游流系统与旅游环境系统耦合协调度演变趋势图

根据耦合协调度评价等级标准，对 2006－2015 年甘肃入境旅游流系统与旅游环境系统的耦合协调度进行分级，如表 4－28 所示。

表 4-28 2006-2015 年甘肃入境旅游流系统与旅游环境系统耦合协调度等级划分

年份	耦合协调度 D	协调等级	年份	耦合协调度 D	协调等级
2006	0.5933	勉强协调	2011	0.3005	轻度失调
2007	0.5075	勉强协调	2012	0.4065	濒临失调
2008	0.2505	中度失调	2013	0.4457	濒临失调
2009	0.2522	中度失调	2014	0.4112	濒临失调
2010	0.3492	轻度失调	2015	0.4699	濒临失调

结果表明：甘肃入境旅游流系统和旅游环境系统在 2006-2015 年经历了从“勉强协调”到“中度失调”再到“轻度失调”，最后达到“濒临失调”阶段，近年来，两者之间的协调程度整体上趋于稳中向好的发展趋势。

二、陕西入境旅游流系统和旅游环境系统的耦合协调分析

在对两系统各指标进行无量纲化处理后，利用熵值权重法计算得到各评价指标权重如表 4-29 所示。其中，入境旅游人次（万人次）X_1 所占权重为 0.0596，入境旅游收入（万美元）X_2 所占权重为 0.0575，入境游客平均停留时间（天）X_3 所占权重为 0.0458，入境游客人均花费（美元/人天）X_4 所占权重为 0.0693；旅游环境系统中，公园个数（个）Y_1 所占权重为 0.0671，公园面积（万公顷）Y_2 所占权重为 0.0607，自然保护区数量（个）Y_3 所占权重为 0.0695，自然保护区面积（万公顷）Y_4 所占权重为 0.0276，建成区绿化覆盖率（%）Y_5 所占权重为 0.0615，公园绿地面积（万公顷）Y_6 所占权重为 0.0666，人均公园绿地面积（平方米/人）Y_7 所占权重为 0.0277，森林面积（万公顷）Y_8 所占权重为 0.0601，森林覆盖率（%）Y_9 所占权重为 0.0857，环境治理投资总额（亿元）Y_{10} 所占权重为 0.0466，湿地面积（千公顷）Y_{11} 所占权重为 0.1946。

在指标选取和熵值赋权的基础上，利用相关模型得到 2006-2015 年陕西入境旅游综合发展水平 U_X、旅游环境综合发展水平 U_Y、耦合度 C、耦合协调度 D，如表 4-30 所示。依据数据及模型，可以计算得到各自指数。

表 4－29　　陕西入境旅游流系统和旅游环境系统评价指标及权重

耦合系统	评价指标	权重
入境旅游流系统 X	入境旅游人次（万人次）X_1	0.0596
	入境旅游收入（万美元）X_2	0.0575
	入境游客平均停留天数（天）X_3	0.0458
	入境游客人均花费（美元/人天）X_4	0.0693
旅游环境系统 Y	公园个数（个）Y_1	0.0671
	公园面积（万公顷）Y_2	0.0607
	自然保护区数量（个）Y_3	0.0695
	自然保护区面积（万公顷）Y_4	0.0276
	建成区绿化覆盖率（%）Y_5	0.0615
	公园绿地面积（万公顷）Y_6	0.0666
	人均公园绿地面积（平方米/人）Y_7	0.0277
	森林面积（万公顷）Y_8	0.0601
	森林覆盖率（%）Y_9	0.0857
	环境治理投资总额（亿元）Y_{10}	0.0466
	湿地面积（千公顷）Y_{11}	0.1946

旅游环境发展水平方面，2006 年指数为 0.3653，2007 年指数为 0.0905，2008 年指数为 0.1559，2009 年指数为 0.2092，2010 年指数为 0.3657，2011 年指数为 0.2942，2012 年指数为 0.4990，2013 年指数为 0.7783，2014 年指数为 0.8261，2015 年指数为 0.9209，整体呈现降低（2006－2007 年）—上升（2007－2010 年）—下降（2010－2011 年）—上升（2011－2015 年）走势。耦合度方面，2006 年指数为 0.3625，2007 年指数为 0.4395，2008 年指数为 0.4452，2009 年指数为 0.4958，2011 年指数为 0.4902，2015 年指数为 0.4983，整体呈现上升（2006－2009 年）—下降（2009－2011 年）—上升（2011－2012 年）—下降（2012－2013 年）—上升（2013－2015 年）走势。耦合协调度方面，2006 年指数为 0.2987，2008 年指数为 0.3403，2011 年指数为 0.4154，2013 年指数超过 0.5000，2015 年指数为 0.6566，整体呈现下降（2006－2007 年）—上升（2007－2015 年）走势。

表 4-30　2006-2015 年陕西入境旅游流系统与旅游环境系统综合发展水平及耦合协调度

年份	入境旅游综合发展水平 U_X	旅游环境综合发展水平 U_Y	U_X 与 U_Y 比较含义	耦合度 C	耦合协调度 D
2006	0.0673	0.3653	入境旅游发展滞后	0.3625	0.2987
2007	0.2553	0.0905	旅游环境发展滞后	0.4395	0.2622
2008	0.4165	0.1559	旅游环境发展滞后	0.4452	0.3403
2009	0.2710	0.2092	旅游环境发展滞后	0.4958	0.3406
2010	0.2531	0.3657	入境旅游发展滞后	0.4916	0.3971
2011	0.4390	0.2942	旅游环境发展滞后	0.4902	0.4154
2012	0.4819	0.4990	入境旅游发展滞后	0.4999	0.4960
2013	0.6164	0.7783	入境旅游发展滞后	0.4966	0.5953
2014	0.5755	0.8261	入境旅游发展滞后	0.4919	0.5976
2015	0.7814	0.9209	入境旅游发展滞后	0.4983	0.6566

图 4-14 较为直观地显示了 2006-2015 年陕西入境旅游流系统和旅游系统耦合协调演变趋势。2006-2015 年陕西入境旅游综合发展水平呈波动上升的发展趋势，2008-2010 年 U_X 曲线位置下移，原因是经济危机、奥运会效应等。2007-2015 年旅游环境综合发展水平整体上呈现出稳定上升的趋势，受到国家政策导向的影响，2011-2013 年上升幅度较大。U_X 曲线与 U_Y 曲线的耦合度在 2006-2015 年呈现稳定发展的趋势。U_X 和 U_Y 之间的耦合协调度整体上呈波动上升的趋势。

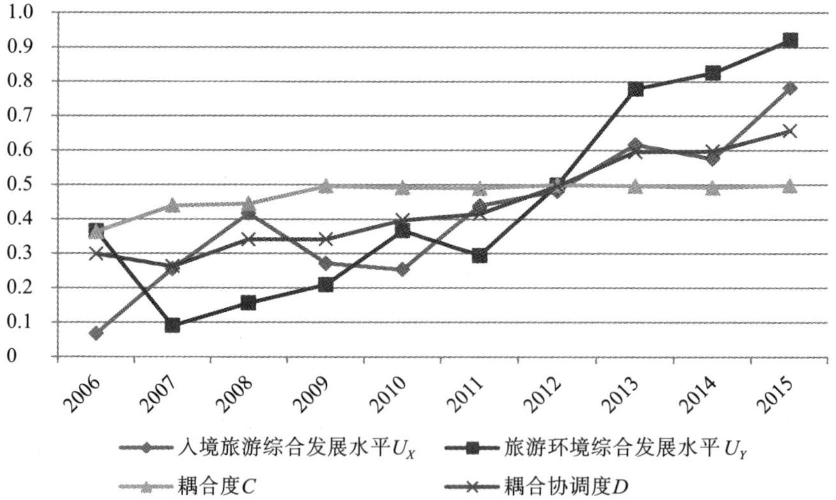

图 4-14　2006-2015 年陕西入境旅游流系统与旅游环境系统耦合协调度演变趋势图

根据耦合协调度评价等级标准，对2006－2015年陕西入境旅游流系统与旅游环境系统的耦合协调度进行分级，如表4－31所示。

表4－31 2006－2015年陕西入境旅游流系统与旅游环境系统耦合协调度等级划分

年份	耦合协调度 D	协调等级	年份	耦合协调度 D	协调等级
2006	0.2987	中度失调	2011	0.4154	濒临失调
2007	0.2622	中度失调	2012	0.4960	濒临失调
2008	0.3403	轻度失调	2013	0.5953	勉强协调
2009	0.3406	轻度失调	2014	0.5976	勉强协调
2010	0.3971	轻度失调	2015	0.6566	初级协调

结果表明：2006－2015年，入境旅游流系统与旅游环境系统耦合协调演变具有阶段性特点，最初为“中度失调”，2009年演变为“轻度失调”，2011年为“濒临失调”，2013年为“勉强协调”，最终为“初级协调”。同时，耦合协调度呈现稳定的上升趋势。

三、青海入境旅游流系统与旅游环境系统的耦合协调分析

首先，计算得到各评价指标权重如表4－32所示。其中，入境旅游流系统中，入境旅游人次（万人次）X_1 所占权重为0.0308，入境旅游收入（万美元）X_2 所占权重为0.0465，入境游客平均停留时间（天）X_3 所占权重为0.0470，入境游客人均花费（美元/人天）X_4 所占权重为0.0355；旅游环境系统中，公园个数（个）Y_1所占权重为0.0696，公园面积（万公顷）Y_2所占权重为0.1156，自然保护区数量（个）Y_3所占权重为0.0174，自然保护区面积（万公顷）Y_4所占权重为0.1894，建成区绿化覆盖率（%）Y_5所占权重为0.0376，公园绿地面积（万公顷）Y_6所占权重为0.0698，人均公园绿地面积（平方米/人）Y_7所占权重为0.0570，森林面积（万公顷）Y_8所占权重为0.0573，森林覆盖率（%）Y_9所占权重为0.0481，环境治理投资总额（亿元）Y_{10} 所占权重为0.0505，湿地面积（千公顷）Y_{11} 所占权重为0.1006。

表 4-32　青海省入境旅游流系统和旅游环境系统评价指标及权重

耦合系统	评价指标	权重
入境旅游流 X	入境旅游人次（万人次）X_1	0.0308
	入境旅游收入（万美元）X_2	0.0465
	入境游客平均停留天数（天）X_3	0.0470
	入境游客人均花费（美元/人天）X_4	0.0355
旅游环境 Y	公园个数（个）Y_1	0.0969
	公园面积（万公顷）Y_2	0.1156
	自然保护区数量（个）Y_3	0.0174
	自然保护区面积（万公顷）Y_4	0.1894
	建成区绿化覆盖率（%）Y_5	0.0376
	公园绿地面积（万公顷）Y_6	0.0698
	人均公园绿地面积（平方米/人）Y_7	0.0570
	森林面积（万公顷）Y_8	0.0573
	森林覆盖率（%）Y_9	0.0481
	环境治理投资总额（亿元）Y_{10}	0.0505
	湿地面积（千公顷）Y_{11}	0.1006

其次，利用相关模型，计算测量 2006 - 2015 年青海入境旅游综合水平 U_X、旅游环境综合发展水平 U_Y、耦合度 C 及协调度 D（如表 4 - 33 所示）。其中，旅游综合发展水平方面，2006 年指数为 0.2361，说明旅游环境综合发展水平高于入境旅游综合发展水平；2007 年指数为 0.0715，说明旅游环境发展滞后；2008 年指数为 0.1215，2009 年为 0.1017，2010 年上升到 0.2287，2011 - 2015 年继续上升，最终指数为 0.9567，整体呈现降低（2006 - 2007 年）—上升（2007 - 2008 年）—下降（2008 - 2009 年）—上升（2009 - 2015 年）走势。耦合度方面，2006 年指数为 0.4549，2007 年下降到 0.4457，2008 年为 0.4860，2009 年下降到 0.4122，2012 年为 0.4921，2015 年为 0.4999，整体呈现降低（2006 - 2007 年）—上升（2007 - 2008 年）—下降（2008 - 2009 年）—上升（2009 - 2010 年）—下降（2010 - 2011 年）—上升（2011 - 2012 年）—下降（2012 - 2013 年）—上升（2013 - 2015 年）走势。耦合协调度方面，2006 年指数为 0.2867，2010 年为 0.3919，2011 年为 0.4585，2012 年超过 0.5000，2014 年超过 0.6000，整体呈现下降（2006 - 2007 年）—上升（2007 - 2015 年）走势。

表 4－33　2006－2015 年青海入境旅游流系统与旅游环境系统综合发展水平及耦合协调度

年份	入境旅游综合发展水平 U_X	旅游环境综合发展水平 U_Y	U_X与 U_Y比较含义	耦合度 C	耦合协调度 D
2006	0.0976	0.2361	入境旅游发展滞后	0.4549	0.2867
2007	0.1901	0.0715	旅游环境发展滞后	0.4457	0.2302
2008	0.1961	0.1215	旅游环境发展滞后	0.4860	0.2712
2009	0.3668	0.1017	旅游环境发展滞后	0.4122	0.2926
2010	0.4777	0.2287	旅游环境发展滞后	0.4679	0.3919
2011	0.6871	0.3024	旅游环境发展滞后	0.4607	0.4585
2012	0.6802	0.4760	旅游环境发展滞后	0.4921	0.5239
2013	0.4507	0.7050	入境旅游发展滞后	0.4877	0.5425
2014	0.7091	0.7784	入境旅游发展滞后	0.4995	0.6123
2015	1.0000	0.9567	旅游环境发展滞后	0.4999	0.6978

图 4－15 直观地显示了入境旅游流系统与旅游环境系统耦合协调程度演变过程。2007－2015 年，旅游环境综合发展水平呈现显著的上升趋势，其中 2007－2012 年，旅游环境综合发展水平显著低于入境旅游综合发展水平，即 U_X曲线高于 U_Y曲线。2006－2012 年，入境旅游综合发展水平呈波动上升的发展趋势，2013 年入境旅游综合发展水平下降，出现拐点。2006－2015 年，入境旅游流系统和旅游环境系统的耦合度呈现稳定发展的趋势，没有明显的波动。U_X和 U_Y之间的协调度整体上呈波动上升的发展趋势。

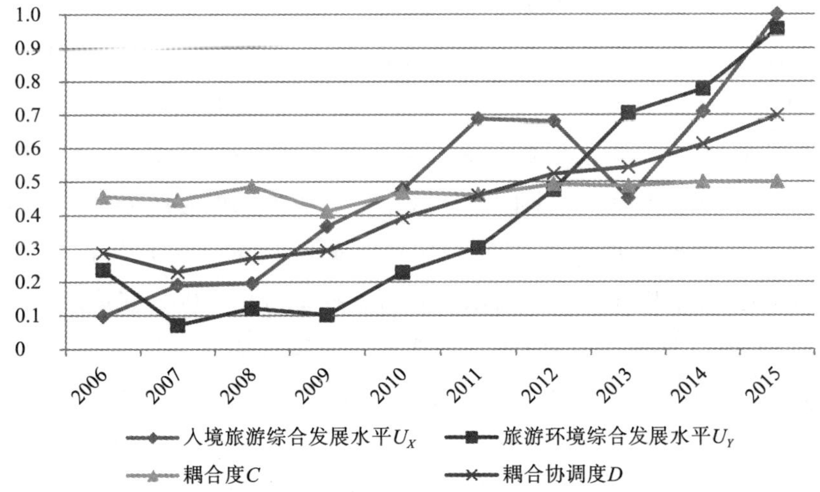

图 4－15　2006－2015 年青海入境旅游流系统与旅游环境系统耦合协调度演变趋势图

根据耦合协调度评价等级标准，对2006－2015年青海入境旅游流系统与旅游环境系统的耦合协调度进行分级，结果如表4－34所示。

表4－34　2006－2015年青海入境旅游流系统与旅游环境系统耦合协调度等级划分

年份	耦合协调度 D	协调等级	年份	耦合协调度 D	协调等级
2006	0.2867	中度失调	2011	0.4585	濒临失调
2007	0.2302	中度失调	2012	0.5239	勉强协调
2008	0.2712	中度失调	2013	0.5425	勉强协调
2009	0.2926	中度失调	2014	0.6123	初级协调
2010	0.3919	轻度失调	2015	0.6978	初级协调

结果表明：2006－2015年，入境旅游流系统与旅游环境系统耦合协调等级逐步发生演变，最初为“中度失调”（2006年），后为“轻度失调”（2010年），再为“濒临失调”（2011年），然后为“勉强协调”（2012年）最后演变为“初级协调”（2015年），耦合协调度呈现稳定上升的趋势。

四、宁夏入境旅游流系统与旅游环境系统的耦合协调分析

首先，利用熵值权重法获得各评价指标权重（如表4－35所示）。其中，入境旅游流系统中，入境旅游人次（万人次）X_1 所占权重为0.0624，入境旅游收入（万美元）X_2 所占权重为0.0947，入境游客平均停留时间（天）X_3 所占权重为0.0982，入境游客人均花费（美元/人天）X_4 所占权重为0.0370；旅游环境系统中，公园个数（个）Y_1所占权重为0.0374，公园面积（万公顷）Y_2所占权重为0.0377，自然保护区数量（个）Y_3所占权重为0.1872，自然保护区面积（万公顷）Y_4所占权重为0.1106，建成区绿化覆盖率（%）Y_5所占权重为0.0202，公园绿地面积（万公顷）Y_6所占权重为0.0390，人均公园绿地面积（平方米/人）Y_7所占权重为0.0332，森林面积（万公顷）Y_8所占权重为0.0665，森林覆盖率（%）Y_9所占权重为0.0610，环境治理投资总额（亿元）Y_{10}所占权重为0.0570，湿地面积（千公顷）Y_{11}所占权重为0.0579。

表 4-35　宁夏入境旅游流系统与旅游环境系统评价指标及其权重

耦合系统	评价指标	权重
入境旅游流系统 X	入境旅游人次（万人次）X_1	0.0624
	入境旅游收入（万美元）X_2	0.0947
	入境游客平均停留天数（天）X_3	0.0982
	入境游客人均花费（美元/人天）X_4	0.0370
旅游环境系统 Y	公园个数（个）Y_1	0.0374
	公园面积（万公顷）Y_2	0.0377
	自然保护区数量（个）Y_3	0.1872
	自然保护区面积（万公顷）Y_4	0.1106
	建成区绿化覆盖率（%）Y_5	0.0202
	公园绿地面积（万公顷）Y_6	0.0390
	人均公园绿地面积（平方米/人）Y_7	0.0332
	森林面积（万公顷）Y_8	0.0665
	森林覆盖率（%）Y_9	0.0610
	环境治理投资总额（亿元）Y_{10}	0.0570
	湿地面积（千公顷）Y_{11}	0.0579

其次，计算得出 2006-2015 年入境旅游综合发展水平 U_X、旅游环境综合发展水平 U_Y、耦合度 C 及耦合协调度 D（如表 4-36 所示）。旅游环境发展水平方面，2006 年指数为 0.3653，2007 年指数为 0.0905，2008 年指数为 0.1559，2009 年为 0.2092，2010 年为 0.3657，2011 年为 0.2942，2013 年为 0.7783，2014 年为 0.8261，2015 年指数为 0.9209，整体呈现降低（2006-2007 年）—上升（2007-2008 年）—下降（2008-2009 年）—上升（2009-2010 年）—下降（2010-2011 年）—上升（2011-2015 年）走势。耦合度方面，2006 年指数为 0.3625，2007 年为 0.4395，2008 年为 0.4452，2009 年为 0.4925，2012 年为 0.4999，2015 年为 0.4983，整体呈现上升（2006-2010 年）—降低（2010-2011 年）—上升（2011-2012 年）—降低（2012-2014 年）—上升（2014-2015 年）走势。耦合协调度方面，2006 年指数为 0.2987，2008 年为 0.3403，2011 年为 0.4154，2013 年超过 0.5000，2015 年超过 0.6000，整体呈现下降（2006-2007 年）—上升（2007-2015 年）走势。

表 4-36　　2006-2015 年宁夏入境旅游流系统与旅游环境系统综合发展水平及耦合协调度

年份	入境旅游综合发展水平 U_X	旅游环境综合发展水平 U_Y	U_X 与 U_Y 比较含义	耦合度 C	耦合协调度 D
2006	0.0673	0.3653	入境旅游发展滞后	0.3625	0.2987
2007	0.2553	0.0905	旅游环境发展滞后	0.4395	0.2622
2008	0.4165	0.1559	旅游环境发展滞后	0.4452	0.3403
2009	0.2710	0.2092	旅游环境发展滞后	0.4958	0.3406
2010	0.2531	0.3657	入境旅游发展滞后	0.4916	0.3971
2011	0.4390	0.2942	旅游环境发展滞后	0.4902	0.4154
2012	0.4819	0.4990	入境旅游发展滞后	0.4999	0.4960
2013	0.6164	0.7783	入境旅游发展滞后	0.4966	0.5953
2014	0.5755	0.8261	入境旅游发展滞后	0.4919	0.5976
2015	0.7814	0.9209	入境旅游发展滞后	0.4983	0.6566

图 4-16 直观显示了 2006-2015 年宁夏入境旅游流系统与旅游环境系统耦合协调程度演变过程。2006-2015 年，旅游环境综合发展水平和入境旅游综合发展水平整体上均呈现波动上升的发展趋势，其中，2009 年入境旅游综合发展水平高于旅游环境综合发展水平，2014 年入境旅游综合发展水平降低，曲线位置下滑，2015 年入境旅游综合发展水平恢复上升。

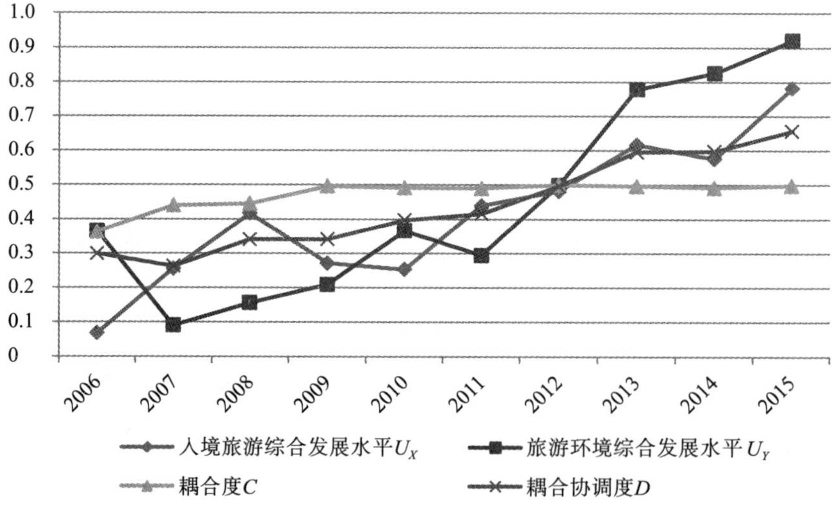

图 4-16　2006-2015 年宁夏入境旅游流系统与旅游环境系统耦合协调度演变趋势图

根据耦合协调度评价等级标准，对 2006－2015 年宁夏入境旅游流系统与旅游环境系统的耦合协调度进行分级，如表 4－37 所示。

表 4－37　2006－2015 年宁夏入境旅游流系统与旅游环境系统耦合协调度等级划分

年份	耦合协调度 D	协调等级	年份	耦合协调度 D	协调等级
2006	0.2987	中度失调	2011	0.4154	濒临失调
2007	0.2622	中度失调	2012	0.4960	濒临失调
2008	0.3403	轻度失调	2013	0.5953	勉强协调
2009	0.3406	轻度失调	2014	0.5976	勉强协调
2010	0.3971	轻度失调	2015	0.6566	初级协调

由表 4－37 可见，宁夏入境旅游流系统和旅游环境系统耦合协调等级演变过程，最初为“中度失调”，后为“轻度失调”，再为“勉强协调”，2015 年达到“初级协调”，整体上趋于稳中向好的发展趋势。

五、新疆入境旅游流系统与旅游环境系统的耦合协调分析

根据数据，对其进行无量纲化处理，得到各评价指标权重（如表 4－38 所示）。其中，入境旅游流系统中，入境旅游人次（万人次）X_1 所占权重为 0.0676，入境旅游收入（万美元）X_2 所占权重为 0.0650，入境游客平均停留时间（天）X_3 所占权重为 0.0713，入境游客人均花费（美元/人天）X_4 所占权重为 0.0236；旅游环境系统中，公园个数（个）Y_1 所占权重为 0.0612，公园面积（万公顷）Y_2 所占权重为 0.0695，自然保护区数量（个）Y_3 所占权重为 0.1635，自然保护区面积（万公顷）Y_4 所占权重为 0.0411，建成区绿化覆盖率（%）Y_5 所占权重为 0.0266，公园绿地面积（万公顷）Y_6 所占权重为 0.0379，人均公园绿地面积（平方米/人）Y_7 所占权重为 0.0281，森林面积（万公顷）Y_8 所占权重为 0.0519，森林覆盖率（%）Y_9 所占权重为 0.0519，环境治理投资总额（亿元）Y_{10} 所占权重为 0.0740，湿地面积（千公顷）Y_{11} 所占权重为 0.1667。

表 4-38　新疆入境旅游流系统与旅游环境系统评价指标及权重

耦合系统	评价指标	权重
入境旅游流系统 X	入境旅游人次（万人次）X_1	0.0676
	入境旅游收入（万美元）X_2	0.0650
	入境游客平均停留天数（天）X_3	0.0713
	入境游客人均花费（美元/人天）X_4	0.0236
旅游环境系统 Y	公园个数（个）Y_1	0.0612
	公园面积（万公顷）Y_2	0.0695
	自然保护区数量（个）Y_3	0.1635
	自然保护区面积（万公顷）Y_4	0.0411
	建成绿化区覆盖率（%）Y_5	0.0266
	公园绿地面积（万公顷）Y_6	0.0379
	人均公园绿地面积（平方米/人）Y_7	0.0281
	森林面积（万公顷）Y_8	0.0519
	森林覆盖率（%）Y_9	0.0519
	环境治理投资总额（亿元）Y_{10}	0.0740
	湿地面积（千公顷）Y_{11}	0.1667

在计算基础上，利用模型，得到入境旅游综合发展水平 U_X、旅游环境综合发展水平 U_Y、耦合度 C 及耦合协调度 D（如表 4-39 所示）。旅游环境综合发展水平方面，2006 年指数为 0.3664，2007 年指数为 0.2576，2007 年为 0.0942，2009 年下降到 0.1232，2010 年上升到 0.2862，2011 年为 0.4301，2013 年为 0.6410，2014 年为 0.6970，2015 年指数为 0.8243，整体呈现下降（2006-2007 年）—下降（2007-2008 年）—上升（2008-2015 年）走势。耦合度方面，2006 年指数为 0.2825，2007 年上升到 0.4508，2008 年为 0.4998，2009 年为 0.4988，2012 年为 0.4828，2015 年为 0.4977，整体呈现上升（2006-2008 年）—下降（2008-2012 年）—上升（2012-2014 年）—下降（2014-2015 年）走势。耦合协调度方面，2006 年指数为 0.2571，2007 年为 0.29683，2010 年为 0.3982，2011 年超过 0.4000，2012 年超过 0.5000，2014 年超过 0.6000，整体呈现上升（2006-2007 年）—下降（2007-2008 年）—上升（2008-2015 年）走势。

表 4－39　2006－2015 年新疆入境旅游流系统与旅游环境综合发展水平及耦合协调度

年份	入境旅游综合发展水平 U_X	旅游环境综合发展水平 U_Y	U_X 与 U_Y 比较含义	耦合度 C	耦合协调度 D
2006	0.0351	0.3664	入境旅游发展滞后	0.2825	0.2571
2007	0.1021	0.2576	入境旅游发展滞后	0.4508	0.2968
2008	0.0889	0.0942	入境旅游发展滞后	0.4998	0.2145
2009	0.1073	0.1232	入境旅游发展滞后	0.4988	0.2414
2010	0.3703	0.2862	旅游环境发展滞后	0.4959	0.3982
2011	0.5978	0.4301	旅游环境发展滞后	0.4933	0.4952
2012	0.8350	0.4905	旅游环境发展滞后	0.4828	0.5508
2013	0.8369	0.6410	旅游环境发展滞后	0.4956	0.5971
2014	0.8218	0.6970	旅游环境发展滞后	0.4983	0.6101
2015	1.0000	0.8243	旅游环境发展滞后	0.4977	0.6672

图 4－17 直观地显示了 2006－2015 年新疆入境旅游流系统与旅游环境耦合协调程度演变过程。2006－2015 年，入境旅游综合发展水平不断增大，曲线位置整体呈上升趋势，其中，2009 年之前受国际金融危机的影响，其上升幅度较小，2009 年之后上升趋势显著。2008－2015 年，旅游环境综合发展水平呈稳定的上升趋势。2008 年之前旅游环境发展水平较高，曲线位置较高，2008 年之后旅游环境综合发展水平虽然上升但小于入境旅游综合发展水平。两者的耦合度先稳定上升再缓慢下降最终趋于稳定。U_X 和 U_Y 之间的协调度整体上呈左偏的“U”形发展趋势。

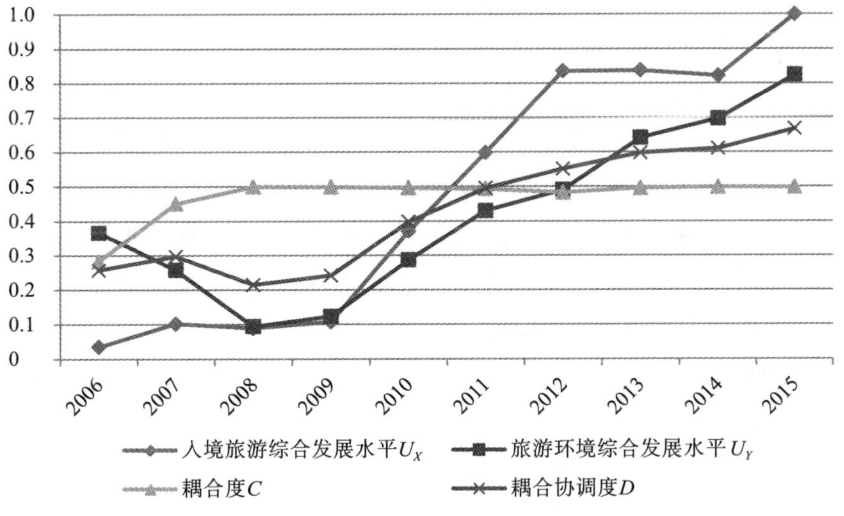

图 4－17　2006－2015 年新疆入境旅游流系统与旅游环境系统耦合协调度演变趋势图

根据耦合协调度评价等级标准，对 2006－2015 年新疆的入境旅游流系统与旅游环境系统的耦合协调度进行分级，如表 4－40 所示。

表 4－40　2006－2015 年新疆入境旅游流系统与旅游环境系统耦合协调度等级划分

年份	耦合协调度 D	协调等级	年份	耦合协调度 D	协调等级
2006	0.2571	中度失调	2011	0.4952	濒临失调
2007	0.2968	中度失调	2012	0.5508	勉强协调
2008	0.2145	中度失调	2013	0.5971	勉强协调
2009	0.2414	中度失调	2014	0.6101	初级协调
2010	0.3982	轻度失调	2015	0.6672	初级协调

整体看，2006－2015 年，两系统耦合协调等级演变过程为：最初为“中度失调”（2006 年），后为“轻度失调”（2010 年），再为“濒临失调”（2011 年），最后为“初级协调”（2015 年），趋于逐渐向好的发展趋势。

六、西北五省区入境旅游流系统旅游环境系统的耦合协调分析

对原始数据进行处理后，利用熵值权重法得到各评价指标权重（如表 4－41所示）。其中，入境旅游流系统中，入境旅游人次（万人次）X_1 所占权重为 0.0699，入境旅游收入（万美元）X_2 所占权重为 0.0612，入境游客平均停留时间（天）X_3 所占权重为 0.0798，入境游客人均花费（美元/人天）X_4 所占权重为 0.0279；旅游环境系统中，公园个数（个）Y_1 所占权重为 0.0607，公园面积（万公顷）Y_2 所占权重为 0.0576，自然保护区数量（个）Y_3 所占权重为 0.0514，自然保护区面积（万公顷）Y_4 所占权重为 0.1113，建成区绿化覆盖率（%）Y_5 所占权重为 0.1240，公园绿地面积（万公顷）Y_6 所占权重为 0.0628，人均公园绿地面积（平方米/人）Y_7 所占权重为 0.0363，森林面积（万公顷）Y_8 所占权重为 0.0508，森林覆盖率（%）Y_9 所占权重为 0.0553，环境治理投资总额（亿元）Y_{10} 所占权重为 0.0492，湿地面积（千公顷）Y_{11} 所占权重为 0.1018。

表 4－41　西北五省区入境旅游流与旅游环境系统评价指标及权重

耦合系统	评价指标	权重
入境旅游流 X	入境旅游人次（万人次）X_1	0.0699
	入境旅游收入（万美元）X_2	0.0612
	入境游客平均停留天数（天）X_3	0.0798
	入境游客人均花费（美元/人天）X_4	0.0279
旅游环境 Y	公园个数（个）Y_1	0.0607
	公园面积（万公顷）Y_2	0.0576
	自然保护区数量（个）Y_3	0.0514
	自然保护区面积（万公顷）Y_4	0.1113
	建成区绿化覆盖率（%）Y_5	0.1240
	公园绿地面积（万公顷）Y_6	0.0628
	人均公园绿地面积（平方米/人）Y_7	0.0363
	森林面积（万公顷）Y_8	0.0508
	森林覆盖率（%）Y_9	0.0553
	环境治理投资总额（亿元）Y_{10}	0.0492
	湿地面积（千公顷）Y_{11}	0.1018

利用模型，得出入境旅游与旅游环境综合发展水平 U_X 和 U_Y、耦合度 C 及协调度 D（如表 4－42 所示）。旅游环境综合发展水平方面，2006 年指数为 0.3730，2007 年指数为 0.1661，2008 年为 0.4994，2009 年为 0.1128，2010 年为 0.3116，2011 年为 0.2603，2012 年为 0.5091，2013 年为 0.7551，2014 年为 0.8732，2015 年指数为 0.9487，整体呈现下降（2006－2008 年）—上升（2007－2010 年）—下降（2010－2011 年）—上升（2011－2015 年）走势。耦合度方面，2006 年指数为 0.1915，2007 年上升到 0.4726，2008 年为 0.4997，2009 年为 0.4968，2011 年为 0.4694，2015 年为 0.5000，整体呈现上升（2006－2008 年）—下降（2008－2009 年）—上升（2009－2010 年）—下降（2010－2011 年）—上升（2011－2013 年）—下降（2013－2014 年）—上升（2014－2015 年）走势。耦合协调度方面，2006 年指数为 0.2097，2010 年为 0.3993，2011 年上升到 0.4166，2012 年超过 0.5000，2015 年为 0.6905，整体呈现上升（2006－2007 年）—下降（2007－2008 年）—上升（2008－2015 年）走势。

表 4－42　2006－2015 年西北五省区入境旅游流系统与旅游环境系统综合发展水平及耦合协调度

年份	入境旅游综合发展水平 U_X	旅游环境综合发展水平 U_Y	U_X 与 U_Y 比较含义	耦合度 C	耦合协调度 D
2006	0.0148	0.3730	入境旅游发展滞后	0.1915	0.2097
2007	0.0843	0.1661	入境旅游发展滞后	0.4726	0.2511
2008	0.0846	0.0794	旅游环境发展滞后	0.4997	0.2017
2009	0.1415	0.1128	旅游环境发展滞后	0.4968	0.2485
2010	0.3302	0.3116	旅游环境发展滞后	0.4998	0.3993
2011	0.5336	0.2603	旅游环境发展滞后	0.4694	0.4166
2012	0.7572	0.5091	旅游环境发展滞后	0.4903	0.5461
2013	0.8097	0.7511	旅游环境发展滞后	0.4996	0.6221
2014	0.7534	0.8732	入境旅游发展滞后	0.4986	0.6415
2015	0.9613	0.9487	旅游环境发展滞后	0.5000	0.6905

图 4－18 直观地显示了西北五省区 2006－2015 年入境旅游流系统旅游环境系统耦合协调程度演变过程。2006－2015 年，整体的入境旅游综合发展水平呈显著的上升趋势，其中，受经济下行压力的影响，2013－2014 年，U_X 曲线发展趋势出现小幅下滑。2006－2015 年，旅游环境综合发展水平整体上呈"W"形发展趋势，即：呈现先下降再上升再下降最后趋于稳定上升的发展趋势。2006－2015 年，两系统耦合度先快速上升后保持平稳发展，耦合协调度整体上呈相对较大幅度上升趋势。

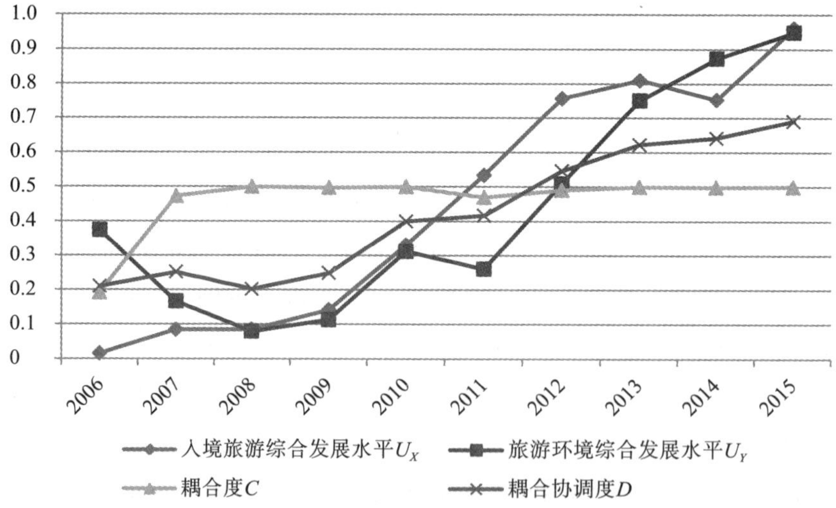

图 4－18　2006－2015 年西北五省区入境旅游流系统与旅游环境系统耦合协调度演变趋势图

根据耦合协调度评价等级标准，对 2006 - 2015 年西北五省区入境旅游流系统与旅游环境系统的耦合协调度进行分级，如表 4 - 43 所示。

表 4 - 43　　2006 - 2015 年西北五省区入境旅游流系统与旅游环境系统耦合协调度等级划分

年份	耦合协调度 D	协调等级	年份	耦合协调度 D	协调等级
2006	0. 2097	中度失调	2011	0. 4166	濒临失调
2007	0. 2511	中度失调	2012	0. 5461	勉强协调
2008	0. 2017	中度失调	2013	0. 6221	初级协调
2009	0. 2485	中度失调	2014	0. 6415	初级协调
2010	0. 3993	轻度失调	2015	0. 6905	初级协调

可见，西北五省区入境旅游流系统与旅游环境系统耦合等级发生缓慢演变，最初为“中度失调”，2010 年为“轻度失调”，2011 年为“濒临失调”，2012 年为“勉强协调”，最后为“初级协调”。耦合协调程度趋好，并且趋于稳定。

第四节　丝路入境旅游流和旅游产业耦合分析

一、评价指标体系

采用多指标综合分析法，构建评价指标体系。其中，入境旅游流系统评价指标体系包括入境旅游人次（万人次）X_1 、入境旅游收入（万美元）X_2 、入境游客平均停留时间（天）X_3 、入境游客人均花费（美元/人天）X_4 ；旅游产业系统评价指标体系包含旅行社数量（个）Y_1 、星级饭店数量（个）Y_2 、旅游产业固定资产原价（万元）Y_3 、旅游产业营业收入（万元）Y_4 、旅游产业利润（万元）Y_5 、旅行社全员劳动生产率（万元/人）Y_6 、星级饭店全员劳动生产率（万元/人）Y_7 、A 级以上景区全员劳动生产率（万元/人）Y_8 。

二、西北五省区入境旅游流系统与旅游产业系统耦合协调分析

（一）陕西入境旅游流系统与旅游产业系统耦合协调分析

1. 入境旅游流系统与旅游产业系统评价指标及权重

依据相关数据，计算出各评价指标权重。其中，入境旅游流系统中，入境旅游人次（万人次）X_1 所占权重为0.2331，入境旅游收入（万美元）X_2 所占权重为0.2752，入境游客平均停留时间（天）X_3 所占权重为0.2083，入境游客人均花费（美元/人天）X_4 所占权重为0.2835；旅游产业系统中，旅行社数量（个）Y_1 所占权重为0.0717，星级饭店数量（个）Y_2 所占权重为0.1172，旅游产业固定资产原价（万元）Y_3 所占权重为0.1759，旅游产业营业收入（万元）Y_4 所占权重为0.1149，旅游产业利润（万元）Y_5 所占权重为0.0675，旅行社全员劳动生产率（万元/人）Y_6 所占权重为0.1355，星级饭店全员劳动生产率（万元/人）Y_7 所占权重为0.1958，A级以上景区全员劳动生产率（万元/人）Y_8 所占权重为0.1213。如表4-44所示。

表4-44　陕西入境旅游流系统与旅游产业系统评价指标及权重

项目	评价指标	权重
入境旅游流系统 X	入境旅游人次（万人次）X_1	0.2331
	入境旅游收入（万美元）X_2	0.2752
	入境游客平均停留时间（天）X_3	0.2083
	入境游客人均花费（美元/人天）X_4	0.2835
旅游产业系统 Y	旅行社数量（个）Y_1	0.0717
	星级饭店数量（个）Y_2	0.1172
	旅游产业固定资产原价（万元）Y_3	0.1759
	旅游产业营业收入（万元）Y_4	0.1149
	旅游产业利润（万元）Y_5	0.0675
	旅行社全员劳动生产率（万元/人）Y_6	0.1355
	星级饭店全员劳动生产率（万元/人）Y_7	0.1958
	A级以上景区全员劳动生产率（万元/人）Y_8	0.1213

2. 入境旅游流系统与旅游产业系统综合发展水平及耦合协调度等级划分

依据模型和评价指标数据，可以计算得到入境旅游综合发展水平 U_1、旅游产业综合发展水平 U_2、耦合度 C 和耦合协调度 D。旅游产业综合发展水平方面，2006 年指数为 0.1192，2007 年为 0.2778，2008 年为 0.2877，2009 年为 0.6265，2012 年为 0.4577，2013 年为 0.5334，2015 年为 0.5285，整体呈现上升（2006 - 2009 年）—下降（2009 - 2011 年）—上升（2011 - 2014 年）—下降（2014 - 2015 年）走势。耦合度方面，2006 年为 0.4838，2007 年为 0.4993，2011 年为 0.4998，2015 年为 0.4898，整体呈现上升（2006 - 2007 年）—下降（2007 - 2009 年）—上升（2009 - 2012 年）—下降（2012 - 2013 年）—上升（2013 - 2014 年）—下降（2014 - 2015 年）走势。耦合协调度方面，2006 年指数为 0.2199，2007 年为 0.3646，2008 年为 0.4064，2011 年为 0.4601，2015 年为 0.5577，整体呈现上升（2006 - 2009 年）—下降（2009 - 2011 年）—上升（2011 - 2015 年）趋势。如表 4 - 45 所示。

表 4 - 45　2006 - 2015 年陕西入境旅游流系统与旅游产业系统综合发展水平及耦合协调度等级划分

年份	U_1 值	U_2 值	U_1 与 U_2 比较含义	耦合度 C	耦合协调度 D	协调等级
2006	0.0711	0.1192	入境旅游发展滞后	0.4838	0.2199	中度失调
2007	0.2490	0.2778	入境旅游发展滞后	0.4993	0.3646	轻度失调
2008	0.4064	0.2877	旅游产业发展滞后	0.4926	0.4064	濒临失调
2009	0.2791	0.6265	入境旅游发展滞后	0.4617	0.4744	濒临失调
2011	0.4365	0.4150	旅游产业发展滞后	0.4998	0.4601	濒临失调
2012	0.4769	0.4577	旅游产业发展滞后	0.4999	0.4823	濒临失调
2013	0.6213	0.5334	旅游产业发展滞后	0.4985	0.5324	勉强协调
2014	0.5828	0.6078	入境旅游发展滞后	0.4999	0.5467	勉强协调
2015	0.7949	0.5285	旅游产业发展滞后	0.4898	0.5577	勉强协调

* 缺失 2010 年数据。

从表 4 - 45 可以看出两系统耦合特点：一是耦合度指数增大，耦合协调等级缓慢演变。最初为“中度失调”，2007 年是“濒临失调”，最后为“勉强协调”。二是 2006 年耦合度指数大于耦合协调度指数，2015 年则发生变化，耦合协调度指数大于前者。图 4 - 19 较为直观地显示了 2006 - 2015 年陕西入境旅游流系统与旅游产业系统耦合协调演变趋势。

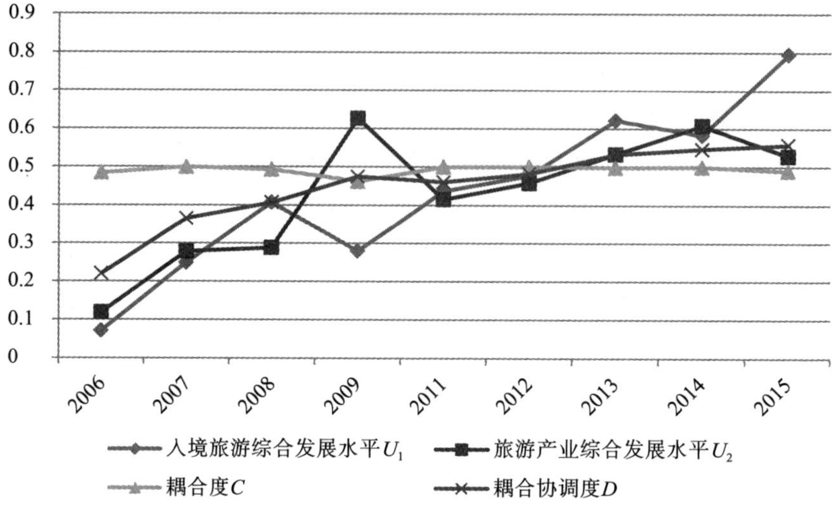

图 4-19　2006-2015 年陕西入境旅游流系统与旅游产业系统耦合协调度演变趋势图

3. 两系统耦合协调度时序分析

结合表 4-45 和图 4-19 可发现，2006-2007 年，入境旅游综合发展水平较低，旅游产业综合发展水平相对较高，为“旅游产业发展滞后模式”；2008 年，旅游产业综合发展水平较高，原因是受到国际国内重大事件影响，入境旅游发展不理想；2014 年，入境旅游综合发展水平高于旅游产业综合发展水平，但此后又低于后者，属于典型的“入境旅游流发展滞后模式”。

（二）甘肃入境旅游流系统与旅游产业系统耦合协调分析

1. 入境旅游流系统与旅游产业系统评价指标及权重

依据相关数据，计算出各评价指标权重。其中，入境旅游流系统中，入境旅游人次（万人次）X_1 所占权重为 0.3259，入境旅游收入（万美元）X_2 所占权重为 0.3294，入境游客平均停留时间（天）X_3 所占权重为 0.2008，入境游客人均花费（美元/人天）X_4 所占权重为 0.1439；旅游产业系统中，旅行社数量（个）Y_1 所占权重为 0.0757，星级饭店数量（个）Y_2 所占权重为 0.0737，旅游产业固定资产原价（万元）Y_3 所占权重为 0.0697，旅游产业营业收入（万元）Y_4 所占权重为 0.1188，旅游产业利润（万元）Y_5 所占权重为

0.2193，旅行社全员劳动生产率（万元/人）Y_6 所占权重为0.1550，星级饭店全员劳动生产率（万元/人）Y_7 所占权重为0.1579，A级以上景区全员劳动生产率（万元/人）Y_8 所占权重为0.1300。如表4－46所示。

表4－46　甘肃入境旅游流系统与旅游产业系统评价指标及权重

项目	评价指标	权重
入境旅游流系统 X	入境旅游人次（万人次）X_1	0.3259
	入境旅游收入（万美元）X_2	0.3294
	入境游客平均停留时间（天）X_3	0.2008
	入境游客人均花费（美元/人天）X_4	0.1439
旅游产业系统 Y	旅行社数量（个）Y_1	0.0757
	星级饭店数量（个）Y_2	0.0737
	旅游产业固定资产原价（万元）Y_3	0.0697
	旅游产业营业收入（万元）Y_4	0.1188
	旅游产业利润（万元）Y_5	0.2193
	旅行社全员劳动生产率（万元/人）Y_6	0.1550
	星级饭店全员劳动生产率（万元/人）Y_7	0.1579
	A级以上景区全员劳动生产率（万元/人）Y_8	0.1300

2. 入境旅游流系统与旅游产业系统综合发展水平及耦合协调度等级划分

依据模型和评价指标数据，可计算得到入境旅游综合发展水平 U_1、旅游产业综合发展水平 U_2、耦合度 C 和耦合协调度 D。旅游产业综合发展水平方面，2006年指数为0.0371，2007年指数为0.4083，2008年指数为0.1709，2009年指数为0.2863，2012年指数为0.6324，2013年指数为0.7219，2015年指数为0.6595，整体呈现上升（2006－2007年）—下降（2007－2008年）—上升（2008－2013年）—下降（2013－2014年）—上升（2014－2015年）走势。耦合度方面，2006年为0.2131，2007年为0.4666，2011年为0.4523，2015年为0.4569，整体呈现上升（2006－2008年）—下降（2008－2011年）—上升（2011－2012年）—下降（2012－2014年）—上升（2014－2015年）走势。耦合协调度方面，2006年指数为0.2605，2007年超过0.5000为0.5254，2008年为0.3019，2011年超过0.4000为0.4141，2015年为0.4814，整体呈现上升（2006－2007年）—下降（2007－2008年）—上升（2008－2013年）—下降（2013－2014年）—上升（2014－

2015 年）趋势。如表 4－47 所示。

表 4－47　2006－2015 年甘肃入境旅游流系统与旅游产业系统综合发展水平及耦合协调度等级划分

年份	U_1 值	U_2 值	U_1 与 U_2 比较含义	耦合度 C	耦合协调度 D	协调等级
2006	0.7403	0.0371	旅游产业发展滞后	0.2131	0.2605	中度失调
2007	0.8667	0.4083	旅游产业发展滞后	0.4666	0.5254	勉强协调
2008	0.2008	0.1709	旅游产业发展滞后	0.4984	0.3019	轻度失调
2009	0.1945	0.2863	入境旅游发展滞后	0.4908	0.3500	轻度失调
2011	0.2005	0.4983	入境旅游发展滞后	0.4523	0.4141	濒临失调
2012	0.2986	0.6324	入境旅游发展滞后	0.4668	0.4826	濒临失调
2013	0.2409	0.7219	入境旅游发展滞后	0.4332	0.4789	濒临失调
2014	0.1687	0.6308	入境旅游发展滞后	0.4080	0.4266	濒临失调
2015	0.2786	0.6595	入境旅游发展滞后	0.4569	0.4814	濒临失调

＊缺失 2010 年数据。

整体看，2006－2015 年甘肃入境旅游流系统与旅游产业系统耦合度和协调度都趋于稳定发展态势，并且处于不断演变状态，最初协调等级为“中度失调”，后来为“轻度失调”，最后为“濒临失调”。耦合度指数曲线呈现倒“L”形，耦合协调度曲线呈现“W”形。如图 4－20 所示。

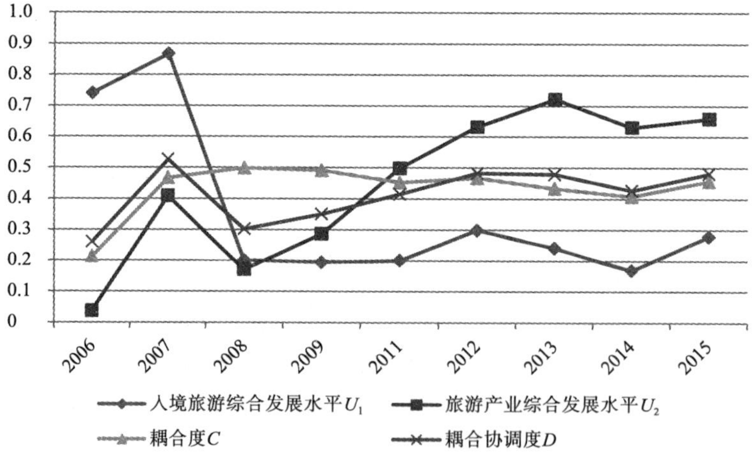

＊缺失 2010 年数据。

图 4－20　2006－2015 年甘肃入境旅游流系统与旅游产业系统耦合协调度演变趋势图

3. 两系统耦合协调度时序分析

结合表 4－47 和图 4－20 可以发现，一是耦合协调度演变态势好于耦合度；二是阶段性特征突出。其中，2008 年之前入境旅游综合发展水平较好；2008 年以后，旅游产业发展较好，入境旅游发展滞后，旅游产业系统还需要进一步促进入境旅游的发展。

（三）青海入境旅游流系统与旅游产业系统耦合协调分析

1. 入境旅游流系统与旅游产业系统评价指标及权重

依据统计数据和模型，计算得到各评价指标权重。其中，入境旅游流系统中，入境旅游人次（万人次）X_1 所占权重为 0. 1531，入境旅游收入（万美元）X_2 所占权重为 0. 2988，入境游客平均停留时间（天）X_3 所占权重为 0. 3044，入境游客人均花费（美元/人天）X_4 所占权重为 0. 2436；旅游产业系统中，旅行社数量（个）Y_1 所占权重为 0. 1090，星级饭店数量（个）Y_2 所占权重为 0. 1371，旅游产业固定资产原价（万元）Y_3 所占权重为 0. 1349，旅游产业营业收入（万元）Y_4 所占权重为 0. 1403，旅游产业利润（万元）Y_5 所占权重为 0. 1114，旅行社全员劳动生产率（万元/人）Y_6 所占权重为 0. 1392，星级饭店全员劳动生产率（万元/人）Y_7 所占权重为 0. 1164，A 级以上景区全员劳动生产率（万元/人）Y_8 所占权重为 0. 1137。如表 4－48 所示。

表 4－48　青海入境旅游流系统与旅游产业系统评价指标及权重

项目	评价指标	权重
入境旅游流系统 X	入境旅游人次（万人次）X_1	0. 1531
	入境旅游收入（万美元）X_2	0. 2988
	入境游客平均停留时间（天）X_3	0. 3044
	入境游客人均花费（美元/人天）X_4	0. 2436
旅游产业系统 Y	旅行社数量（个）Y_1	0. 1090
	星级饭店数量（个）Y_2	0. 1371
	旅游产业固定资产原价（万元）Y_3	0. 1349
	旅游产业营业收入（万元）Y_4	0. 1403
	旅游产业利润（万元）Y_5	0. 1114
	旅行社全员劳动生产率（万元/人）Y_6	0. 1372
	星级饭店全员劳动生产率（万元/人）Y_7	0. 1164
	A 级以上景区全员劳动生产率（万元/人）Y_8	0. 1137

2. 入境旅游流系统与旅游产业系统综合发展水平及耦合协调度等级划分

依据模型和指标数据，可以计算得到入境旅游综合发展水平 U_1、旅游产业综合发展水平 U_2、耦合度 C 和耦合协调度 D。旅游产业综合发展水平方面，2006 年指数为 0.1632，2007 年指数为 0.1841，2008 年指数为 0.0817，2009 年指数为 0.2513，2012 年指数为 0.6887，2013 年指数为 0.6464，2014 年指数为 0.7878，2015 年指数为 0.7126，整体呈现上升（2006－2007 年）—下降（2007－2008 年）—上升（2008－2012 年）—下降（2012－2013 年）—上升（2013－2014 年）—下降（2014－2015 年）走势。耦合度方面，2006 年为 0.4744，2007 年为 0.4997，2011 年为 0.4969，2015 年为 0.4929，整体呈现上升（2006－2007 年）—下降（2007－2008 年）—上升（2008－2012 年）—下降（2012－2013 年）—上升（2013－2014 年）—降低（2014－2015 年）走势。耦合协调度方面，2006 年指数为 0.2501，2007 年指数为 0.2990，2008 年指数为 0.2442，2011 年超过 0.5000，2014 年超过 0.6000，2015 年指数为 0.6387，整体呈现上升（2006－2007 年）—下降（2007－2008 年）—上升（2008－2012 年）—下降（2012－2013 年）—上升（2013－2015 年）趋势。如表 4－49 所示。

表 4－49　2006－2015 年青海入境旅游流系统与旅游产业系统综合发展水平及耦合协调度等级划分

年份	U_1 值	U_2 值	U_1 与 U_2 比较含义	耦合度 C	耦合协调度 D	协调等级
2006	0.0849	0.1632	入境旅游发展滞后	0.4744	0.2501	中度失调
2007	0.1712	0.1841	入境旅游发展滞后	0.4997	0.2990	中度失调
2008	0.2095	0.0817	旅游产业发展滞后	0.4492	0.2442	中度失调
2009	0.3797	0.2513	旅游产业发展滞后	0.4895	0.3849	轻度失调
2011	0.6888	0.5504	旅游产业发展滞后	0.4969	0.5486	勉强协调
2012	0.6896	0.6887	旅游产业发展滞后	0.5000	0.5870	勉强协调
2013	0.4550	0.6464	入境旅游发展滞后	0.4924	0.5297	勉强协调
2014	0.7159	0.7878	入境旅游发展滞后	0.4994	0.6157	初级协调
2015	1.0000	0.7126	旅游产业发展滞后	0.4929	0.6387	初级协调

* 缺失 2010 年数据。

整体看，2006－2015 年青海入境旅游流系统与旅游产业系统耦合演变特征，最初为“中度失调，最后为“初级协调”，耦合度与耦合协调度都在上升，且耦合协调度态势较好。如图 4－21 所示。

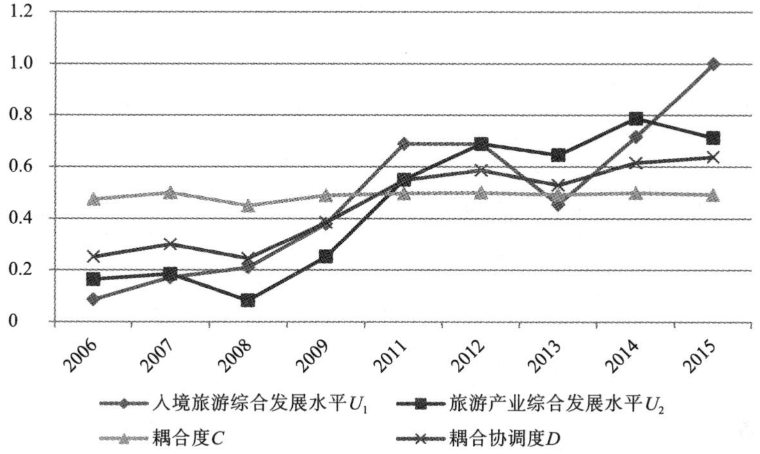

＊缺失 2010 年数据。

图 4－21　2006－2015 年青海入境旅游流系统与旅游产业系统耦合协调度演变趋势图

3. 两系统耦合协调度时序分析

根据表 4－49 和图 4－21 可以发现，2006－2007 年，入境旅游综合发展水平低于旅游产业综合发展水平，曲线位置较低；2008－2012 年旅游产业发展滞后；2013－2014 年旅游产业发展态势很好，入境旅游发展滞后；2015 年入境旅游综合发展水平较好，呈现出“旅游产业发展滞后模式”。

（四）宁夏入境旅游流系统与旅游产业系统耦合协调分析

1. 入境旅游流系统与旅游产业系统评价指标及权重

依据统计数据和模型，计算得到各评价指标权重。其中，入境旅游流系统中，入境旅游人次（万人次）X_1 所占权重为 0.1915，入境旅游收入（万美元）X_2 所占权重为 0.3167，入境游客平均停留时间（天）X_3 所占权重为 0.3327，入境游客人均花费（美元/人天）X_4 所占权重为 0.1592；旅游产业系统中，旅行社数量（个）Y_1 所占权重为 0.1086，星级饭店数量（个）Y_2 所占权重为 0.1197，旅游产业固定资产原价（万元）Y_3 所占权重为 0.1197，旅游产业营业收入（万元）Y_4 所占权重为 0.1182，旅游产业利润（万元）

Y_5 所占权重为 0.1846，旅行社全员劳动生产率（万元/人）Y_6 所占权重为 0.1159，星级饭店全员劳动生产率（万元/人）Y_7 所占权重为 0.1279，A 级以上景区全员劳动生产率（万元/人）Y_8 所占权重为 0.1054。如表 4－50 所示。

表 4－50　宁夏入境旅游流系统与旅游产业系统评价指标及权重

项目	评价指标	权重
入境旅游流系统 X	入境旅游人次（万人次）X_1	0.1915
	入境旅游收入（万美元）X_2	0.3167
	入境游客平均停留时间（天）X_3	0.3327
	入境游客人均花费（美元/人天）X_4	0.1592
旅游产业系统 Y	旅行社数量（个）Y_1	0.1086
	星级饭店数量（个）Y_2	0.1197
	旅游产业固定资产原价（万元）Y_3	0.1197
	旅游产业营业收入（万元）Y_4	0.1182
	旅游产业利润（万元）Y_5	0.1846
	旅行社全员劳动生产率（万元/人）Y_6	0.1159
	星级饭店全员劳动生产率（万元/人）Y_7	0.1279
	A 级以上景区全员劳动生产率（万元/人）Y_8	0.1054

2. 入境旅游流系统与旅游产业系统综合发展水平及耦合协调度等级划分

依据模型和指标数据，可以计算得到入境旅游综合发展水平 U_1、旅游产业综合发展水平 U_2、耦合度 C 和耦合协调度 D。旅游产业综合发展水平方面，2006 年指数为 0.1612，2007 年指数为 0.1836，2008 年指数为 0.0837，2009 年指数为 0.2576，2012 年指数为 0.6921，2013 年指数为 0.6540，2014 年指数为 0.7825，2015 年指数为 0.7079，整体呈现上升（2006－2007 年）—下降（2007－2008 年）—上升（2008－2012 年）—下降（2012－2013 年）—上升（2013－2014 年）—下降（2014－2015 年）走势。耦合度方面，2006 年为 0.3885，2007 年为 0.3905，2011 年为 0.4752，2015 年为 0.4926，整体呈现上升（2006－2008 年）—下降（2008－2012 年）—上升（2012－2013 年）—下降（2013－2015 年）走势。耦合协调度方面，2006 年指数为 0.2080，2007 年为 0.2228，2008 年为 0.2088，2011 年超过 0.4000，2013 年超过 0.5000，2015 年为 0.6374，整体呈现上升（2006－2007 年）—下降（2007－2008 年）—上升（2008－2014 年）—下降

（2014－2015 年）趋势。如表 4－51 所示。

表 4－51　2006－2015 年宁夏入境旅游流系统与旅游产业系统综合发展水平及耦合协调度等级划分

年份	U_1 值	U_2 值	U_1 与 U_2 比较含义	耦合度 C	耦合协调度 D	协调等级
2006	0.0367	0.1612	入境旅游发展滞后	0.3885	0.2080	中度失调
2007	0.0424	0.1836	入境旅游发展滞后	0.3905	0.2228	中度失调
2008	0.0927	0.0837	旅游产业发展滞后	0.4994	0.2088	中度失调
2009	0.1912	0.2576	入境旅游发展滞后	0.4945	0.3380	轻度失调
2011	0.2865	0.5452	入境旅游发展滞后	0.4752	0.4581	濒临失调
2012	0.2082	0.6921	入境旅游发展滞后	0.4216	0.4585	濒临失调
2013	0.7063	0.6540	旅游产业发展滞后	0.4996	0.5807	勉强协调
2014	0.9113	0.7825	旅游产业发展滞后	0.4986	0.6448	初级协调
2015	1.0000	0.7079	旅游产业发展滞后	0.4926	0.6374	初级协调

* 缺失 2010 年数据。

从表 4－51 可以看出，一是两系统耦合度与协调度都在增大，并且协调度增大幅度大于前者；二是协调等级发生演变，2006 年为“中度失调”，2011 年为“濒临失调”，最后为“初级协调”。如图 4－22 所示。

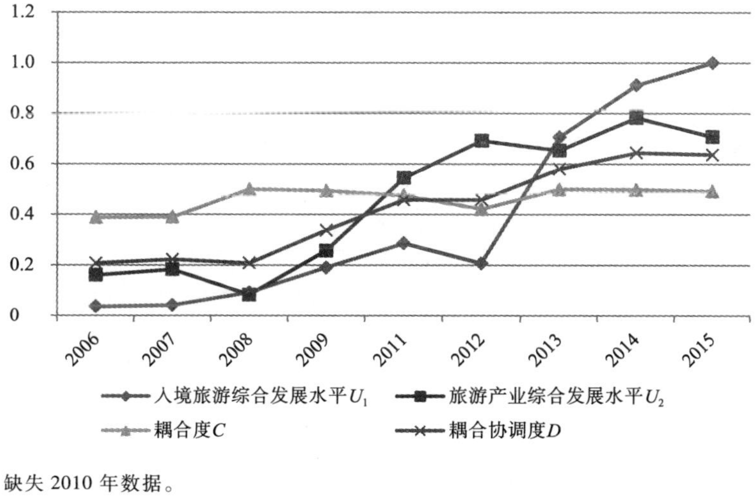

* 缺失 2010 年数据。

图 4－22　2006－2015 年宁夏入境旅游流系统与旅游产业系统耦合协调度演变趋势图

3. 两系统耦合协调度时序分析

结合表 4－51 和图 4－22 可以发现如下特点：2013 年之前，入境旅游综合发展水平低于旅游产业综合发展水平，此后旅游产业发展滞后；同时，两系统综合发展水平都在上升。

（五）新疆入境旅游流系统与旅游产业系统耦合协调分析

1. 入境旅游流系统与旅游产业系统评价指标及权重

依据统计数据和模型，计算得到各评价指标权重。其中，入境旅游流系统中，入境旅游人次（万人次）X_1 所占权重为 0.2664，入境旅游收入（万美元）X_2 所占权重为 0.2981，入境游客平均停留时间（天）X_3 所占权重为 0.2920，入境游客人均花费（美元/人天）X_4 所占权重为 0.1434；旅游产业系统中，旅行社数量（个）Y_1 所占权重为 0.0459，星级饭店数量（个）Y_2 所占权重为 0.1100，旅游产业固定资产原价（万元）Y_3 所占权重为 0.1894，旅游产业营业收入（万元）Y_4 所占权重为 0.2282，旅游产业利润（万元）Y_5 所占权重为 0.1018，旅行社全员劳动生产率（万元/人）Y_6 所占权重为 0.0844，星级饭店全员劳动生产率（万元/人）Y_7 所占权重为 0.1042，A 级以上景区全员劳动生产率（万元/人）Y_8 所占权重为 0.1360。如表 4 – 52 所示。

表 4 – 52　新疆入境旅游流系统与旅游产业系统评价指标及权重

项目	评价指标	权重
入境旅游流系统 X	入境旅游人次（万人次）X_1	0.2664
	入境旅游收入（万美元）X_2	0.2981
	入境游客平均停留时间（天）X_3	0.2920
	入境游客人均花费（美元/人天）X_4	0.1434
旅游产业系统 Y	旅行社数量（个）Y_1	0.0459
	星级饭店数量（个）Y_2	0.1100
	旅游产业固定资产原价（万元）Y_3	0.1894
	旅游产业营业收入（万元）Y_4	0.2282
	旅游产业利润（万元）Y_5	0.1018
	旅行社全员劳动生产率（万元/人）Y_6	0.0844
	星级饭店全员劳动生产率（万元/人）Y_7	0.1042
	A 级以上景区全员劳动生产率（万元/人）Y_8	0.1360

2. 入境旅游流系统与旅游产业系统综合发展水平及耦合协调等级划分

依据模型和指标数据，可以计算得到入境旅游综合发展水平 U_1、旅游产业综合发展水平 U_2、耦合度 C 和耦合协调度 D。旅游产业综合发展水平方面，2006 年指数为 0. 0827，2007 年指数为 0. 1740，2008 年指数为 0. 3651，2009 年指数为 0. 5639，2012 年指数为 0. 3879，2013 年指数为 0. 3804，2014 年指数为 0. 3155，2015 年指数为 0. 2602，整体呈现上升（2006 - 2009 年）—下降（2009 - 2011 年）—上升（2011 - 2013 年）—下降（2013 - 2015 年）走势。耦合度方面，2006 年为 0. 4113，2007 年为 0. 4801，2011 年为 0. 4766，2015 年为 0. 4048，整体呈现上升（2006 - 2007 年）—下降（2007 - 2009 年）—上升（2009 - 2011 年）—下降（2011 - 2015 年）走势。耦合协调度方面，2006 年指数为 0. 1554，2007 年超过 0. 2000，2008 年超过 0. 3000，2011 年超过 0. 4000，2012 年超过 0. 5000，2015 年为 0. 4745，整体呈现上升（2006 - 2012 年）—下降（2012 - 2015 年）趋势。如表 4 - 53 所示。

表 4 - 53　2006 - 2015 年新疆入境旅游流系统与旅游产业系统综合发展水平及耦合协调度等级划分

年份	U_1 值	U_2 值	U_1 与 U_2 比较含义	耦合度 C	耦合协调度 D	协调等级
2006	0. 0227	0. 0827	入境旅游发展滞后	0. 4113	0. 1554	严重失调
2007	0. 0980	0. 1740	入境旅游发展滞后	0. 4801	0. 2626	中度失调
2008	0. 1019	0. 3651	入境旅游发展滞后	0. 4130	0. 3276	轻度失调
2009	0. 1307	0. 5639	入境旅游发展滞后	0. 3908	0. 3907	轻度失调
2011	0. 6020	0. 3227	旅游产业发展滞后	0. 4766	0. 4550	濒临失调
2012	0. 8256	0. 3879	旅游产业发展滞后	0. 4663	0. 5124	勉强协调
2013	0. 8209	0. 3804	旅游产业发展滞后	0. 4652	0. 5088	勉强协调
2014	0. 8201	0. 3155	旅游产业发展滞后	0. 4479	0. 4814	濒临失调
2015	1. 0000	0. 2602	旅游产业发展滞后	0. 4048	0. 4745	濒临失调

* 缺失 2010 年数据。

由表 4 - 53 可以看出，2006 - 2015 年新疆入境旅游流系统与旅游产业系统耦合协调的特点如下：一是各自综合发展水平整体在上升，但期间略有波动。二是耦合度与协调度先增大再降低。三是耦合态势不断演变，最初为“严重失调”，后为“濒临失调，接下来是“勉强协调”，最终为“濒临失调”。四是耦合度增大幅度大于耦合协调度增大幅度。如图 4－23 所示。

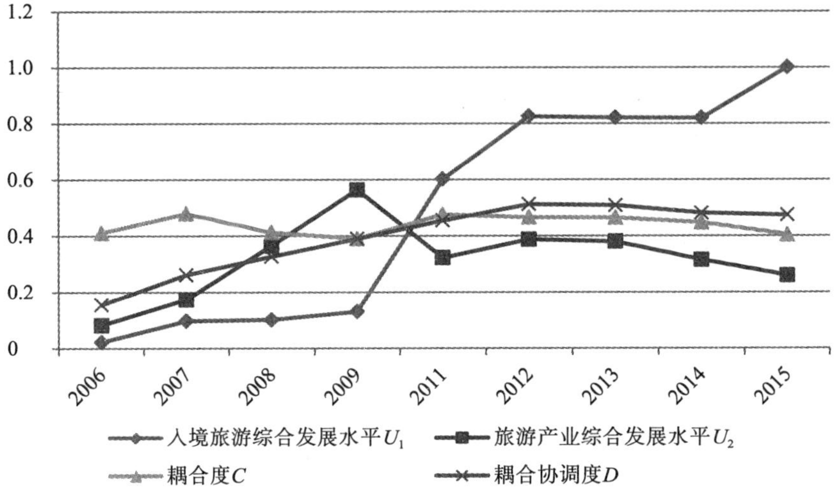

＊缺失 2010 年数据。

图 4－23　2006－2015 年新疆入境旅游流系统与旅游产业系统耦合协调度演变趋势图

3. 两系统耦合协调度时序分析

结合表 4－53 和图 4－23 可发现，入境旅游流系统与旅游产业系统耦合协调特点：2009 年之前，入境旅游发展滞后；2009 年以后，旅游产业发展滞后。2009－2012 年，入境旅游综合发展水平急剧上升，然后保持平稳发展态势。

（六）西北五省区入境旅游流系统与旅游产业系统耦合协调分析

1. 西北五省区入境旅游流系统与旅游产业系统评价指标及权重

依据统计数据和模型，计算得到各评价指标权重。其中，入境旅游流系统中，入境旅游人次（万人次）X_1 所占权重为 0.2664，入境旅游收入（万美元）X_2 所占权重为 0.2981，入境游客平均停留时间（天）X_3 所占权重为 0.2920，入境游客人均花费（美元/人天）X_4 所占权重为 0.1434；旅游产业系统中，旅行社数量（个）Y_1 所占权重为 0.0459，星级饭店数量（个）Y_2 所占权重为 0.1100，旅游产业固定资产原价（万元）Y_3 所占权重为 0.1894，旅游产业营业收入（万元）Y_4 所占权重为 0.2282，旅游产业利润（万元）

Y_5 所占权重为 0.1018，旅行社全员劳动生产率（万元/人）Y_6 所占权重为 0.0844，星级饭店全员劳动生产率（万元/人）Y_7 所占权重为 0.1042，A 级以上景区全员劳动生产率（万元/人）Y_8 所占权重为 0.1360。如表 4-54 所示。

表 4-54　　西北五省区入境旅游流系统与旅游产业系统评价指标及权重

项目	评价指标	权重
入境旅游流系统 X	入境旅游人次（万人次）X_1	0.2604
	入境旅游收入（万美元）X_2	0.2731
	入境游客平均停留时间（天）X_3	0.3088
	入境游客人均花费（美元/人天）X_4	0.1576
旅游产业系统 Y	旅行社数量（个）Y_1	0.1002
	星级饭店数量（个）Y_2	0.0992
	旅游产业固定资产原价（万元）Y_3	0.1189
	旅游产业营业收入（万元）Y_4	0.1592
	旅游产业利润（万元）Y_5	0.0891
	旅行社全员劳动生产率（万元/人）Y_6	0.1603
	星级饭店全员劳动生产率（万元/人）Y_7	0.1351
	A 级以上景区全员劳动生产率（万元/人）Y_8	0.1381

2. 西北五省区入境旅游流系统与旅游产业系统综合发展水平及耦合协调度等级划分

依据模型和指标数据，可以计算得到入境旅游综合发展水平 U_1、旅游产业综合发展水平 U_2、耦合度 C 和耦合协调度 D。旅游产业综合发展水平方面，2006 年指数为 0.1155，2007 年指数为 0.2926，2008 年指数为 0.4128，2009 年指数为 0.6514，2012 年指数为 0.5168，2013 年指数为 0.6917，2014 年指数为 0.6068，2015 年指数为 0.6615，整体呈现上升（2006-2009 年）—下降（2009-2013 年）—上升（2013-2015 年）走势。耦合度方面，2006 年为 0.3068，2007 年为 0.4211，2011 年为 0.4999，2015 年为 0.4912，整体呈现上升（2006-2007 年）—下降（2007-2009 年）—上升（2009-2011 年）—下降（2011-2012 年）—上升（2012-2013 年）—下降（2013-2015 年）走势。耦合协调度方面，2006 年指数为 0.1514，2007 年超过 0.2000，2008 年超过了 0.3000，2009 年超过 0.4000，2011 年超过

0.5000，2015 年为 0.6202，整体呈现上升趋势。如表 5 – 55 所示。

表 4 – 55　2006 – 2015 年西北五省区入境旅游流系统与旅游产业系统综合发展水平及耦合协调度等级划分

年份	U_1 值	U_2 值	U_1 与 U_2 比较含义	耦合度 C	耦合协调度 D	协调等级
2006	0.0136	0.1155	入境旅游发展滞后	0.3068	0.1514	极度失调
2007	0.0876	0.2926	旅游产业发展滞后	0.4211	0.2978	中度失调
2008	0.1102	0.4128	入境旅游发展滞后	0.4078	0.3449	轻度失调
2009	0.1666	0.6514	入境旅游发展滞后	0.4027	0.4292	濒临失调
2011	0.5400	0.5168	旅游产业发展滞后	0.4999	0.5128	勉强协调
2012	0.7506	0.6435	旅游产业发展滞后	0.4985	0.5849	勉强协调
2013	0.8005	0.6917	旅游产业发展滞后	0.4987	0.6055	初级协调
2014	0.7541	0.6068	旅游产业发展滞后	0.4971	0.5752	勉强协调
2015	0.9655	0.6615	旅游产业发展滞后	0.4912	0.6202	初级协调

* 缺失 2010 年数据。

由表 4 – 55 可以看出，2006 – 2015 年西北五省区入境旅游流系统与旅游产业系统耦合协调演变趋势，最初为“极度失调”，2009 年为“濒临失调”，最后在 2015 年达到“初级协调”；耦合度与耦合协调度都上升。如图 4 – 24 所示。

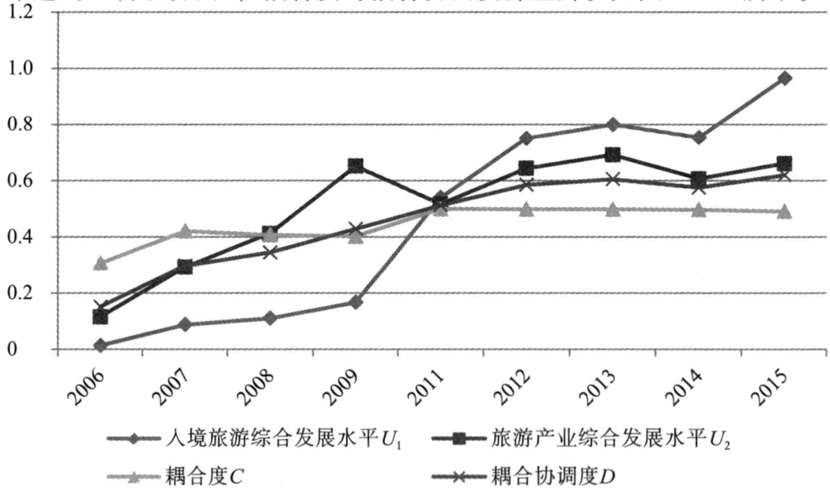

* 缺失 2010 年数据。

图 4 – 24　2006 – 2015 年西北五省区入境旅游流系统与旅游产业系统耦合协调演变趋势图

3. 两系统耦合协调度时序分析

结合表4－55和图4－24可发现，入境旅游流系统与旅游产业系统耦合协调特点：2010年之前，西北五省区入境旅游整体发展水平稍低，显著滞后于旅游产业发展水平，指数曲线位置较低；2011年以后态势逆转，旅游产业综合发展水平增加幅度低于入境旅游综合发展水平上升幅度，呈现出“旅游产业发展滞后”模式。

第五章

丝路入境旅游流竞争力分析

入境旅游竞争力指的是旅游目的地在吸引及接待入境客流以获取效应方面的综合能力。入境旅游涉及范围广，牵涉因素多，因此竞争力的测算比较复杂。但它的内涵却相对容易理解，本书认为应该突出或者必须围绕以下几个方面来理解：一是竞争的目的或者结果最终需要落脚在市场因素，即目的地在开拓入境客源市场方面的能力，包括入境游客接待人次以及旅游外汇收入。二是支撑因素，为取得竞争优势必须具备的要素或者条件包括经济因素、环境要素、文化要素等。三是必须体现出质量或者可持续发展的能力，即在体现发展规模的同时，注意“质”的特性，要有增长率方面的指标。四是由于内外要素变化，旅游竞争力在不断演化，必须在指数上体现出动态发展特点。入境旅游流竞争力的测算，首要的是遴选指标后建构指标体系，对此国内外学者做了大量探索，其中波特在理论模型基础上构建了分析竞争力的著名模型——“波特钻石模型”，认为竞争力的关键影响因素包括要素、需求、战略、结构与竞争、相关产业与辅助产业、机遇与政府行为，为后续实证研究奠定了基础；Stansfield（1964）首次对美国城市休闲旅游业竞争力展开研究，为相关研究提供了参考。1980 年，国际竞争力评价体系得到确立。近年，国内旅游竞争力成果不断涌现，其中，黄耀丽、李凡、郑坚强、李飞（2006）在分析珠江三角洲城市旅游竞争力空间结构体系时，提出应该包括国际游客（万人次）、国内游客（万人次）、旅游外汇收入（亿元）、国内旅游收入（亿元）、旅游接待能力（星级酒店指数）、客房（间）、床位

(张)、客房出租率(%)、资源禀赋指数、生产总值(万元)、户籍人口(人)、进出口总额(亿美元)等指标;武传表、王辉(2009)在分析中国14个沿海开放城市旅游竞争力时,提出包括综合经济实力、旅游业发展水平、基础设施建设、生态环境状况和科教文卫5个方面的评价体系;王琪延、罗栋(2009)在分析我国293个地级上城市旅游竞争力时,提出应该包括旅游市场竞争力、旅游服务竞争力、旅游资源及产品竞争力、城市发展竞争力;徐喆、刘吉平、梁雨华(2010)在分析吉林省城市旅游竞争力时,提出的指标体系包括旅游现状竞争力、旅游潜力、旅游外部环境支持力;王俊、王琪延(2010)在分析中国287个地级以上城市旅游竞争力时,提出包括旅游环境、旅游资源和产品、旅游服务、旅游市场4个方面的旅游竞争力评价指标体系;张河清、何奕霏、田晓辉(2012)在分析广东省县域旅游竞争力时,提出了包括要素、市场、管理、发展及专家评价5个方面的评价体系;吴丽霞(2013)在分析河南旅游竞争力时,提出包括旅游市场、旅游资源、区位、对外开放度、旅游企业、规模、发展、环境8个方面的指标体系;把多勋、徐金海、杨志国(2014)在分析甘肃14个地州市旅游竞争力时,提出应该包括资源、接待能力、产业竞争力、社会支持力等20个指标;李松柏(2014)在分析环太湖城市旅游竞争力时,提出从业绩、资源、支撑条件等指标测算竞争力。但这些研究对入境旅游流竞争力较少涉及,对丝路旅游关注不足。鉴于以上理解,在借鉴国内外指标体系建构的基础上,本书依据科学性、全面性和可操作性等原则,拟通过入境旅游规模、入境旅游发展质量、入境旅游支持要素3个方面,选择入境旅游接待总人次(万人次)X_1、旅游外汇收入(万美元)X_2、入境旅游流流量指数X_3、入境旅游流优势指数X_4、入境旅游接待总人次年增长率(%)X_5、旅游外汇年增长率(%)X_6、入境旅游流优质指数X_7、国民生产总值(亿元)X_8、国民生产总值年增长率(%)X_9、通车里程(公里)X_{10}、湿地面积(千公顷)X_{11}、旅游从业人员(人)X_{12}、旅游院校在校大学生(人)X_{13}、环境治理投资总额(亿元)X_{14}、文化艺术团体数量(个)X_{15}、博物馆数量(个)X_{16}共16个反映基本入境旅游信息的指标,构建入境旅游流竞争力评价指标体系,如表5-1所示。然后,收集西北五省区2006-2015年数据,测算入境旅游流竞争力指数。由于涉及的变量较多，直接进行地区间的比较分析较为烦琐，因此考虑采用因子分析方法减少变量个数，之后再进行比较和综合评价。

表 5－1　　入境旅游流竞争力评价指标体系

<table>
<tr><td rowspan="2">入境旅游发展态势</td><td>规模度指标</td><td>入境旅游接待总人次（万人次）X_1、旅游外汇收入（万美元）X_2、入境旅游流流量指数 X_3、入境旅游流优势指数 X_4</td></tr>
<tr><td>增长率和质量指标</td><td>入境旅游接待总人次年增长率（%）X_5、旅游外汇年增长率（%）X_6、入境旅游流优质指数 X_7</td></tr>
<tr><td rowspan="2">入境旅游影响因素</td><td>经济及基础设施因素</td><td>国民生产总值（亿元）X_8、国民生产总值年增长率（%）X_9、通车里程（公里）X_{10}</td></tr>
<tr><td>环境、文化和教育因素</td><td>湿地面积（千公顷）X_{11}、旅游从业人员（人）X_{12}、旅游院校在校大学生（人）X_{13}、环境治理投资总额（亿元）X_{14}、文化艺术团体数量（个）X_{15}、博物馆数量（个）X_{16}</td></tr>
</table>

第一节　甘肃入境旅游竞争力分析

一、因子提取

由于各统计指标的计量单位不同，无法直接进行计量分析，故必须消除量纲的不利影响，首先对指标体系中的原始指标进行归一化处理。由于指标的相关系数矩阵非正定，所以无法使用巴特利特球度检验和 KMO 检验进行分析，故采用相关系数矩阵分析原变量是否可以采用因子分析提取因子。相关系数矩阵的分析结果表明：大部分变量间的相关系数都较高，各变量呈较强的线性关系，能够从中提取公共因子，适合进行因子分析。如表 5－2 所示。

表 5-2 原始变量的相关系数矩阵

R	X_1	X_2	X_3	X_4	X_5	X_6	X_7	X_8	X_9	X_{10}	X_{11}	X_{12}	X_{13}	X_{14}	X_{15}	X_{16}
X_1	1	0.996	0.999	0.97	0.218	0.212	0.523	-0.68	0.467	-0.747	-0.417	-0.235	0.078	-0.497	-0.468	-0.65
X_2	0.996	1	0.995	0.959	0.243	0.248	0.526	-0.636	0.422	-0.704	-0.356	-0.262	0.057	-0.434	-0.431	-0.618
X_3	0.999	0.995	1	0.979	0.213	0.207	0.53	-0.685	0.46	-0.753	-0.413	-0.232	0.062	-0.498	-0.467	-0.657
X_4	0.97	0.959	0.979	1	0.143	0.135	0.554	-0.741	0.454	-0.812	-0.43	-0.172	0.048	-0.564	-0.483	-0.722
X_5	0.218	0.243	0.213	0.143	1	0.982	-0.052	0.211	-0.072	0.236	0.065	-0.747	-0.427	0.188	0.099	0.302
X_6	0.212	0.248	0.207	0.135	0.982	1	0.049	0.195	-0.098	0.234	0.065	-0.729	-0.406	0.201	0.053	0.286
X_7	0.523	0.526	0.53	0.554	-0.052	0.049	1	-0.734	0.648	-0.682	-0.621	-0.133	0.225	-0.412	-0.871	-0.65
X_8	-0.68	-0.636	-0.685	-0.741	0.211	0.195	-0.734	1	-0.658	0.985	0.808	-0.211	-0.53	0.879	0.842	0.954
X_9	0.467	0.422	0.46	0.454	-0.072	-0.098	0.648	-0.658	1	-0.643	-0.76	-0.313	0.193	-0.501	-0.843	-0.497
X_{10}	-0.747	-0.704	-0.753	-0.812	0.236	0.234	-0.682	0.985	-0.643	1	0.735	-0.201	-0.479	0.863	0.773	0.957
X_{11}	-0.417	-0.356	-0.413	-0.43	0.065	0.065	-0.621	0.808	-0.76	0.735	1	-0.055	-0.367	0.788	0.902	0.629
X_{12}	-0.235	-0.262	-0.232	-0.172	-0.747	-0.729	-0.133	-0.211	-0.313	-0.201	-0.055	1	0.578	-0.327	0.044	-0.328
X_{13}	0.078	0.057	0.062	0.048	-0.427	-0.406	0.225	-0.53	0.193	-0.479	-0.367	0.578	1	-0.526	-0.376	-0.643
X_{14}	-0.497	-0.434	-0.498	-0.564	0.188	0.201	-0.412	0.879	-0.501	0.863	0.788	-0.327	-0.526	1	0.675	0.808
X_{15}	-0.468	-0.431	-0.467	-0.483	0.099	0.053	-0.871	0.842	-0.843	0.773	0.902	0.044	-0.376	0.675	1	0.688
X_{16}	-0.65	-0.618	-0.657	-0.722	0.302	0.286	-0.65	0.954	-0.497	0.957	0.629	-0.328	-0.643	0.808	0.688	1

根据分析的要求，指定提取3个公共因子。分析结果如表5－3所示。

表5－3　　因子分析初始解的公共因子方差

原始变量	初始	提取	原始变量	初始	提取
X_1	1.000	0.977	X_9	1.000	0.789
X_2	1.000	0.971	X_{10}	1.000	0.984
X_3	1.000	0.984	X_{11}	1.000	0.860
X_4	1.000	0.977	X_{12}	1.000	0.884
X_5	1.000	0.807	X_{13}	1.000	0.579
X_6	1.000	0.796	X_{14}	1.000	0.739
X_7	1.000	0.698	X_{15}	1.000	0.977
X_8	1.000	0.980	X_{16}	1.000	0.931

因子分析的初始解反映了所有变量的共同度数据，在表5－3中，第2列和第5列是因子分析初始解下的变量共同度，第3列和第6列是在指定条件下提取特征值时的变量共同度。可以看出，所有变量的共同度均较高，各变量的信息丢失都较少，因此，提取3个公共因子的总体效果较好。

3个公共因子解释原始变量总体方差的情况是：第1个公共因子的方差贡献率为33.216，第2个公共因子的方差贡献率为31.308，第3个公共因子的方差贡献率为22.549，3个公共因子共解释了原始变量总体方差的87.074%，也就是说3个公共因子可以反映出指标将近87%的信息。因此，从总体上看，原始变量的信息丢失较少，因子分析的效果较为理想。如表5－4所示。

表5－4　　3个公共因子解释原始变量总体方差的情况

公共因子	初始特征值			提取载荷平方和			旋转载荷平方和		
	总计	方差（%）	累积（%）	总计	方差（%）	累积（%）	总计	方差（%）	累积（%）
F_1	8.632	53.951	53.951	8.632	53.951	53.951	5.315	33.216	33.216
F_2	3.679	22.996	76.947	3.679	22.996	76.947	5.009	31.308	64.524
F_3	1.620	10.126	87.074	1.620	10.126	87.074	3.608	22.549	87.074

由因子碎石图的结果可知，第 1 个公共因子的特征值很高，对原始变量的解释效果最好，第 3 个公共因子的特征值较小，对解释原始变量的贡献很小，已经成为可以被忽略的“高山脚下的碎石”，因此，提取 3 个公共因子的做法是非常合适的。如图 5－1 所示。

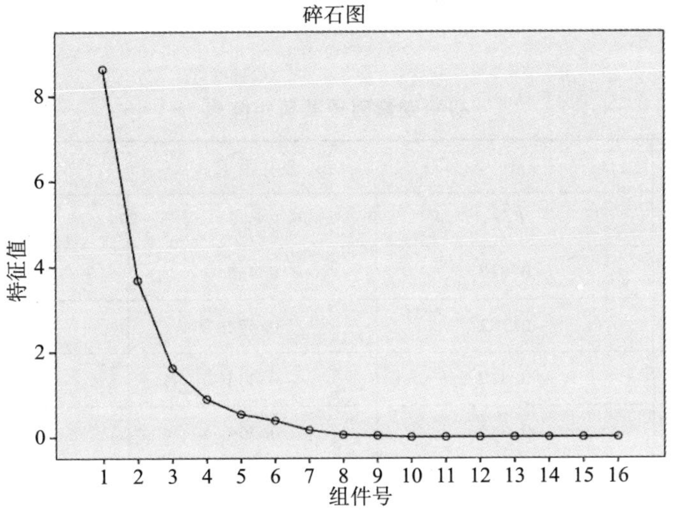

图 5－1　因子碎石图

由初始变量因子载荷矩阵表和旋转后因子载荷矩阵表可以看出，第 1 个公共因子 F_1 在入境旅游接待总人次（万人次）X_1、旅游外汇收入（万美元）X_2、入境旅游流流量指数 X_3、入境旅游流优势指数 X_4、通车里程（公里）X_{10}、博物馆数量（个）X_{16} 上的载荷较高，所以第 1 个因子可以看成是上述 6 个变量的综合，这些指标主要反映了旅游目的地旅游接待能力及交通状况，因此将第 1 个公共因子 F_1 定义为“旅游接待能力及交通条件因子”；第 2 个公共因子 F_2 在入境旅游流优质指数 X_7、国民生产总值（亿元）X_8、国民生产总值年增长率（%）X_9、湿地面积（千公顷）X_{11}、环境治理投资总额（亿元）X_{14}、文化艺术团体数量（个）X_{15} 上的载荷较高，所以第 2 个因子可以看成是上述 6 个变量的综合，这些指标主要反映了旅游目的地的经济发展与文化环境状况，因此将第 2 个公共因子 F_2 定义为“经济、文化和生态环境因子”；第 3 个公共因子 F_3 在入境旅游接待总人次年增长率（%）X_5、旅游外汇年增长率（%）X_6、旅游从业人员（人）X_{12}、旅游院校在校大学生（人）X_{13}上的载荷较高，所以第 3 个公共因子可以看成是上述 4 个变量的综合，这些指标反映了旅游接待的规模及基础条件状况，因此将第 3 个公共因子F_3定义为“旅游接待增长态势及旅游人才条件因子”。通过上述因子分析后，最初表示竞争力的 16 个指标现在用 3 个公共因子即可描述。如表 5－5 和表 5－6 所示。

表 5－5　　　　初始变量因子载荷矩阵表

原始变量	公共因子		
	F_1	F_2	F_3
X_1	－0. 817	0. 435	0. 347
X_2	－0. 782	0. 472	0. 37
X_3	－0. 819	0. 434	0. 354
X_4	－0. 844	0. 364	0. 363
X_5	0. 093	0. 880	－0. 159
X_6	0. 079	0. 869	－0. 184
X_7	－0. 762	0. 068	－0. 337
X_8	0. 971	0. 190	0. 029
X_9	－0. 717	0. 041	－0. 523
X_{10}	0. 974	0. 158	－0. 096
X_{11}	0. 782	0. 147	0. 476
X_{12}	－0. 037	－0. 870	0. 356
X_{13}	－0. 419	－0. 634	0. 038
X_{14}	0. 809	0. 290	0. 017
X_{15}	0. 838	0. 095	0. 516
X_{16}	0. 908	0. 278	－0. 173

表 5-6　　旋转后因子载荷矩阵表

原始变量	公共因子		
	F_1	F_2	F_3
X_1	0.941	-0.265	0.148
X_2	0.943	-0.221	0.181
X_3	0.945	-0.262	0.145
X_4	0.944	-0.282	0.072
X_5	0.145	0.058	0.885
X_6	0.135	0.03	0.881
X_7	0.348	-0.758	0.041
X_8	-0.596	0.716	0.336
X_9	0.192	-0.863	0.085
X_{10}	-0.687	0.626	0.347
X_{11}	-0.2	0.898	0.117
X_{12}	-0.058	0.122	-0.931
X_{13}	0.095	-0.34	-0.674
X_{14}	-0.455	0.607	0.404
X_{15}	-0.233	0.958	0.065
X_{16}	-0.646	0.539	0.473

二、竞争力测算

依据 3 个公共因子的得分系数矩阵（如表 5-7 所示）和 3 个公共因子对应的方差贡献率权重，计算 3 个公共因子得分及综合得分指数。

表 5 – 7　　3 个公共因子得分系数矩阵

原始变量	公共因子		
	F_1	F_2	F_3
X_1	0. 241	0. 101	0. 023
X_2	0. 25	0. 115	0. 029
X_3	0. 243	0. 104	0. 022
X_4	0. 242	0. 104	0. 001
X_5	0. 015	–0. 033	0. 256
X_6	0. 006	–0. 046	0. 258
X_7	–0. 061	–0. 207	0. 07
X_8	–0. 05	0. 097	0. 062
X_9	–0. 138	–0. 286	0. 102
X_{10}	–0. 101	0. 041	0. 079
X_{11}	0. 133	0. 277	–0. 043
X_{12}	0. 057	0. 125	–0. 292
X_{13}	–0. 012	–0. 038	–0. 176
X_{14}	–0. 032	0. 082	0. 086
X_{15}	0. 139	0. 297	–0. 063
X_{16}	–0. 114	0. 006	0. 123

采用回归法估计因子的得分系数，根据表 5 – 7 可以得到 3 个公共因子的得分函数：

$$F_1 = 0.241X_1 + 0.25X_2 + 0.243X_3 + 0.242X_4 + \cdots + 0.139X_{15} - 0.114X_{16}$$

$$F_2 = 0.101X_1 + 0.115X_2 + 0.104X_3 + 0.104X_4 + \cdots + 0.297X_{15} + 0.006X_{16}$$

$$F_3 = 0.023X_1 + 0.029X_2 + 0.001X_3 + 0.256X_4 + \cdots - 0.063X_{15} + 0.123X_{16}$$

上述 3 个公共因子从不同侧面反映了甘肃入境旅游竞争力水平，但单独的某个公共因子不能说明入境旅游竞争力概况，因此应该构建综合评价指数来评价该地区的竞争力水平，以各公共因子对应的方差贡献率为权重计算该地区历年入境旅游竞争力综合得分值。

入境旅游竞争力综合得分：$Z = 0.33216 \times F_1 + 0.31308 \times F_2 + 0.22549 \times F_3$

测算结果是：2006 年，甘肃第 1 个公共因子 F_1 “旅游接待能力及交通条件因子”得分指数为 1.859，第 2 个公共因子 F_2 “经济、文化和生态环境因子”得分指数为 -0.395，第 3 个公共因子 F_3 “旅游接待增长态势及旅游人才条件因子”得分指数为 0.477，整体竞争力指数为 0.6；2007 年，甘肃第 1 个公共因子 F_1 “旅游接待能力及交通条件因子”得分指数为 1.840，第 2 个公共因子 F_2 “经济、文化和生态环境因子”得分指数为 -0.262，第 3 个公共因子 F_3 “旅游接待增长态势及旅游人才条件因子”得分指数为 -0.012，整体竞争力指数为 0.53；2008 年，甘肃第 1 个公共因子 F_1 “旅游接待能力及交通条件因子”得分指数为 -0.281，第 2 个公共因子 F_2 “经济、文化和生态环境因子”得分指数为 -0.501，第 3 个公共因子 F_3 “旅游接待增长态势及旅游人才条件因子”得分指数为 -2.396，整体竞争力指数为 -0.79；2009 年，甘肃第 1 个公共因子 F_1 “旅游接待能力及交通条件因子”得分指数为 -0.417，第 2 个公共因子 F_2 “经济、文化和生态环境因子”得分指数为 -0.545，第 3 个公共因子 F_3 “旅游接待增长态势及旅游人才条件因子”得分指数为 -0.806，整体竞争力指数为 -0.49；2010 年，甘肃第 1 个公共因子 F_1 “旅游接待能力及交通条件因子”得分指数为 -0.417，第 2 个公共因子 F_2 “经济、文化和生态环境因子”得分指数为 -0.545，第 3 个公共因子 F_3 “旅游接待增长态势及旅游人才条件因子”得分指数为 -0.806，整体竞争力指数为 -0.49；2011 年，甘肃第 1 个公共因子 F_1 “旅游接待能力及交通条件因子”得分指数为 -0.79，第 2 个公共因子 F_2 “经济、文化和生态环境因子”得分指数为 -0.881，第 3 个公共因子 F_3 “旅游接待增长态势及旅游人才条件因子”得分指数为 0.939，整体竞争力指数为 -0.33；2012 年，甘肃第 1 个公共因子 F_1 “旅游接待能力及交通条件因子”得分指数为 -0.587，第 2 个公共因子 F_2 “经济、文化和生态环境因子”得分指数为 -0.223，第 3 个公共因子 F_3 “旅游接待增长态势及旅游人才条件因子”得分指数为 0.906，整体竞争力指数为 -0.06；2013 年，甘肃第 1 个

公共因子 F_1 “旅游接待能力及交通条件因子”得分指数为 -0.524，第2个公共因子 F_2 “经济、文化和生态环境因子”得分指数为0.448，第3个公共因子 F_3 “旅游接待增长态势及旅游人才条件因子”得分指数为0.704，整体竞争力指数为0.12；2014年，甘肃第1个公共因子 F_1 “旅游接待能力及交通条件因子”得分指数为 -0.307，第2个公共因子 F_2 “经济、文化和生态环境因子”得分指数为1.609，第3个公共因子 F_3 “旅游接待增长态势及旅游人才条件因子”得分指数为 -0.193，整体竞争力指数为0.36；2015年，甘肃第1个公共因子 F_1 “旅游接待能力及交通条件因子”得分指数为 -0.041，第2个公共因子 F_2 “经济、文化和生态环境因子”得分指数为1.846，第3个公共因子 F_3 “旅游接待增长态势及旅游人才条件因子”得分指数为 -0.004，整体竞争力指数为0.56。如表5-8所示。可见，第1个公共因子 F_1 “旅游接待能力及交通条件因子”得分指数降低幅度最大，第2个公共因子 F_2 “经济、文化和生态环境因子”得分指数增加幅度最大，第3个公共因子 F_3 “旅游接待增长态势及旅游人才条件因子”得分指数下降幅度不小，竞争力指数总体下滑。如表5-8所示。图5-2所示为3个公共因子得分指数及综合竞争力得分指数趋势图。

表5-8　　3个公共因子得分指数及综合得分指数

年份	F_1	F_2	F_3	Z
2006	1.859	-0.395	0.477	0.6
2007	1.840	-0.262	-0.012	0.53
2008	-0.281	-0.501	-2.396	-0.79
2009	-0.417	-0.545	-0.806	-0.49
2010	-0.752	-1.096	0.385	-0.51
2011	-0.792	-0.881	0.939	-0.33
2012	-0.587	-0.223	0.906	-0.06
2013	-0.524	0.448	0.704	0.12
2014	-0.307	1.609	-0.193	0.36
2015	-0.041	1.846	-0.004	0.56

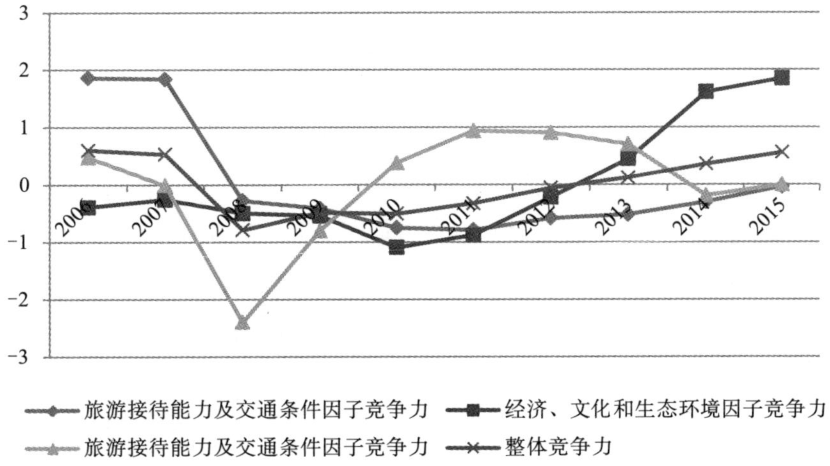

图 5－2　3 个公共因子得分指数及综合竞争力得分指数趋势图

第二节　陕西入境旅游竞争力分析

一、因子提取

为消除量纲的影响，首先对指标体系中的原始指标进行归一化处理。由于指标的相关系数矩阵非正定，所以无法使用巴特利特球度检验和 KMO 检验进行分析，故采用相关系数矩阵分析原变量是否可以采用因子分析提取因子。相关系数矩阵的分析结果表明：大部分变量间的相关系数都较高，各变量呈较强的线性关系，能够从中提取公共因子，适合进行因子分析。如表 5－9 所示。

表 5 - 9　　原始变量的相关系数矩阵

R	X_1	X_2	X_3	X_4	X_5	X_6	X_7	X_8	X_9	X_{10}	X_{11}	X_{12}	X_{13}	X_{14}	X_{15}	X_{16}
X_1	1	0.9363	0.9984	0.8943	-0.0944	-0.0184	-0.731	0.9056	-0.5935	0.3201	0.6016	0.4171	0.7853	0.8242	0.3493	0.8354
X_2	0.9363	1	0.9296	0.7053	-0.1601	0.0659	-0.8359	0.957	-0.7623	0.628	0.7257	0.6857	0.9466	0.8671	0.6389	0.9187
X_3	0.9984	0.9296	1	0.8888	-0.1305	-0.063	-0.7322	0.9078	-0.6044	0.307	0.6219	0.4096	0.7694	0.8301	0.3387	0.8464
X_4	0.8943	0.7053	0.8888	1	0.1713	0.0898	-0.3942	0.6361	-0.2554	-0.0874	0.2311	0.0124	0.4981	0.5331	-0.0717	0.5241
X_5	-0.0944	-0.1601	-0.1305	0.1713	1	0.8917	0.5493	-0.3923	0.3964	-0.2923	-0.6373	-0.4303	-0.1143	-0.4277	-0.2856	-0.4967
X_6	-0.0184	0.0659	-0.063	0.0898	0.8917	1	0.3055	-0.1934	0.1047	0.1442	-0.4106	-0.0173	0.2174	-0.2784	0.111	-0.2642
X_7	-0.731	-0.8359	-0.7322	-0.3942	0.5493	0.3055	1	-0.929	0.7552	-0.6998	-0.8332	-0.8192	-0.8137	-0.935	-0.7482	-0.9176
X_8	0.9056	0.957	0.9078	0.6361	-0.3923	-0.1934	-0.929	1	-0.7832	0.6013	0.807	0.7011	0.8775	0.9591	0.6398	0.9544
X_9	-0.5935	-0.7623	-0.6044	-0.2554	0.3964	0.1047	0.7552	-0.7832	1	-0.7245	-0.769	-0.7769	-0.7771	-0.7673	-0.7889	-0.8346
X_{10}	0.3201	0.628	0.307	-0.0874	-0.2923	0.1442	-0.6998	0.6013	-0.7245	1	0.6689	0.9642	0.8167	0.5525	0.9681	0.663
X_{11}	0.6016	0.7257	0.6219	0.2311	-0.6373	-0.4106	-0.8332	0.807	-0.769	0.6689	1	0.7282	0.6789	0.7959	0.6928	0.8836
X_{12}	0.4171	0.6857	0.4096	0.0124	-0.4303	-0.0173	-0.8192	0.7011	-0.7769	0.9642	0.7282	1	0.8394	0.6591	0.9451	0.7615
X_{13}	0.7853	0.9466	0.7694	0.4981	-0.1143	0.2174	-0.8137	0.8775	-0.7771	0.8167	0.6789	0.8394	1	0.7789	0.8023	0.8564
X_{14}	0.8242	0.8671	0.8301	0.5331	-0.4277	-0.2784	-0.935	0.9591	-0.7673	0.5525	0.7959	0.6591	0.7789	1	0.6524	0.8977
X_{15}	0.3493	0.6389	0.3387	-0.0717	-0.2856	0.111	-0.7482	0.6398	-0.7889	0.9681	0.6928	0.9451	0.8023	0.6524	1	0.6782
X_{16}	0.8354	0.9187	0.8464	0.5241	-0.4967	-0.2642	-0.9176	0.9544	-0.8346	0.663	0.8836	0.7615	0.8564	0.8977	0.6782	1

根据分析的要求，指定提取 3 个公共因子。分析结果如表 5－10 所示。

表 5－10　　因子分析初始解的公共因子方差

原始变量	初始	提取	原始变量	初始	提取
X_1	1.000	0.999	X_9	1.000	0.782
X_2	1.000	0.994	X_{10}	1.000	0.981
X_3	1.000	0.997	X_{11}	1.000	0.865
X_4	1.000	0.989	X_{12}	1.000	0.960
X_5	1.000	0.971	X_{13}	1.000	0.981
X_6	1.000	0.997	X_{14}	1.000	0.903
X_7	1.000	0.928	X_{15}	1.000	0.981
X_8	1.000	0.988	X_{16}	1.000	0.971

因子分析的初始解反映了所有变量的共同度数据，在表 5－10 中，第 2 列和第 5 列是因子分析初始解下的变量共同度，第 3 列和第 6 列是在指定条件下提取特征值时的变量共同度。可以看出，所有变量的共同度均较高，各变量的信息丢失都较少，因此，提取 3 个公共因子的总体效果较好。

3 个公共因子解释原始变量总体方差的情况是：3 个公共因子共解释了原始变量总体方差的 95.544%，总体上，原始变量的信息丢失较少，因子分析的效果较为理想。如表 5－11 所示。

表 5－11　　3 个公共因子解释原始变量总体方差的情况

公共因子	初始特征值			提取载荷平方和			旋转载荷平方和		
	总计	方差（%）	累积（%）	总计	方差（%）	累积（%）	总计	方差（%）	累积（%）
F_1	10.560	65.998	65.998	10.560	65.998	65.998	6.318	39.489	39.489
F_2	2.633	16.459	82.458	2.633	16.459	82.458	6.292	39.328	78.817
F_3	2.094	13.087	95.544	2.094	13.087	95.544	2.676	16.728	95.544

由因子碎石图的结果可知，第 1 个公共因子的特征值很高，对原始变量的解释效果最好，第 3 个公共因子的特征值较小，对解释原始变量的贡献很小，已经成为可以被忽略的“高山脚下的碎石”，因此，提取 3 个公共因子是合适的。如图 5－3 所示。

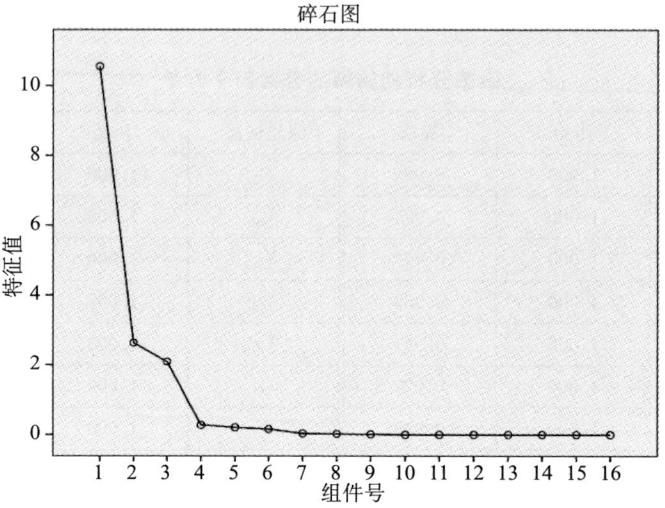

图 5 - 3　因子碎石图

由初始变量因子载荷矩阵表和旋转后因子载荷矩阵表可以看出，第 1 个公共因子 F_1 在入境旅游流优质指数 X_7、国民生产总值年增长率（%）X_9、通车里程（公里）X_{10}、湿地面积（千公顷）X_{11}、旅游从业人员（人）X_{12}、旅游院校在校大学生（人）X_{13}、文化艺术团体数量（个）X_{15} 上的载荷较高，所以第 1 个因子可以看成是上述 7 个变量的综合，这些指标主要反映了旅游目的地经济基础、基础设施、文化教育状况，因此将第 1 个公共因子 F_1 定义为“入境旅游接待条件因子”；第 2 个公共因子 F_2 在入境旅游接待总人次（万人次）X_1、旅游外汇收入（万美元）X_2、入境旅游流流量指数 X_3、入境旅游流优势指数 X_4、国民生产总值（亿元）X_8、环境治理投资总额（亿元）X_{14}、博物馆数量（个）X_{16} 上的载荷较高，所以第 2 个公共因子可以看成是上述 7 个变量的综合，这些指标主要反映了旅游目的地入境旅游流规模状况，因此将第 2 个公共因子 F_2 定义为“入境旅游流规模因子”；第 3 个公共因子 F_3 在入境旅游接待总人次年增长率（%）X_5、旅游外汇年增长率（%）X_6 上的载荷较高，所以第 3 个公共因子可以看成是上述 2 个变量的综合，这些指标反映了旅游接待的规模及效益增长率，故将第 3 个公共因子 F_3 定义为“入境旅游接待量增长因子”。通过上述因子分析后，最初表示竞争力的 16 个指标现在用 3 个公共因子即可描述。如表 5 - 11 和表 5 - 12 所示。

表 5-12　　初始变量因子载荷矩阵表

原始变量	公共因子		
	F_1	F_2	F_3
X_1	0.835	0.536	-0.121
X_2	0.949	0.288	0.099
X_3	0.836	0.521	-0.163
X_4	0.507	0.835	-0.184
X_5	-0.414	0.616	0.648
X_6	-0.145	0.395	0.905
X_7	-0.946	0.134	0.124
X_8	0.976	0.146	-0.118
X_9	-0.858	0.189	-0.099
X_{10}	0.740	-0.454	0.476
X_{11}	0.862	-0.278	-0.211
X_{12}	0.822	-0.436	0.309
X_{13}	0.922	0.102	0.347
X_{14}	0.932	0.061	-0.179
X_{15}	0.770	-0.442	0.439
X_{16}	0.976	0.002	-0.136

表 5-13　　旋转后因子载荷矩阵表

原始变量	公共因子		
	F_1	F_2	F_3
X_1	0.240	0.970	-0.030
X_2	0.558	0.826	0.005
X_3	0.228	0.969	-0.074
X_4	-0.175	0.969	0.139
X_5	-0.287	0.005	0.943
X_6	0.143	-0.023	0.988
X_7	-0.665	-0.579	0.388
X_8	0.543	0.794	-0.253
X_9	-0.744	-0.431	0.208
X_{10}	0.987	0.083	0.006
X_{11}	0.639	0.441	-0.513
X_{12}	0.951	0.188	0.145

续表

原始变量	公共因子		
	F_1	F_2	F_3
X_{13}	0.759	0.624	0.128
X_{14}	0.526	0.717	-0.336
X_{15}	0.983	0.120	-0.026
X_{16}	0.609	0.697	-0.339

二、竞争力测算

依据3个公共因子的得分系数矩阵（如表5-14所示）和3个公共因子对应的方差贡献率权重，计算3个公共因子得分及综合得分指数。

表5-14　　3个公共因子得分系数矩阵

原始变量	公共因子		
	F_1	F_2	F_3
X_1	-0.0800	0.2087	0.0335
X_2	0.0288	0.1271	0.0725
X_3	-0.0867	0.2091	0.0136
X_4	-0.1757	0.2733	0.0711
X_5	0.0044	0.0682	0.3839
X_6	0.1269	-0.0002	0.4399
X_7	-0.0594	-0.0387	0.0952
X_8	0.0072	0.1142	-0.0415
X_9	-0.1174	0.0052	0.0142
X_{10}	0.2516	-0.1228	0.0900
X_{11}	0.0617	0.0043	-0.1552
X_{12}	0.2135	-0.0949	0.0244
X_{13}	0.1226	0.0501	0.1379
X_{14}	0.0068	0.0951	-0.0807
X_{15}	0.2423	-0.1136	0.0769
X_{16}	0.0314	0.0779	-0.0757

采用回归法估计因子的得分系数，根据表 5 - 14 可以得到 3 个公共因子的得分函数：

$$F_1 = -0.0800X_1 + 0.0288X_2 - 0.0867X_3 - 0.1757X_4 + \cdots + 0.2423X_{15} - 0.0314X_{16}$$

$$F_2 = 0.2087X_1 + 0.1271X_2 + 0.2091X_3 + 0.2733X_4 + \cdots - 0.1136X_{15} + 0.0779X_{16}$$

$$F_3 = 0.0335X_1 + 0.0725X_2 + 0.0136X_3 + 0.0711X_4 + \cdots + 0.0769X_{15} - 0.0757X_{16}$$

上述 3 个公共因子从不同角度反映了陕西入境旅游竞争力水平，但单独的某个公共因子不能说明入境旅游竞争力的概况，因此应该构建综合评价指数来评价该地区的竞争力水平，以各公共因子对应的方差贡献率为权重计算该地区历年入境旅游竞争力综合得分值。

入境旅游竞争力综合得分：$Z = 0.39489 \times F_1 + 0.39328 \times F_2 + 0.16978 \times F_3$

测算结果是：2006 年，陕西第 1 个公共因子 F_1"入境旅游接待条件因子"得分指数为 -0.442，第 2 个公共因子 F_2"入境旅游流规模因子"得分指数为 -1.251，第 3 个公共因子 F_3"入境旅游接待量增长因子"得分指数为 0.043，整体竞争力指数为 -0.66；2007 年，陕西第 1 个公共因子 F_1"入境旅游接待条件因子"得分指数为 -0.246，第 2 个公共因子 F_2"入境旅游流规模因子"得分指数为 -1.037，第 3 个公共因子 F_3"入境旅游接待量增长因子"得分指数为 0.189，整体竞争力指数为 -0.47；2008 年，陕西第 1 个公共因子 F_1"入境旅游接待条件因子"得分指数为 -0.576，第 2 个公共因子 F_2"入境旅游流规模因子"得分指数为 -0.962，第 3 个公共因子 F_3"入境旅游接待量增长因子"得分指数为 -0.402，整体竞争力指数为 -0.67;2009 年，陕西第 1 个公共因子 F_1"入境旅游接待条件因子"得分指数为 -0.114，第 2 个公共因子 F_2"入境旅游流规模因子"得分指数为 -0.768，第3 个公共因子 F_3"入境旅游接待量增长因子"得分指数为 0.119，整体竞争力指数为 -0.33；2010 年，陕西第 1 个公共因子 F_1"入境旅游接待条件因子"得分指数为 -0.293，第 2 个公共因子 F_2"入境旅游流规模因子"得分指数为 0.013，第 3 个公共因子 F_3"入境旅游接待量增长因子"得分指数为 0.901，整体竞争力指数为 0.04；2011 年，陕西第 1 个公共因子 F_1"入境旅游接待条件因子"得分指数为 -0.545，第 2 个公共因子 F_2"入境旅游流规模因子"得分指数为 0.688，第 3 个公共因子 F_3"入境旅游接待量增长因子”得分指数为0.748，整体竞争力指数为0.18；2012年，陕西第1个公共因子F_1“入境旅游接待条件因子”得分指数为-0.561，第2个公共因子F_2“入境旅游流规模因子”得分指数为1.402，第3个公共因子F_3“入境旅游接待量增长因子”得分指数为0.631，整体竞争力指数为0.44；2013年，陕西第1个公共因子F_1“入境旅游接待条件因子”得分指数为-0.539，第2个公共因子F_2“入境旅游流规模因子”得分指数为1.524，第3个公共因子F_3“入境旅游接待量增长因子”得分指数为-0.625，整体竞争力指数为0.28；2014年，陕西第1个公共因子F_1“入境旅游接待条件因子”得分指数为0.679，第2个公共因子F_2“入境旅游流规模因子”得分指数为0.255，第3个公共因子F_3“入境旅游接待量增长因子”得分指数为-2.436，整体竞争力指数为-0.05；2015年，陕西第1个公共因子F_1“入境旅游接待条件因子”得分指数为2.636，第2个公共因子F_2“入境旅游流规模因子”得分指数为0.138，第3个公共因子F_3“入境旅游接待量增长因子”得分指数为0.831，整体竞争力指数为1.24。可见，第1个公共因子F_1“入境旅游接待条件因子”得分指数增加幅度为3.078，第2个公共因子F_2“入境旅游流规模因子”得分指数增加幅度为2.389，第3个公共因子F_3“入境旅游接待量增长因子”得分指数增加幅度将近0.8，竞争力指数总体增加1.90。如表5-15所示。图5-4所示为3个公共因子得分指数及综合竞争力得分指数趋势图。

表5-15　　　3个公共因子得分指数及综合得分指数

年份	F_1	F_2	F_3	Z
2006	-0.442	-1.251	0.043	-0.66
2007	-0.246	-1.037	0.189	-0.47
2008	-0.576	-0.962	-0.402	-0.67
2009	-0.114	-0.768	0.119	-0.33
2010	-0.293	0.013	0.901	0.04
2011	-0.545	0.688	0.748	0.18
2012	-0.561	1.402	0.631	0.44
2013	-0.539	1.524	-0.625	0.28

续表

年份	F_1	F_2	F_3	Z
2014	0.679	0.255	-2.436	-0.05
2015	2.636	0.138	0.831	1.24

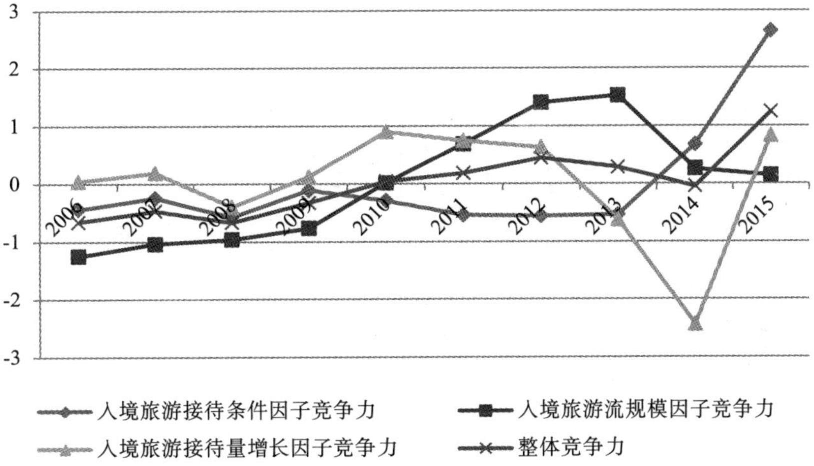

图 5-4　3个公共因子得分指数及综合竞争力得分指数趋势图

第三节　青海入境旅游竞争力分析

一、因子提取

为消除量纲的影响，首先对指标体系中的原始指标进行归一化处理。由于指标的相关系数矩阵非正定，所以无法使用巴特利特球度检验和KMO检验进行分析，故采用相关系数矩阵分析原变量是否可以采用因子分析提取因子。相关系数矩阵的分析结果表明：大部分变量间的相关系数都较高，各变量呈较强的线性关系，能够从中提取公共因子，适合进行因子分析。如表5-16所示。

表 5－16　　原始变量的相关系数矩阵

R	X_1	X_2	X_3	X_4	X_5	X_6	X_7	X_8	X_9	X_{10}	X_{11}	X_{12}	X_{13}	X_{14}	X_{15}	X_{16}
X_1	1	0.9041	0.9933	0.9719	0.5695	0.4924	－0.4638	0.6579	－0.5903	0.6472	0.5592	0.7958	0.7002	0.6995	0.6201	0.6813
X_2	0.9041	1	0.8849	0.9132	0.408	0.4854	－0.3845	0.8133	－0.6208	0.7785	0.5703	0.6143	0.7423	0.8308	0.7919	0.8118
X_3	0.9933	0.8849	1	0.9732	0.5945	0.5095	－0.5111	0.6595	－0.6528	0.6507	0.6038	0.8139	0.7249	0.6856	0.6266	0.6719
X_4	0.9719	0.9132	0.9732	1	0.4653	0.4003	－0.4472	0.7425	－0.6175	0.6808	0.6083	0.7168	0.7945	0.739	0.6814	0.7889
X_5	0.5695	0.408	0.5945	0.4653	1	0.8772	－0.0633	0.0609	－0.3638	0.0637	0.1152	0.4648	0.4253	0.0357	0.1304	－0.0282
X_6	0.4924	0.4854	0.5095	0.4003	0.8772	1	－0.0873	0.1034	－0.3977	0.167	0.0793	0.4245	0.3193	0.0788	0.2927	0.0255
X_7	－0.4638	－0.3845	－0.5111	－0.4472	－0.0633	－0.0873	1	－0.4839	0.5778	－0.6633	－0.8087	－0.8057	－0.2081	－0.5429	－0.5557	－0.3485
X_8	0.6579	0.8133	0.6595	0.7425	0.0609	0.1034	－0.4839	1	－0.6721	0.9429	0.8089	0.4149	0.8236	0.9055	0.9253	0.9356
X_9	－0.5903	－0.6208	－0.6528	－0.6175	－0.3638	－0.3977	0.5778	－0.6721	1	－0.7089	－0.7691	－0.4927	－0.6553	－0.647	－0.6453	－0.6155
X_{10}	0.6472	0.7785	0.6507	0.6808	0.0637	0.167	－0.6633	0.9429	－0.7089	1	0.8494	0.568	0.6604	0.8867	0.9494	0.8484
X_{11}	0.5592	0.5703	0.6038	0.6083	0.1152	0.0793	－0.8087	0.8089	－0.7691	0.8494	1	0.5782	0.6102	0.8137	0.7409	0.6831
X_{12}	0.7958	0.6143	0.8139	0.7168	0.4648	0.4245	－0.8057	0.4149	－0.4927	0.568	0.5782	1	0.331	0.4717	0.5152	0.3474
X_{13}	0.7002	0.7423	0.7249	0.7945	0.4253	0.3193	－0.2081	0.8236	－0.6553	0.6604	0.6102	0.331	1	0.6322	0.7242	0.7853
X_{14}	0.6995	0.8308	0.6856	0.739	0.0357	0.0788	－0.5429	0.9055	－0.647	0.8867	0.8137	0.4717	0.6322	1	0.7764	0.8722
X_{15}	0.6201	0.7919	0.6266	0.6814	0.1304	0.2927	－0.5557	0.9253	－0.6453	0.9494	0.7409	0.5152	0.7242	0.7764	1	0.831
X_{16}	0.6813	0.8118	0.6719	0.7889	－0.0282	0.0255	－0.3485	0.9356	－0.6155	0.8484	0.6831	0.3474	0.7853	0.8722	0.831	1

根据分析的要求，指定提取3个公共因子。分析结果如表5-17所示。

表5-17　　因子分析初始解的公共因子方差

原始变量	初始	提取	原始变量	初始	提取
X_1	1.000	0.901	X_9	1.000	0.901
X_2	1.000	0.911	X_{10}	1.000	0.911
X_3	1.000	0.930	X_{11}	1.000	0.930
X_4	1.000	0.896	X_{12}	1.000	0.896
X_5	1.000	0.913	X_{13}	1.000	0.913
X_6	1.000	0.787	X_{14}	1.000	0.787
X_7	1.000	0.988	X_{15}	1.000	0.988
X_8	1.000	0.977	X_{16}	1.000	0.977

3个公共因子分析的初始解反映了所有变量的共同度数据，在表5-17中，第2列和第5列是因子分析初始解下的变量共同度，第3列和第6列是在指定条件下提取特征值时的变量共同度。可以看出，所有变量的共同度均较高，各变量的信息丢失都较少，因此，提取3个公共因子的总体效果较好。

3个公共因子解释原始变量总体方差的情况是：3个公共因子共解释了原始变量总体方差的88.377%，总体上，原始变量的信息丢失较少，因子分析的效果较为理想。如表5-18所示。

表5-18　　3个公共因子解释原始变量总体方差的情况

公共因子	初始特征值			提取载荷平方和			旋转载荷平方和		
	总计	方差（%）	累积（%）	总计	方差（%）	累积（%）	总计	方差（%）	累积（%）
F_1	10.312	64.448	64.448	10.312	64.448	64.448	7.384	46.149	46.149
F_2	2.453	15.328	79.776	2.453	15.328	79.776	3.627	22.671	68.819
F_3	1.376	8.601	88.377	1.376	8.601	88.377	3.129	19.558	88.377

由碎石图的结果可知，第1个公共因子的特征值很高，对原始变量的解释效果最好，第3个公共因子的特征值较小，对解释原始变量的贡献很小，已经成为可以被忽略的“高山脚下的碎石”，因此，提取3个公共因子是合适的。如图5-5所示。

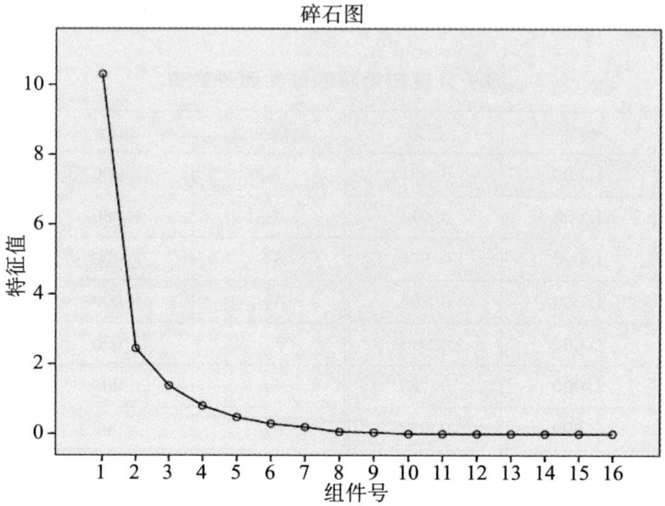

图 5－5　因子碎石图

由初始变量因子载荷矩阵表和旋转后因子载荷矩阵表可以看出，第 1 个公共因子 F_1 在旅游外汇收入（万美元）X_2、入境旅游流优势指数 X_4、国民生产总值（亿元）X_8、国民生产总值年增长率（%）X_9、通车里程（公里）X_{10}、旅游院校在校大学生（人）X_{13}、环境治理投资总额（亿元）X_{14}、文化艺术团体数量（个）X_{15}、博物馆数量（个）X_{16} 上的载荷较高，所以第 1 个公共因子可以看成是上述变量的综合，这些指标主要反映了旅游目的地旅游接待规模及条件状况，因此将第 1 个公共因子 F_1 定义为“入境旅游接待规模及条件因子”；第 2 个公共因子 F_2 在入境旅游接待总人次（万人次）X_1、入境旅游流流量指数 X_3、入境旅游接待总人次年增长率（%）X_5、旅游外汇年增长率（%）X_6 上的载荷较高，所以第 2 个公共因子可以看成是上述变量的综合，这些指标主要反映了旅游目的地入境旅游流增长率状况，因此将第 2 个公共因子 F_2 定义为“入境旅游流增长因子”；第 3 个公共因子 F_3 在入境旅游流优质指数 X_7、湿地面积（千公顷）X_{11}、旅游从业人员（人）X_{12} 上的载荷较高，可以看成是上述 4 个变量的综合，这些指标反映了入境旅游接待人才条件，因此将第 3 个公共因子 F_3 定义为“入境旅游接待人才支持条件因子”。通过上述因子分析后，最初表示竞争力的 16 个指标现在用 3 个公共因子即可描述。如表 5－19 和表 5－20 所示。

表 5－19　　初始变量因子载荷矩阵

原始变量	公共因子		
	F_1	F_2	F_3
X_1	0.890	0.329	0.036
X_2	0.920	0.127	0.221
X_3	0.903	0.338	-0.009
X_4	0.916	0.199	0.129
X_5	0.378	0.876	0.042
X_6	0.390	0.795	0.045
X_7	-0.628	0.163	0.753
X_8	0.900	-0.361	0.194
X_9	-0.786	-0.011	0.117
X_{10}	0.900	-0.335	-0.068
X_{11}	0.822	-0.312	-0.312
X_{12}	0.718	0.315	-0.543
X_{13}	0.810	0.033	0.425
X_{14}	0.873	-0.336	0.054
X_{15}	0.873	-0.239	0.063
X_{16}	0.851	-0.368	0.320

表 5－20　　旋转后因子载荷矩阵

原始变量	公共因子		
	F_1	F_2	F_3
X_1	0.612	0.650	0.323
X_2	0.795	0.490	0.195
X_3	0.599	0.660	0.368
X_4	0.724	0.548	0.267
X_5	-0.007	0.955	0.031
X_6	0.034	0.885	0.042
X_7	-0.232	-0.036	-0.966
X_8	0.952	0.031	0.265
X_9	-0.579	-0.306	-0.449
X_{10}	0.825	0.036	0.495

续表

原始变量	公共因子		
	F_1	F_2	F_3
X_{11}	0.643	0.008	0.675
X_{12}	0.218	0.526	0.765
X_{13}	0.834	0.377	-0.025
X_{14}	0.858	0.034	0.375
X_{15}	0.825	0.123	0.356
X_{16}	0.972	0.016	0.132

二、竞争力测算

依据3个公共因子的得分系数矩阵（如表5-21所示）和3个公共因子对应的方差贡献率权重，计算3个公共因子得分指数及综合得分指数。

表5-21　　3个公共因子得分系数矩阵

原始变量	公共因子		
	F_1	F_2	F_3
X_1	0.0308	0.1586	-0.0004
X_2	0.1245	0.0945	-0.1093
X_3	0.0157	0.1602	0.0289
X_4	0.0832	0.1163	-0.0534
X_5	-0.0919	0.3449	-0.0513
X_6	-0.0775	0.3151	-0.0490
X_7	0.1710	0.0794	-0.5215
X_8	0.1895	-0.0908	-0.0702
X_9	-0.0219	-0.0272	-0.1087
X_{10}	0.1002	-0.0954	0.0979
X_{11}	0.0110	-0.1035	0.2514
X_{12}	-0.1695	0.1148	0.3679
X_{13}	0.1971	0.0666	-0.2420
X_{14}	0.1380	-0.0900	0.0177
X_{15}	0.1261	-0.0534	0.0074
X_{16}	0.2280	-0.0881	-0.1538

采用回归法估计因子的得分系数，根据表 5－21 可以得到 3 个公共因子的得分函数：

$$F_1 = -0.0800X_1 + 0.0288X_2 - 0.0867X_3 - 0.1757X_4 + \cdots + 0.2423X_{15} - 0.0314X_{16}$$

$$F_2 = 0.2087X_1 + 0.1271X_2 + 0.2091X_3 + 0.2733X_4 + \cdots - 0.1136X_{15} + 0.0779X_{16}$$

$$F_3 = 0.0335X_1 + 0.0725X_2 + 0.0136X_3 + 0.0711X_4 + \cdots + 0.0769X_{15} - 0.0757X_{16}$$

上述 3 个公共因子从不同角度反映了青海入境旅游竞争力水平，但单独的某个公共因子不能说明入境旅游竞争力的概况，因此应该构建综合评价指数来评价该地区的竞争力水平，以各公共因子对应的方差贡献率为权重计算该地区历年入境旅游竞争力综合得分值。

入境旅游竞争力综合得分：$Z = 0.46149 \times F_1 + 0.22671 \times F_2 + 0.19558 \times F_3$

测算结果是：2006 年，青海第 1 个公共因子 F_1“入境旅游接待规模及条件因子”得分指数为 －1.301，第 2 个公共因子 F_2“入境旅游流增长因子”得分指数为 0.582，第 3 个公共因子 F_3“入境旅游人才支持条件因子”得分指数为 －0.119，整体竞争力指数为 －0.49；2007 年，青海第 1 个公共因子 F_1“入境旅游接待规模及条件因子”得分指数为 －1.297，第 2 个公共因子 F_2“入境旅游流增长因子”得分指数为 0.678，第 3 个公共因子 F_3“入境旅游人才支持条件因子”得分指数为 0.814，整体竞争力指数为 －0.29；2008 年，青海第 1 个公共因子 F_1“入境旅游接待规模及条件因子”得分指数为 －0.899，第 2 个公共因子 F_2“入境旅游流增长因子”得分指数为 －2.207，第 3 个公共因子 F_3“入境旅游人才支持条件因子”得分指数为 0.383，整体竞争力指数为 －0.84；2009 年，青海第 1 个公共因子 F_1“入境旅游接待规模及条件因子”得分指数为 －0.611，第 2 个公共因子 F_2“入境旅游流增长因子”得分指数为 0.267，第 3 个公共因子 F_3“入境旅游人才支持条件因子”得分指数为 －0.798，整体竞争力指数为 －0.38；2010 年，青海第 1 个公共因子 F_1“入境旅游接待规模及条件因子”得分指数为 －0.425，第 2 个公共因子 F_2“入境旅游流增长因子”得分指数为 0.717，第 3 个公共因子 F_3“入境旅游人才支持条件因子”得分指数为 －0.637，整体竞争力指数为 －0.16；2011 年，青海第 1 个公共因子 F_1“入境旅游接待规模及条件因子”得分指数为 0.747，第 2 个公共因子 F_2“入境旅游流增长因子”得分指数为0.468，第3个公共因子F_3“入境旅游人才支持条件因子”得分指数为-1.448，整体竞争力指数为0.17；2012年，青海第1个公共因子F_1“入境旅游接待规模及条件因子”得分指数为0.989，第2个公共因子F_2“入境旅游流增长因子”得分指数为-0.539，第3个公共因子F_3“入境旅游人才支持条件因子”得分指数为-1.131，整体竞争力指数为0.11；2013年，青海第1个公共因子F_1“入境旅游接待规模及条件因子”得分指数为0.928，第2个公共因子F_2“入境旅游流增长因子”得分指数为-1.039，第3个公共因子F_3“入境旅游人才支持条件因子”得分指数为0.223，整体竞争力指数为0.24；2014年，青海第1个公共因子F_1“入境旅游接待规模及条件因子”得分指数为0.689，第2个公共因子F_2“入境旅游流增长因子”得分指数为-0.002，第3个公共因子F_3“入境旅游人才支持条件因子”得分指数为1.471，整体竞争力指数为0.61；2015年，青海第1个公共因子F_1“入境旅游接待规模及条件因子”得分指数为1.180，第2个公共因子F_2“入境旅游流增长因子”得分指数为1.075，第3个公共因子F_3“入境旅游人才支持条件因子”得分指数为1.243，整体竞争力指数为1.03。可见，第1个公共因子F_1“入境旅游接待规模及条件因子”得分指数增加幅度为2.481，第2个公共因子F_2“入境旅游流增长因子”得分指数增加幅度将近0.5，第3个公共因子F_3“入境旅游人才支持条件因子”得分指数增加幅度将近1.362，竞争力指数总体增加1.52。如表5-22所示。图5-6所示为3个公共因子得分指数及综合竞争力得分指数趋势图。

表5-22　　3个公共因子得分指数及综合得分指数

年份	F_1	F_2	F_3	Z
2006	-1.301	0.582	-0.119	-0.49
2007	-1.297	0.678	0.814	-0.29
2008	-0.899	-2.207	0.383	-0.84
2009	-0.611	0.267	-0.798	-0.38
2010	-0.425	0.717	-0.637	-0.16
2011	0.747	0.468	-1.448	0.17
2012	0.989	-0.539	-1.131	0.11

续表

年份	F_1	F_2	F_3	Z
2013	0.928	-1.039	0.223	0.24
2014	0.689	-0.002	1.471	0.61
2015	1.180	1.075	1.243	1.03

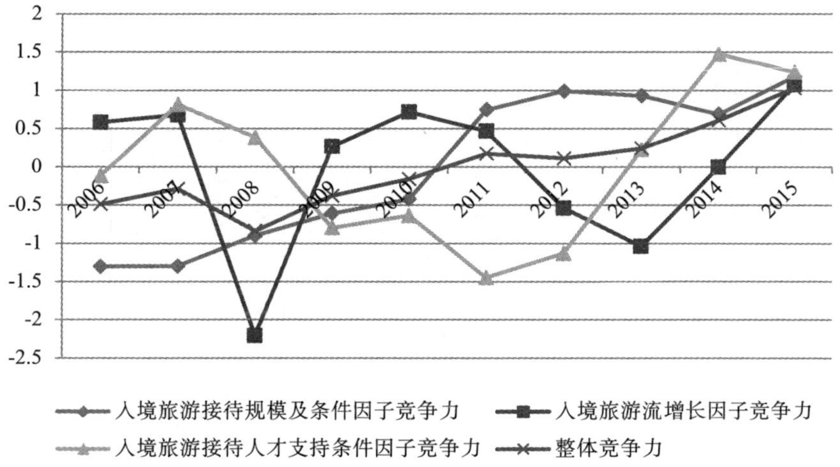

图 5-6　3 个公共因子得分指数及综合竞争力得分指数趋势图

第四节　宁夏入境旅游竞争力分析

一、因子提取

为消除量纲的影响，首先对指标体系中的原始指标进行归一化处理。由于指标的相关系数矩阵非正定，所以无法使用巴特利特球度检验和 KMO 检验进行分析，故采用相关系数矩阵分析原变量是否可以采用因子分析提取因子。相关系数矩阵的分析结果表明：大部分变量间的相关系数都较高，各变量呈较强的线性关系，能够从中提取公共因子，适合进行因子分析。如表 5-23所示。

表 5-23　原始变量的相关系数矩阵

R	X_1	X_2	X_3	X_4	X_5	X_6	X_7	X_8	X_9	X_{10}	X_{11}	X_{12}	X_{13}	X_{14}	X_{15}	X_{16}
X_1	1	0.9801	0.9986	0.9884	0.1862	0.3588	-0.4702	0.9378	-0.7626	0.9829	-0.8756	0.1507	0.6354	0.954	0.0258	0.9202
X_2	0.9801	1	0.9827	0.9723	0.2283	0.3862	-0.4588	0.8625	-0.7594	0.9729	-0.9266	0.0858	0.5954	0.9279	0.0285	0.9199
X_3	0.9986	0.9827	1	0.9871	0.2098	0.3874	-0.4585	0.9339	-0.7802	0.9867	-0.8893	0.166	0.6532	0.948	0.0147	0.9289
X_4	0.9884	0.9723	0.9871	1	0.2148	0.2478	-0.5742	0.9066	-0.7517	0.9779	-0.8308	0.1364	0.5573	0.9304	-0.0036	0.8891
X_5	0.1862	0.2283	0.2098	0.2148	1	0.3218	-0.1676	0.0111	0.0128	0.266	-0.1792	0.074	0.006	-0.0493	0.5907	0.0211
X_6	0.3588	0.3862	0.3874	0.2478	0.3218	1	0.5357	0.357	-0.4159	0.3582	-0.6268	0.1584	0.676	0.3074	0.1705	0.4556
X_7	-0.4702	-0.4588	-0.4585	-0.5742	-0.1676	0.5357	1	-0.3858	0.2372	-0.5393	0.1884	-0.1537	0.0289	-0.4414	-0.025	-0.3681
X_8	0.9378	0.8625	0.9339	0.9066	0.0111	0.357	-0.3858	1	-0.7316	0.9144	-0.7785	0.307	0.7514	0.9487	-0.0697	0.9008
X_9	-0.7626	-0.7594	-0.7802	-0.7517	0.0128	-0.4159	0.2372	-0.7316	1	-0.7645	0.7415	-0.2418	-0.6251	-0.7177	0.3198	-0.8541
X_{10}	0.9829	0.9729	0.9867	0.9779	0.266	0.3582	-0.5393	0.9144	-0.7645	1	-0.8792	0.2249	0.6603	0.9315	0.0576	0.9352
X_{11}	-0.8756	-0.9266	-0.8893	-0.8308	-0.1792	-0.6268	0.1884	-0.7785	0.7415	-0.8792	1	-0.1478	-0.7165	-0.8648	0.0258	-0.9208
X_{12}	0.1507	0.0858	0.166	0.1364	0.074	0.1584	-0.1537	0.307	-0.2418	0.2249	-0.1478	1	0.2211	0.2267	0.122	0.2261
X_{13}	0.6354	0.5954	0.6532	0.5573	0.006	0.676	0.0289	0.7514	-0.6251	0.6603	-0.7165	0.2211	1	0.6715	-0.2054	0.8048
X_{14}	0.954	0.9279	0.948	0.9304	-0.0493	0.3074	-0.4414	0.9487	-0.7177	0.9315	-0.8648	0.2267	0.6715	1	-0.0625	0.9303
X_{15}	0.0258	0.0285	0.0147	-0.0036	0.5907	0.1705	-0.025	-0.0697	0.3198	0.0576	0.0258	0.122	-0.2054	-0.0625	1	-0.1733
X_{16}	0.9202	0.9199	0.9289	0.8891	0.0211	0.4556	-0.3681	0.9008	-0.8541	0.9352	-0.9208	0.2261	0.8048	0.9303	-0.1733	1

根据分析的要求，指定提取 3 个公共因子。分析结果如表 5－24 所示。

表 5－24　　因子分析初始解的公因子方差

原始变量	初始	提取	原始变量	初始	提取
X_1	1.000	0.978	X_9	1.000	0.755
X_2	1.000	0.955	X_{10}	1.000	0.998
X_3	1.000	0.986	X_{11}	1.000	0.898
X_4	1.000	0.978	X_{12}	1.000	0.073
X_5	1.000	0.796	X_{13}	1.000	0.804
X_6	1.000	0.996	X_{14}	1.000	0.936
X_7	1.000	0.921	X_{15}	1.000	0.806
X_8	1.000	0.895	X_{16}	1.000	0.973

因子分析的初始解反映了所有变量的共同度数据，在表 5－24 中，第 2 列和第 5 列是因子分析初始解下的变量共同度，第 3 列和第 6 列是在指定条件下提取特征值时的变量共同度。可以看出，所有变量的共同度均较高，各个变量的信息丢失都较少，因此，选取 3 个公共因子的总体效果较好。

3 个公共因子解释原始变量总体方差的情况是：3 个因子共解释了原始变量总体方差的 85.929%，总体上，原始变量的信息丢失较少，因子分析的效果较为理想。如表 5－25 所示。

表 5－25　　3 个公共因子解释原始变量总体方差的情况

公共因子	初始特征值			提取载荷平方和			旋转载荷平方和		
	总计	方差（%）	累积（%）	总计	方差（%）	累积（%）	总计	方差（%）	累积（%）
F_1	10.033	62.706	62.706	10.033	62.706	62.706	9.954	62.210	62.210
F_2	1.884	11.776	74.482	1.884	11.776	74.482	1.938	12.114	74.324
F_3	1.831	11.447	85.929	1.831	11.447	85.929	1.857	11.605	85.929

由因子碎石图的结果可知，第 1 个公共因子的特征值很高，对原始变量的解释效果最好，第 3 个公共因子的特征值较小，对解释原始变量的贡献很小，已经成为可以被忽略的“高山脚下的碎石”，因此，提取 3 个公共因子是合适的。如图 5－7 所示。

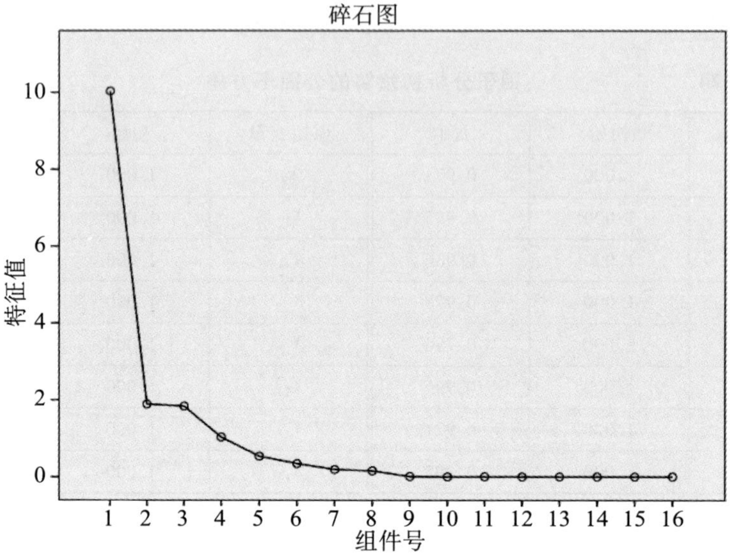

图 5－7　因子碎石图

由初始变量因子载荷矩阵表和旋转后因子载荷矩阵表可以看出，第 1 个公共因子 F_1 在入境旅游接待总人次（万人次）X_1、旅游外汇收入（万美元）X_2、入境旅游流流量指数 X_3、入境旅游流优势指数 X_4、国民生产总值（亿元）X_8、国民生产总值年增长率（%）X_9、通车里程（公里）X_{10}、湿地面积（千公顷）X_{11}、旅游从业人员（人）X_{12}、旅游院校在校大学生（人）X_{13}、环境治理投资总额（亿元）X_{14}、博物馆数量（个）X_{16} 上的载荷较高，所以第 1 个公共因子可以看成是上述变量的综合，这些指标主要反映了旅游目的地旅游接待规模及基本条件状况，因此将第 1 个公共因子 F_1 定义为“入境旅游规模及基本条件因子”；第 2 个公共因子 F_2 在旅游外汇年增长率（%）X_6、入境旅游流流质指数 X_7 上的载荷较高，所以第 2 个公共因子可以看成是上述变量的综合，这些指标主要反映了旅游目的地的旅游流质量状况，因此将第 2 个公共因子 F_2 定义为“入境旅游质量因子”；第 3 个公共因子 F_3 在入境旅游接待总人次年增长率（%）X_5、文化艺术团体数量（个）X_{15} 上的载荷较高，所以第 2 个公共因子可以看成是上述变量的综合，这些指标反映了旅游接待量增长及文化艺术基础条件，因此将第 3 个公共因子 F_3 定义为“入境旅游接待量增长及文化艺术条件因子”。通过上述因子分析后，最初表示竞争力的 16 个指标现在用 3 个公共因子即可描述。如表 5－26 和表 5－27 所示。

表 5－26　　　　初始变量因子载荷矩阵表

原始变量	公共因子		
	F_1	F_2	F_3
X_1	0.981	－0.104	0.071
X_2	0.969	－0.083	0.098
X_3	0.987	－0.076	0.074
X_4	0.959	－0.225	0.087
X_5	0.158	0.131	0.868
X_6	0.448	0.880	0.141
X_7	－0.415	0.846	－0.183
X_8	0.941	－0.039	－0.090
X_9	－0.823	－0.082	0.267
X_{10}	0.983	－0.115	0.133
X_{11}	－0.920	－0.225	－0.014
X_{12}	0.234	0.072	0.116
X_{13}	0.740	0.449	－0.234
X_{14}	0.955	－0.113	－0.101
X_{15}	－0.045	0.090	0.892
X_{16}	0.973	0.048	－0.158

表 5 – 27 旋转后因子载荷矩阵表

原始变量	公共因子		
	F_1	F_2	F_3
X_1	0.982	–0.030	0.114
X_2	0.967	–0.013	0.142
X_3	0.985	–0.003	0.120
X_4	0.970	–0.154	0.116
X_5	0.106	0.050	0.884
X_6	0.363	0.894	0.255
X_7	–0.478	0.824	–0.118
X_8	0.944	0.048	–0.041
X_9	–0.824	–0.177	0.212
X_{10}	0.982	–0.047	0.174
X_{11}	–0.896	–0.297	–0.088
X_{12}	0.221	0.078	0.135
X_{13}	0.708	0.531	–0.145
X_{14}	0.965	–0.023	–0.059
X_{15}	–0.094	–0.009	0.893
X_{16}	0.971	0.144	–0.099

二、竞争力测算

依据 3 个公共因子的得分系数矩阵（如表 5 – 28 所示）和 3 个公共因子对应的方差贡献率权重，计算 3 个公共因子得分指数及综合得分指数。

表 5 – 28 3 个公共因子得分系数矩阵

原始变量	公共因子		
	F_1	F_2	F_3
X_1	0.1003	–0.0508	0.0382
X_2	0.0974	–0.0412	0.0541

续表

原始变量	公共因子		
	F_1	F_2	F_3
X_3	0.0996	-0.0365	0.0414
X_4	0.1034	-0.1157	0.0400
X_5	-0.0123	0.0194	0.4788
X_6	0.0002	0.4585	0.1269
X_7	-0.0757	0.4520	-0.0556
X_8	0.0974	-0.0077	-0.0456
X_9	-0.0845	-0.0656	0.1360
X_{10}	0.0995	-0.0600	0.0711
X_{11}	-0.0805	-0.1253	-0.0249
X_{12}	0.0169	0.0332	0.0679
X_{13}	0.0585	0.2559	-0.0982
X_{14}	0.1025	-0.0458	-0.0557
X_{15}	-0.0311	-0.0047	0.4885
X_{16}	0.0983	0.0422	-0.0778

采用回归法估计因子的分系数，根据表 5-28 可以得到 3 个公共因子的得分函数：

$$F_1 = -0.1003X_1 + 0.0974X_2 + 0.0996X_3 + 0.1034X_4 + \cdots - 0.0311X_{15} + 0.0983X_{16}$$

$$F_2 = -0.0508X_1 - 0.0412X_2 - 0.0365X_3 - 0.1157X_4 + \cdots - 0.0047X_{15} + 0.0422X_{16}$$

$$F_3 = 0.0382X_1 + 0.0541X_2 + 0.0441X_3 + 0.0400X_4 + \cdots + 0.4885X_{15} - 0.0778X_{16}$$

上述 3 个公共因子从不同侧面反映了宁夏入境旅游竞争力水平，但单独的某个公共因子不能说明入境旅游竞争力的概况，因此应该构建综合评价指数来评价该地区的竞争力水平，以各公共因子对应的方差贡献率为权重计算该地区历年入境旅游竞争力综合得分值。

入境旅游竞争力综合得分：$Z = 0.6221 \times F_1 + 0.121141 \times F_2 + 0.11605 \times F_3$

测算结果是：2006 年，第 1 个公共因子 F_1“入境旅游规模及基本条件因子”得分指数为 -1.062，第 2 个公共因子 F_2“入境旅游质量因子”得分指数为 0.078，第 3 个公共因子 F_3“入境旅游接待量增长及文化艺术条件因子”得分指数为 -1.361，整体竞争力得分为 -0.81；2007 年，第 1 个公共因子 F_1“入境旅游规模及基本条件因子”得分指数为 -0.916，第 2 个公共因子 F_2“入境旅游质量因子”得分指数为 -0.266，第 3 个公共因子 F_3“入境旅游接待量增长及文化艺术条件因子”得分指数为 -0.095，整体竞争力得分为 -0.61；2008 年，第 1 个公共因子 F_1“入境旅游规模及基本条件因子”得分指数为 -0.874，第 2 个公共因子 F_2“入境旅游质量因子”得分指数为 -0.551，第 3 个公共因子 F_3“入境旅游接待量增长及文化艺术条件因子”得分指数为 1.182，整体竞争力得分为 -0.47；2009 年，第 1 个公共因子 F_1“入境旅游规模及基本条件因子”得分指数为 -0.575，第 2 个公共因子 F_2“入境旅游质量因子”得分指数为 0.433，第 3 个公共因子 F_3“入境旅游接待量增长及文化艺术条件因子”得分指数为 1.037，整体竞争力得分为 -0.18；2010 年，第 1 个公共因子 F_1“入境旅游规模及基本条件因子”得分指数为 -0.503，第 2 个公共因子 F_2“入境旅游质量因子”得分指数为 0.257，第 3 个公共因子 F_3“入境旅游接待量增长及文化艺术条件因子”得分指数为 0.824，整体竞争力得分为 -0.19；2011 年，第 1 个公共因子 F_1“入境旅游规模及基本条件因子”得分指数为 -0.211，第 2 个公共因子 F_2“入境旅游质量因子”得分指数为 -0.590，第 3 个公共因子 F_3“入境旅游接待量增长及文化艺术条件因子”得分指数为 -0.152，整体竞争力得分为 -0.22；2012 年，第 1 个公共因子 F_1“入境旅游规模及基本条件因子”得分指数为 0.248，第 2 个公共因子 F_2“入境旅游质量因子”得分指数为 -0.654，第 3 个公共因子 F_3“入境旅游接待量增长及文化艺术条件因子”得分指数为 -1.820，整体竞争力得分为 -0.14；2013 年，第 1 个公共因子 F_1“入境旅游规模及基本条件因子”得分指数为 0.710，第 2 个公共因子 F_2“入境旅游质量因子”得分指数为 2.519，第 3 个公共因子 F_3“入境旅游接待量增长及文化艺术条件因子”得分指数为 -0.406，整体竞争力得分为 0.7；2014 年，第 1 个公共因子 F_1“入境旅游规模及基本条件因子”得分指数为1.530，第2个公共因子F_2“入境旅游质量因子”得分指数为-0.116，第3个公共因子F_3“入境旅游接待量增长及文化艺术条件因子”得分指数为0.694，整体竞争力得分为1.02；2015年，第1个公共因子F_1“入境旅游规模及基本条件因子”得分指数为1.654，第2个公共因子F_2“入境旅游质量因子”得分指数为-1.110，第3个公共因子F_3“入境旅游接待量增长及文化艺术条件因子”得分指数为0.096，整体竞争力得分为0.91。可见，第1个公共因子F_1“入境旅游规模及基本条件因子”得分指数增加幅度为2.716，第2个公共因子F_2“入境旅游质量因子”得分指数降低幅度将近1.118，第3个公共因子F_3“入境旅游接待量增长及文化艺术条件因子”得分指数增加幅度将近1.457，竞争力指数总体增加1.72。如表5-29所示。图5-8所示为3个公共因子得分指数及综合竞争力指数趋势图。

表5-29　　3个公共因子得分指数及综合得分指数

年份	F_1	F_2	F_3	Z
2006	-1.062	0.078	-1.361	-0.81
2007	-0.916	-0.266	-0.095	-0.61
2008	-0.874	-0.551	1.182	-0.47
2009	-0.575	0.433	1.037	-0.18
2010	-0.503	0.257	0.824	-0.19
2011	-0.211	-0.590	-0.152	-0.22
2012	0.248	-0.654	-1.820	-0.14
2013	0.710	2.519	-0.406	0.7
2014	1.530	-0.116	0.694	1.02
2015	1.654	-1.110	0.096	0.91

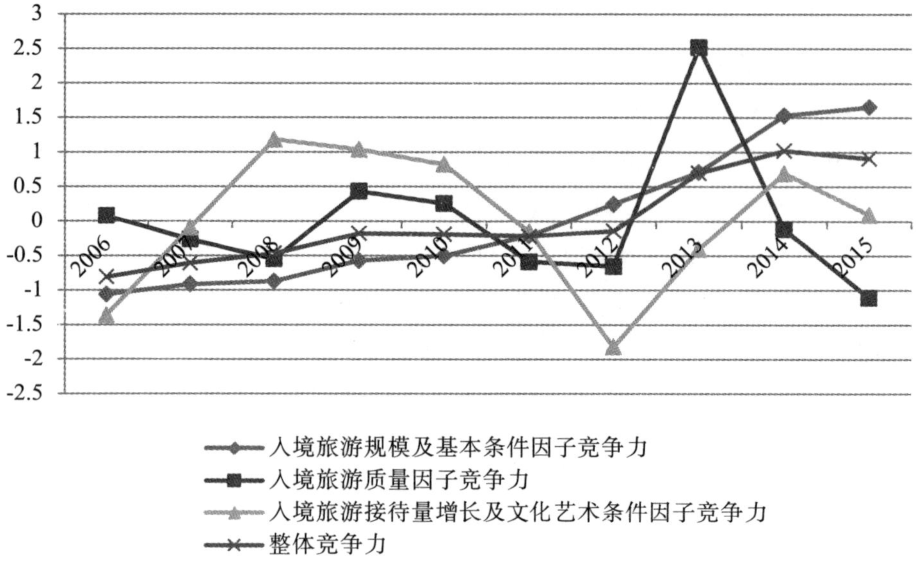

图5－8　3个公共因子得分指数及综合竞争力指数趋势图

第五节　新疆入境旅游竞争力分析

一、因子提取

为消除量纲的影响，首先对指标体系中的原始指标进行归一化处理。由于指标的相关系数矩阵非正定，所以无法使用巴特利特球度检验和KMO检验进行分析，故采用相关系数矩阵分析原变量是否可以采用因子分析提取因子。相关系数矩阵的分析结果表明：大部分变量间的相关系数都较高，各变量呈较强的线性关系，能够从中提取公共因子，适合进行因子分析。如表5－30所示。

表 5－30　原始变量的相关系数矩阵

R	X_1	X_2	X_3	X_4	X_5	X_6	X_7	X_8	X_9	X_{10}	X_{11}	X_{12}	X_{13}	X_{14}	X_{15}	X_{16}
X_1	1	0.9962	0.999	0.9873	0.2176	0.0661	−0.8055	0.9527	−0.1734	0.9179	0.6861	−0.613	0.7137	0.8537	0.386	0.8652
X_2	0.9962	1	0.9947	0.9725	0.2091	0.0768	−0.7714	0.9441	−0.193	0.9145	0.6783	−0.6323	0.7134	0.8511	0.4021	0.8556
X_3	0.999	0.9947	1	0.9905	0.1922	0.0384	−0.8095	0.959	−0.1846	0.9282	0.705	−0.605	0.7151	0.86	0.365	0.8637
X_4	0.9873	0.9725	0.9905	1	0.1642	−0.0105	−0.8611	0.9701	−0.2091	0.9369	0.7407	−0.5454	0.7313	0.8737	0.3352	0.8781
X_5	0.2176	0.2091	0.1922	0.1642	1	0.9187	0.0304	−0.04	0.4908	0.0054	−0.2555	−0.5404	−0.1184	−0.1361	0.3617	0.078
X_6	0.0661	0.0768	0.0384	−0.0105	0.9187	1	0.1927	−0.1983	0.3728	−0.1585	−0.3353	−0.3433	−0.1248	−0.2003	0.2933	−0.1366
X_7	−0.8055	−0.7714	−0.8095	−0.8611	0.0304	0.1927	1	−0.8986	0.4187	−0.8623	−0.823	0.1306	−0.8758	−0.9199	−0.1547	−0.7742
X_8	0.9527	0.9441	0.959	0.9701	−0.04	−0.1983	−0.8986	1	−0.3754	0.9654	0.822	−0.4333	0.8169	0.9432	0.3051	0.8986
X_9	−0.1734	−0.193	−0.1846	−0.2091	0.4908	0.3728	0.4187	−0.3754	1	−0.3739	−0.5259	−0.4064	−0.6191	−0.5884	−0.2107	−0.3041
X_{10}	0.9179	0.9145	0.9282	0.9369	0.0054	−0.1585	−0.8623	0.9654	−0.3739	1	0.8935	−0.4814	0.8224	0.9213	0.1937	0.8411
X_{11}	0.6861	0.6783	0.705	0.7407	−0.2555	−0.3353	−0.823	0.822	−0.5259	0.8935	1	−0.1395	0.8775	0.8832	−0.1417	0.6201
X_{12}	−0.613	−0.6323	−0.605	−0.5454	−0.5404	−0.3433	0.1306	−0.4333	−0.4064	−0.4814	−0.1395	1	−0.0517	−0.1871	−0.4038	−0.5468
X_{13}	0.7137	0.7134	0.7151	0.7313	−0.1184	−0.1248	−0.8758	0.8169	−0.6191	0.8224	0.8775	−0.0517	1	0.948	0.1163	0.664
X_{14}	0.8537	0.8511	0.86	0.8737	−0.1361	−0.2003	−0.9199	0.9432	−0.5884	0.9213	0.8832	−0.1871	0.948	1	0.2229	0.7882
X_{15}	0.386	0.4021	0.365	0.3352	0.3617	0.2933	−0.1547	0.3051	−0.2107	0.1937	−0.1417	−0.4038	0.1163	0.2229	1	0.5967
X_{16}	0.8652	0.8556	0.8637	0.8781	0.078	−0.1366	−0.7742	0.8986	−0.3041	0.8411	0.6201	−0.5468	0.664	0.7882	0.5967	1

根据分析的要求，指定提取 3 个公共因子。分析结果如表 5 - 31 所示。

表 5 - 31　　因子分析初始解的公因子方差

原始变量	初始	提取	原始变量	初始	提取
X_1	1.000	0.979	X_9	1.000	0.898
X_2	1.000	0.968	X_{10}	1.000	0.969
X_3	1.000	0.978	X_{11}	1.000	0.905
X_4	1.000	0.975	X_{12}	1.000	0.790
X_5	1.000	0.819	X_{13}	1.000	0.827
X_6	1.000	0.678	X_{14}	1.000	0.972
X_7	1.000	0.850	X_{15}	1.000	0.919
X_8	1.000	0.987	X_{16}	1.000	0.863

因子分析的初始解反映了所有变量的共同度数据，在表 5 - 31 中，第 2 列和第 5 列是因子分析初始解下的变量共同度，第 3 列和第 6 列是在指定条件下提取特征值时的变量共同度。可以看出，所有变量的共同度均较高，各个变量的信息丢失都较少，因此，提取 3 个公共因子的总体效果较好。

3 个公共因子解释原始变量总体方差的情况是：3 个公共因子共解释了原始变量总体方差的 89.856%，总体上，原始变量的信息丢失较少，因子分析的效果较为理想。如表 5 - 32 所示。

表 5 - 32　　3 个公共因子解释原始变量总体方差的情况

公共因子	初始特征值			提取载荷平方和			旋转载荷平方和		
	总计	方差（%）	累积（%）	总计	方差（%）	累积（%）	总计	方差（%）	累积（%）
F_1	10.053	62.829	62.829	10.053	62.829	62.829	9.832	61.451	61.451
F_2	3.188	19.923	82.752	3.188	19.923	82.752	3.107	19.420	80.871
F_3	1.137	7.105	89.856	1.137	7.105	89.856	1.438	8.986	89.856

由因子碎石图的结果可知，第 1 个公共因子的特征值很高，对原始变量的解释效果最好，第 3 个公共因子的特征值较小，对解释原始变量的贡献很小，已经成为可以被忽略的“高山脚下的碎石”，因此，提取 3 个公共因子是合适的。如图 5 - 9 所示。

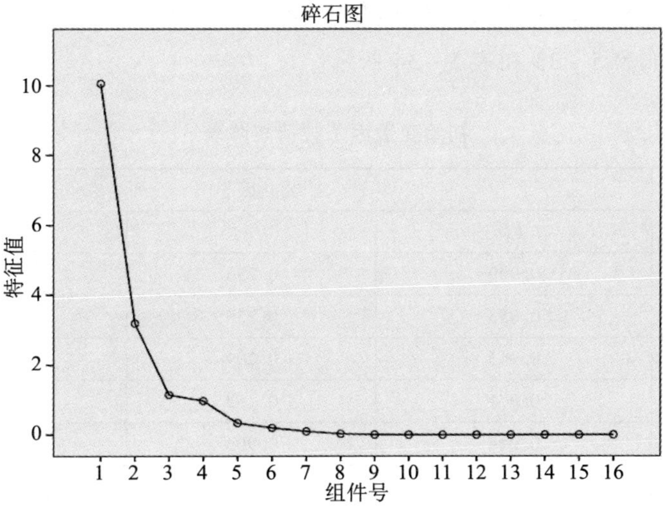

图 5-9　因子碎石图

由初始变量因子载荷矩阵表和旋转后因子载荷矩阵表可以看出，第 1 个公共因子 F_1 在入境旅游接待总人次（万人次）X_1、旅游外汇收入（万美元）X_2、入境旅游流流量指数 X_3、入境旅游流优势指数 X_4、入境旅游流流质指数 X_7、国民生产总值（亿元）X_8、通车里程（公里）X_{10}、湿地面积（千公顷）X_{11}、旅游院校在校大学生（人）X_{13}、环境治理投资总额（亿元）X_{14}、博物馆数量（个）X_{16} 上的载荷较高，所以第 1 个公共因子可以看成是上述 11 个变量的综合，这些指标主要反映了旅游目的地旅游接待基本情况及相关条件方面的状况，因此将第 1 个公共因子 F_1 定义为“入境旅游流流质流量及基本条件因子”；第 2 个公共因子 F_2 在入境旅游接待总人次年增长率（%）X_5、旅游外汇年增长率（%）X_6、国民生产总值年增长率（%）X_9、旅游从业人员（人）X_{12} 上的载荷较高，所以第 2 个公共因子可以看成是上述 4 个变量的综合，这些指标主要反映了旅游目的地的入境旅游流增长的基本状况，因此将第 2 个公共因子 F_2 定义为“入境旅游流增长因子”；第 3 个公共因子 F_3 在文化艺术团体数量（个）X_{15} 上的载荷较高，所以第 3 个公共因子可以看成是上述 1 个变量的综合，该指标反映了“文化艺术支持因子”的基本信息和条件，因此将第 3 个公共因子 F_3 定义为“文化艺术支持因子”。通过上述因子分析后，最初表示竞争力的 16 个指标现在用 3 个公共公共因子即可描述。如表 5 - 33 和表 5 - 34 所示。

表 5 - 33　　初始变量因子载荷矩阵表

原始变量	公共因子		
	F_1	F_2	F_3
X_1	0. 959	0. 233	-0. 072
X_2	0. 953	0. 239	-0. 051
X_3	0. 963	0. 209	-0. 089
X_4	0. 971	0. 153	-0. 096
X_5	0. 044	0. 903	0. 039
X_6	-0. 100	0. 805	0. 145
X_7	-0. 900	0. 198	0. 026
X_8	0. 992	-0. 051	-0. 040
X_9	-0. 391	0. 647	-0. 571
X_{10}	0. 973	-0. 049	-0. 138
X_{11}	0. 830	-0. 403	-0. 231
X_{12}	-0. 454	-0. 730	0. 223
X_{13}	0. 851	-0. 309	0. 089
X_{14}	0. 952	-0. 245	0. 072
X_{15}	0. 336	0. 466	0. 767
X_{16}	0. 900	0. 125	0. 193

表 5 - 34　　旋转后因子载荷矩阵表

原始变量	公共因子		
	F_1	F_2	F_3
X_1	0. 952	0. 239	0. 127
X_2	0. 943	0. 240	0. 147
X_3	0. 959	0. 218	0. 107
X_4	0. 969	0. 165	0. 090
X_5	0. 013	0. 877	0. 222
X_6	-0. 144	0. 760	0. 282

续表

原始变量	公共因子		
	F_1	F_2	F_3
X_7	-0.898	0.192	-0.078
X_8	0.987	-0.046	0.107
X_9	-0.315	0.749	-0.488
X_{10}	0.984	-0.025	0.011
X_{11}	0.867	-0.353	-0.171
X_{12}	-0.464	-0.758	0.001
X_{13}	0.835	-0.324	0.160
X_{14}	0.936	-0.258	0.172
X_{15}	0.200	0.304	0.887
X_{16}	0.856	0.081	0.353

二、竞争力测算

依据3个公共因子的得分系数矩阵（如表5-35所示）和3个公共因子对应的方差贡献率权重，计算3个公共因子得分指数及综合得分指数。

表5-35　　因子得分系数矩阵

原始变量	公共因子		
	F_1	F_2	F_3
X_1	0.1021	0.0840	-0.0321
X_2	0.0986	0.0820	-0.0141
X_3	0.1050	0.0793	-0.0478
X_4	0.1071	0.0632	-0.0570
X_5	-0.0087	0.2710	0.0893
X_6	-0.0366	0.2222	0.1714
X_7	-0.0936	0.0567	0.0200
X_8	0.1033	-0.0091	-0.0219
X_9	0.0341	0.2986	-0.4528
X_{10}	0.1148	0.0084	-0.1049

续表

原始变量	公共因子		
	F_1	F_2	F_3
X_{11}	0.1166	-0.0841	-0.2081
X_{12}	-0.0689	-0.2632	0.1380
X_{13}	0.0740	-0.1110	0.0705
X_{14}	0.0857	-0.0882	0.0614
X_{15}	-0.0758	0.0096	0.6869
X_{16}	0.0610	0.0044	0.1860

采用回归法估计因子的得分系数，根据表 5－35 可以得到 3 个公共因子的得分函数：

$$F_1 = 0.1021X_1 + 0.0986X_2 + 0.1050X_3 - 0.1071X_4 + \cdots - 0.0758X_{15} + 0.0610X_{16}$$

$$F_2 = 0.0840X_1 + 0.0820X_2 + 0.0793X_3 + 0.0632X_4 + \cdots + 0.0096X_{15} + 0.0044X_{16}$$

$$F_3 = -0.0321X_1 - 0.0141X_2 - 0.0478X_3 - 0.0570X_4 + \cdots + 0.6869X_{15} + 0.1860X_{16}$$

上述 3 个公共因子从不同角度反映了新疆入境旅游竞争力水平，但单独的某个公共因子不能说明入境旅游竞争力的情概况，因此应该构建综合评价指数来评价该地区的竞争力水平，以各公共因子对应的方差贡献率为权重计算该地区历年入境旅游竞争力综合得分值。

入境旅游竞争力综合得分：$Z = 0.61451 \times F_1 + 0.194201 \times F_2 + 0.08986 \times F_3$

表 5－36 所示为 3 个公共因子得分指数及综合得分指数。

表 5－36　　3 个公共因子得分指数及综合得分指数

年份	F_1	F_2	F_3	Z
2006	-1.167	-0.154	-0.661	-0.81
2007	-0.964	0.129	-0.477	-0.61
2008	-0.858	-0.946	-1.139	-0.81
2009	-1.044	-1.103	1.704	-0.7

续表

年份	F_1	F_2	F_3	Z
2010	-0.154	1.861	0.092	0.27
2011	0.108	1.204	0.260	0.32
2012	0.311	0.541	0.965	0.38
2013	1.156	0.231	-1.038	0.66
2014	1.270	-1.009	-0.855	0.51
2015	1.343	-0.756	1.148	0.78

测算结果是：2006 年，第 1 个公共因子 F_1“入境旅游流流质流量及基本条件因子”得分指数为 -1.167，第 2 个公共因子 F_2“入境旅游流增长因子”得分指数为 -0.154，第 3 个公共因子 F_3“文化艺术支持因子”得分指数为 -0.661，整体竞争力得分指数为 -0.81；2007 年，第 1 个公共因子 F_1“入境旅游流流质流量及基本条件因子”得分指数为 -0.964，第 2 个公共因子 F_2“入境旅游流增长因子”得分指数为0.129，第3 个公共因子 F_3“文化艺术支持因子”得分指数为 -0.477，整体竞争力得分指数为 -0.61；2008 年，第 1 个公共因子 F_1“入境旅游流流质流量及基本条件因子”得分指数为 -0.964，第 2 个公共因子 F_2“入境旅游流增长因子”得分指数为 0.129，第 3 个公共因子 F_3“文化艺术支持因子”得分指数为 -0.477，整体竞争力得分指数为 0.61；2009 年，第 1 个公共因子 F_1“入境旅游流流质流量及基本条件因子”得分指数为 -1.044，第 2 个公共因子 F_2“入境旅游流增长因子”得分指数为 -1.103，第 3 个公共因子 F_3“文化艺术支持因子”得分指数为 1.704，整体竞争力得分指数为 -0.7；2010 年，第 1 个公共因子 F_1“入境旅游流流质流量及基本条件因子”得分指数为 -0.154，第 2 个公共因子 F_2“入境旅游流增长因子”得分指数为 1.861，第 3 个公共因子 F_3“文化艺术支持因子”得分指数为 0.092，整体竞争力得分指数为 0.27；2011 年，第 1 个公共因子 F_1“入境旅游流流质流量及基本条件因子”得分指数为 0.108，第 2 个公共因子 F_2“入境旅游流增长因子”得分指数为 1.204，第 3 个公共因子 F_3“文化艺术支持因子”得分指数为 0.260，整体竞争力得分指数为 0.32；2012 年，第 1 个公共因子 F_1“入境旅游流流质流量及基本条件

因子”得分指数为0.311，第2个公共因子 F_2“入境旅游流增长因子”得分指数为0.541，第3个公共因子 F_3“文化艺术支持因子”得分指数为0.965，整体竞争力得分指数为0.38；2013年，第1个公共因子 F_1“入境旅游流流质流量及基本条件因子”得分指数为1.156，第2个公共因子 F_2“入境旅游流增长因子”得分指数为0.231，第3个公共因子 F_3“文化艺术支持因子”得分指数为－1.038，整体竞争力得分指数为0.66；2014年，第1个公共因子 F_1“入境旅游流流质流量及基本条件因子”得分指数为1.270，第2个公共因子 F_2“入境旅游流增长因子”得分指数为－1.009，第3个公共因子 F_3“文化艺术支持因子”得分指数为－0.855，整体竞争力得分指数为0.51；2015年，第1个公共因子 F_1“入境旅游流流质流量及基本条件因子”得分指数为1.343，第2个公共因子 F_2“入境旅游流增长因子”得分指数为－0.756,第3个公共因子 F_3“文化艺术支持因子”得分为1.148，整体竞争力得分指数为0.78。可见，第1个公共因子 F_1“入境旅游流流质流量及基本条件因子”得分指数增加幅度为2.510，第2个公共因子 F_2“入境旅游流增长因子”得分指数降低幅度将近0.3，第3个公共因子 F_3“文化艺术支持因子”得分指数增加幅度将近1.809，竞争力指数总体增加1.59。

图5－10所示为3个公共因子得分指数及综合竞争力指数趋势图。

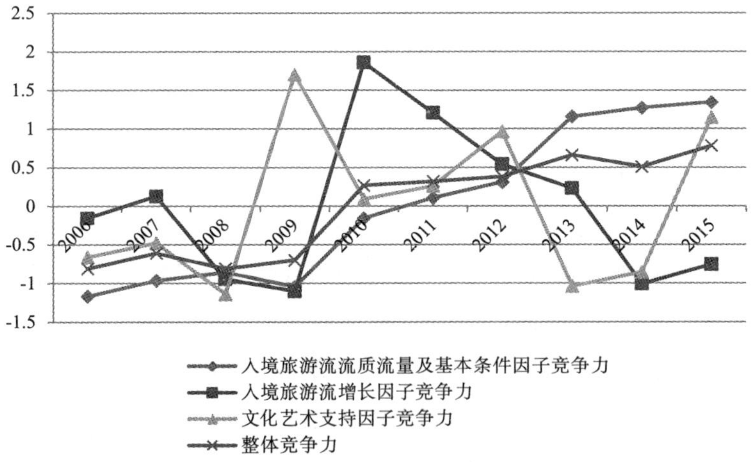

图5－10　3个公共因子得分指数及综合竞争力指数趋势图

第六节 丝路入境旅游竞争力比较分析

一、整体竞争力演变特征

依据计算结果，可以发现西北五省区入境旅游竞争力演变特征以及走势。甘肃入境旅游竞争力具有两大特点：一是整体下滑，竞争力指数从2006年的10.6下滑到了2015年的0.56；二是先降后升，2006－2011年处于下降阶段，2012－2015年逐渐上升。陕西入境旅游竞争力具有两大特点：一是指数上升，从2006年的－0.66上升到了2015年的1.24；二是先降后升，2006－2007年处于下降阶段，2008－2011年属于上升阶段，2012年下降，2013－2015年逐渐上升，呈现出“下降—上升—下降—上升”走势。青海入境旅游竞争力具有两大特点：一是指数上升，从2006年的－0.49上升到2015年的1.03；二是先降后升，2006－2007年处于下降阶段，2008－2015年逐渐上升。宁夏入境旅游竞争力具有两大特点：一是指数上升，从2006年的－0.81上升到了2015年的0.91；二是先降后升，2006－2010年处于下降阶段，2011年下降，2013－2015年逐渐上升。新疆入境旅游竞争力具有两大特点：一是指数上升，从2006年的－0.81上升到了2015年的0.78；二是先降后升，2006－2007年处于上升阶段，2008年下降，2009－2013年上升，2013年下降，2014－2015年逐渐上升，呈现出“上升—下降—上升—下降—上升”走势。如表5－37所示。

二、西北五省区竞争力态势

从各年份竞争力指数看：2006年，甘肃入境旅游竞争力指数最大（0.6），

表 5-37　　西北五省区入境旅游竞争力综合得分

	竞争力指数					竞争力位序				
年份	甘肃	陕西	青海	宁夏	新疆	甘肃	陕西	青海	宁夏	新疆
2006	0.60	-0.66	-0.49	-0.81	-0.81	1	3	2	4	4
2007	0.53	-0.47	-0.29	-0.61	-0.61	1	3	2	4	4
2008	-0.79	-0.67	-0.84	-0.47	-0.81	3	2	5	1	4
2009	-0.49	-0.33	-0.38	-0.18	-0.7	4	2	3	1	5
2010	-0.51	0.04	-0.16	-0.19	0.27	5	2	3	4	1
2011	-0.33	0.18	0.17	-0.22	0.32	5	2	3	4	1
2012	-0.06	0.44	0.11	-0.14	0.38	4	1	3	5	2
2013	0.12	0.28	0.24	0.70	0.66	5	3	4	1	2
2014	0.36	-0.05	0.61	1.02	0.51	4	5	2	1	3
2015	0.56	1.24	1.03	0.91	0.78	5	1	2	3	4

宁夏（-0.81）和新疆（-0.81）竞争力最低，青海位居第二位（-0.49），陕西位居第三位（-0.66）。2007 年，甘肃依旧位居第一位（0.53），青海位居第二位（-0.29），陕西下降到第三位（-0.47），宁夏和新疆最低（-0.61）。2008 年，陕西上升到第一位（-0.67），甘肃下降到第三位（-0.79），青海排名最后一位（-0.84），宁夏位居第二位（-0.47），新疆位居第四位（-0.81）。2009 年，宁夏位居第一位（-0.18），陕西位居第二位（-0.33），青海位居第三位（-0.38），甘肃位居第四位（-0.49），新疆位居第五位（-0.7）。2010 年，新疆位居第一位（0.27），陕西位居第二位（0.04），青海位居第三位（-0.16），宁夏位居第四位（-0.19），甘肃位居第五位（-0.51）。2011 年，新疆位居第一位（0.32），陕西位居第二位（-0.22），青海位居第三位（0.18），宁夏位居第四位（0.17），甘肃排名最后一位（-0.33）。2012 年，陕西位居第一位（0.44），新疆位居第二位（0.38），青海位居第三位（0.11），甘肃位居第四位（-0.06），宁夏位居第五位（-0.14）。2013 年，宁夏位居第一位（0.7），新疆位居第二位（0.66），陕西位居第三位（0.28），青海位居第四位（0.24），甘肃排名最后一位（0.12）。2014 年，宁夏位居第一位（1.02），青海位居第二位

(0.61)，新疆位居第三位（0.51），甘肃位居第四位（0.36），陕西排名最后一位（-0.05）。2015年，陕西位居第一位（1.24），青海位居第二位（1.03），宁夏位居第三位（0.91），新疆位居第四位（0.78），甘肃位居第五位（0.56）。

从整体指数演变看：甘肃从2006年的排名第一位演变为2015年的倒数第一位，2006-2015年位次较后的年份较多；陕西从2006年的排名第三位演变为2015年的排名第一位，2006-2015年位次靠前的年份较多；青海在2006年排名第二位，2015年排名第二位，2006-2015年多处于中间位置；宁夏2006年排名第四位，2015年排名第三位；新疆2006年排名第四位，2015年排名第四位。

从竞争力指数涨幅幅度看：甘肃从0.6下降到了0.56，下降了0.04；陕西从-0.66上升到1.24，上升了1.90；青海从-0.49上升到1.03，上升了1.52；宁夏从-0.81上升到0.91，上升了1.72；新疆从-0.81上升到0.78，上升了1.59。可见，陕西上升幅度最大，发展态势最好；宁夏位居第二位，新疆位居第三位，青海位居第四位，甘肃则是唯一出现指数下滑的省份。

图5-11所示为西北五省区入境旅游竞争力综合得分演变趋势图。

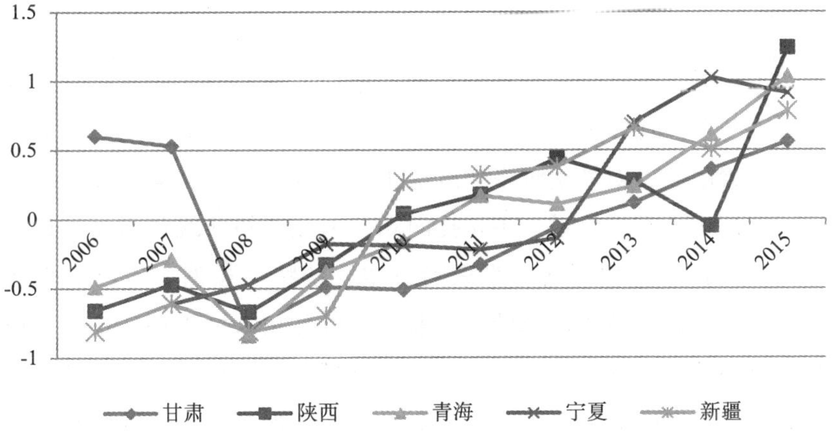

图5-11　西北五省区入境旅游竞争力综合得分演变趋势图

第六章

丝路入境旅游流优化对策

第一节　优化响应及问题

一、优化举措

（一）提升可进入性

虽然由于现代航空铁路技术的发展，地理要素和空间距离对入境旅游流的制约有所下降，但可进入性的阻力依旧巨大。西北五省区由于政治、经济、文化区位要素限制，对外交流密切度低于沿海发达地区，同时又远离欧美发达地区，客流进入存在绕道、不快捷问题，因此开拓航线和增加航班是必要之举。例如，青海规划开通一批联通日本、沙特阿拉伯、阿拉伯联合酋长国、马来西亚、新加坡等国家的国际航线，以开拓入境市场；宁夏积极完善现代交通体系建设，通过增开多条国际（地区）航线，打造“空中丝绸之路”，目前，开通了银川至迪拜、吉隆坡、新加坡等国际航班，开通了雅加达—鄂尔多斯—宁夏系列包机，新加坡华运旅游公司组织开通宁夏、新疆双向对开新东方旅游专列；这些举措极大便利了客流进入，促进了入境旅游发展。除了国际交通改善外，区域内部进入性也得到改善，如新疆开通了乌鲁木齐至敦煌“坐着火车游新疆——相约敦煌”旅游列车、“环游北疆”旅游专列，敦煌入境旅游流可扩散到新疆，有利助推了丝路旅游发展。2019 年 10 月，“美丽中国·神奇宁夏”文化旅游推介会在马来西亚吉隆坡举办，两地旅游业就旅游行业发展、市场开拓等进行了交流，携手共促两地旅游产业发展。

（二）加大市场营销

一是编制专项规划。在总体规划基础上，组建一些地区团队，编制营销规划，为实践提供指导。二是对目标市场做新的定位性思考。如在宁夏继续关注港澳台、东南亚市场的基础上，结合时代发展，积极拓展中东和阿拉伯市场；青海在关注日韩、东南亚市场的同时，应积极开发中东欧以及北美市场，并对高端和精英游客群体给予高度关注。客源市场的精准定位能极大地增加营销绩效。三是塑造和推广旅游品牌。开展整体营销，打造形象品牌，撬动客源市场。如甘肃对传统“多彩甘肃、精品丝路”品牌做了适度修正，积极推广“如意甘肃、绚丽丝路”品牌形象，在国外形成新的卖点。四是开展多样营销。为强化品牌效应，通过商务会议、体育活动等途径扩大影响力。如甘肃借助敦煌文博会对市场做强势宣传，青海利用国际自行车比赛开发市场，宁夏利用中国—阿拉伯国家博览会、国际性旅行商大会、驾越丝路·中阿巴友好万里行”活动积极推广旅游产品，推介“美丽中国·神奇宁夏”产品；陕西利用西安丝绸之路国际旅游博览会，有力推介和营销陕西旅游文化和旅游产品，强化了市场对丝路旅游的认知，吸引了大量游客前来。

（三）增加旅行社中介机构数量

通过境外合作、国内派出等形式，在境外增加旅行社、设立旅游营销代理中心等，促进了入境旅游接待量的增加。

（四）开展系列政策创新

一是简化入境手续。为提高入境速度和效率，积极开展制度创新，提供签证、居留、出游等方面的便利。如提供免费证件照相服务，延长签证有效期，对特殊人群开展“急事急办”服务，缩短签注办理周期，便于入境游客往来。二是推出引客奖励政策。如2018年宁夏发布“引客入宁”奖励政策，单列1000万元大奖，对旅游包机、旅游专列、旅游大巴、“一程多站”入境联线有突出贡献者给予奖励，通过激励机制刺激市场。

（五）开发新型产品

伴随经济社会发展，入境游客市场需求也在不断发生变化，从最初的青睐自然山水、民俗历史到目前的疗养健体、游学科考、会议商贸、休闲度假等，旅游动机趋于多元化。鉴于市场趋势变化，丝路沿线地区要转变观念，力求产品转型升级，实现市场规模和效益新发展。如甘肃近年积极开发房车旅游、乡村旅游、研学旅游，入境市场有所恢复。

二、存在突出问题

（一）整体入境旅游发展不理想

作为世界级文化遗产廊道、旅游通道，丝绸之路在世界上具有很高知名度和影响力，但现实中入境旅游发展与丝绸之路的历史底蕴不太相符，发展态势不容乐观，西北五省区在入境游客接待量和质量上，无法和沿海地区、发达城市入境游出现“火爆”“井喷”的局面相比，个别省区如甘肃入境游客接待量急剧下滑，和国内游发展如火如荼形成巨大反差。如何扩大接待量，提升入境消费带来的经济、社会和文化效应，是迫切需要解决的问题。

（二）内部差异很大

从目的地视角看，甘肃作为老牌的旅游省份，曾经在入境旅游方面一度领先，但后来却逐渐丧失领先优势；陕西地位保持不变；新疆、青海、宁夏后来居上，不断赶超，有所作为。从客源地视角看，日本等传统市场有所萎缩，一些新型经济体市场开始发挥作用，趋于活跃。如何激发传统市场活力，扩大新型市场规模，同时提升效应，获得整体发展效应，消除区域之间过于不平衡问题，是入境旅游发展中必须思考的课题。

（三）面临的制约要素和问题很多

一是线路漫长，景点分散，游客成本很大。西北丝绸之路从东起点西安出发，经过多个省区，但由于景点景区相对分散，游览的经济成本不低，对入境者形成巨大制约。尽管高铁、飞机可以减少出行时间，但对入境者闲暇时间和收入的要求很高，对年轻人群体市场的开拓有不利影响。二是地处西北内陆，知名度和美誉度小，游客实际出游意愿受限。尽管丝绸之路举世闻名，但地处西北地区，离北京、上海、广州等入境口岸较远，欧美游客出游的实际动力被弱化；远离海洋，区域内多个地区干旱缺水，植被覆盖率低，生态环境欠佳，加之工业化推进中出现的污染因素，使入境游客出游时多选择沿海地区，到兰州、西宁、银川出游者规模不大。三是旅游创新不足，产品体系和市场需求不太吻合。创新驱动背景下，创新对旅游发展的意义不言而喻。尽管西北五省区近年在产品开发等方面做了创新探索，但由于经济实力、人才队伍、观念认识方面的制约，创新力度不大，创新绩效和发达地区有一定差距，致使产品体系建设和市场需求存在对接问题，产品创新压力较大。四是目的地信息披露不足，市场知名度受到影响。丝路沿线地区，仅西安、敦煌、喀什等城市由于历史原因和资源禀赋缘故，在世界上具有很高知名度，其他大部分地区或城市影响力不足，在境外知晓率有限。

第二节　相关模式经验及借鉴

分别选取发达地区的上海、后发展地区的海南以及西部先发展地区桂林作为案例，分析经验，以期为西北五省区入境旅游发展提供有益借鉴。

一、上海模式经验

上海入境旅游成就极高：一是在中国城市中，上海属于五大典型旅游城市、前十大入境城市之首位城市；二是入境游客规模较大。数据显示，2013－2017年入境游客年均增长率达3.6%，2017年入境游客人数达873万人次。三是世界评价很高。2009年被评选为年度“世界特色魅力城市200强”“31个必到旅游胜地”。

上海入境旅游发展成功之原因有以下几点：一是定位高端。上海属于世界大都市，传统历史与海派文化同时存在，中外文化交流融合，堪称最具现代化、国际化、时尚化的城市。“十三五”期间，上海被定位为现代化国际大都市、综合性全球城市。上海利用国际知名大都市影响力，打造全球影响、文化引领发展主线，将城市旅游发展目标旗帜鲜明定位为国际一流的旅游目的地、具有全球影响力的世界著名旅游城市。方向明确，定位高，视野大，气势不凡，举措到位。二是对标赶超。向伦敦、巴黎等国际一流旅游城市看齐，制定实施与国际经济发展同步的产业规范标准建设，在各个方面都对标追赶。三是发挥优势。利用经济发达、长江经济带龙头地位、口岸位置、跨国公司多、商务贸易及会议密集、对外联系便利优势，挖掘城市历史、地理特征、都市文化，“十二五”期间提出“中国·上海，发现更多·体验更多”旅游宣传口号，“十三五”期间着力塑造“老上海、新上海、生活中的上海”形象，既有海派文化元素，也有中国传统文化符号，既有现代化景观，又有小街民居景致，还举办世界级节会（如世博会），新型旅游产品极大地刺激了入境市场，入境市场、过夜游客、外国人入境增幅均显著。四是加强国际国内合作。对外与国际知名旅游企业、政府、机构、学术界多有联系，尤其是与酒店集团、科技企业、大型旅行商多有协作，对内与苏州、杭州、南京等构建同城旅游以提升旅游一体化水平，通过长三角协作、沪港澳旅游合作确保了入境游客数量不断增加。五是优化环境和服务。上海环境质量较好，政府下大力气提高城市绿化率，改造河道，治理空气污染，调整产业结构，旅游环境越来越好；服务质量方面，大力培养国际旅游人才，市民素养不断提高，文明公德水平较高，给入境游客留下很好印象。

二、海南模式经验

海南入境旅游发展起步较晚，但近年势头很好，成就不凡。统计数据显示，2017 年入境游客突破 100 万人次。海南的基本经验有：一是高定位。结合海南优势和国家旅游格局，海南明确定位为国际旅游消费中心，为海南入境旅游发展确定了基调和战略方向。二是市场利益刺激。市场经济就是利益经济，企业看中的是在合法的前提下获取利润。政府为促进入境旅游发展，制定了具体方案，出台了财政支持民航客运的实施办法，极大激发了企业积极性，国际航线增多，同时对岛内购物实行免税政策，入境旅游流量大幅增加。三是营销贵在精准。不再走传统“撒胡椒面”的营销之路，而是务实工作，讲求实效，从精细化入手，侧重精准程度，针对不同国家市场需求和偏好开展营销，有的放矢，营销效果得到提升。四是积极走出去。大胆出击，大力宣传，通过网站、电视、户外广告等形式在国际市场上频繁亮相，扩大了知名度。五是优化产品供给。结合市场消费趋势，推出新型产品，重点打造滨海度假、医疗康体、邮轮旅游、体育博彩等产品，供给侧结构性改革取得重要进展。六是首创中国旅游警察制度。借鉴发达国家经验，在三亚市积极实施旅游警察制度改革，积累了宝贵经验，为市场监管机制完善和旅游服务质量提升做了有益探索。七是强化旅游商品研发。针对旅游商品发展滞后的现实，清醒面对，不逃避，不回避，迎难而上，建立研发中心和基地，组建团队，开发新型旅游产品，以拉长旅游消费链。八是厕所建设凸显特色。在国内多地开展旅游厕所“革命”背景下，海南不但强调数量，更重视质量、管理和特色，力求凸显海南地方性、国际性，形成旅游文化景观。九是开展大数据建设。在全域框架下，建设旅游信息化平台，利用旅游数据助力全域旅游。十是环境建设迈上新台阶。最近几年加大了环境整治力度，旅游舒适度显著提升。

三、桂林模式经验

作为中国典型旅游城市，桂林依托大自然赋予的山水景观，入境旅游发展的成就有目共睹，尽管近年新型旅游城市不断出现，但难以对桂林旅游地位形成威胁。全球经济危机爆发后，许多目的地入境旅游客流量急剧下降，但桂林接待量和旅游外汇收入依旧保持了8%和15%的增长。《2016年入境游趋势分析报告》显示，桂林是入境旅客到中国后最喜欢的第四个目的地之一。究其原因，除了具有特殊的自然资源外，桂林发展旅游的理念和举措是关键因素。

第一，定位准确不出偏。城市产业定位方面，始终将旅游业作为战略产业；城市旅游定位方面，不强调发达、繁华、快节奏，而是反其道而行之，突出传统、真实、宁静、和谐，将桂林打造成为国际旅游胜地，吸引游客前来释放心灵，找到真实的自我。产品定位方面，不但主打自然观光，而且力求挖掘新卖点，将历史文化、军事战争、民俗文化打造成产品，防止形象老化。

第二，环境整治不放松。山水和生态资源是中国最稀缺的资源，桂林对其拥有的稀缺资源全力保护，防止生态与资源受到破坏。近年来，坚决开展环境综合整治工作，借助创建全国文明城市和漓东百里生态示范带建设契机，在空气质量、水环境、城乡生态环境改善三个方面精准发力，使生态文明建设和绿色发展提质增效。

第三，营销创新扩影响。“桂林山水甲天下”，桂林在世界上的知名度无人质疑，但在一个竞争激烈的时代，不营销自己就是故步自封。桂林借助大型节会（2017年春晚）营销旅游，通过春晚效应赚取全球眼球；举办中国—东盟博览会旅游展、联合国世界旅游组织/亚太旅游协会旅游趋势与展望国际论坛，再次提振名气；对日韩、东南亚、欧洲市场开展差异化营销，对症下药；通过新媒体以及传统媒体创新营销，拓展了入境市场。

第四，多元化产品不守旧。推出环球名胜水上乐园、空中游漓江、万达文化旅游城等项目，提升了阳朔遇龙河等景区知名度，着力改造传统观光产品，大力开发生态观光、文化娱乐、康体疗养、商务会展、动漫演艺、休闲度假、乡村民俗体验、乡村怀旧等产品，使城市旅游品牌竞争力和国际化水平不断提升。

第三节　对策建议

一、塑造新型旅游形象

一是展示立体丝绸之路、多元丝绸之路。在历史、人文、民俗、宗教、生态、科技、和谐等多个方面展示丝路形象的同时，突出现代性、发展性、时尚性、休闲娱乐性，迎合当代人心理需求和精神追求。二是因地制宜但要突出丝绸之路主题。甘肃段重点在于突出丝绸之路文明荟萃地、华夏文明发源地，新疆段突出西域风情，青海段突出江河源头、高原藏区，宁夏段突出回乡风情、穆斯林文化，陕西段突出革命圣地、古都文化、历史文化、丝路起点。沿线城市形象塑造也要和丝路整体形象结合起来，不可分裂整体形象。三是突出国际元素。丝绸之路是国际性遗产廊道，属于世界级旅游目的地，要在形象建构中突出世界文明交流廊道形象，强化和谐、和睦、和平主题。

二、加强旅游合作开发

一是丝路沿线省区和城市以及目的地之间开展合作。利用丝路优势，整体对外开展营销，塑造丝路旅游形象；完善交通网络体系，利用高铁优势，串联省区之间的景点景区，疏通客流集散，联合开展遗产申报、产品打造、市场营销，获得双赢；共同应对突发事件，加强安全治理；举办联席会议或旅游发展大会，协商突出问题解决之道，加快实现一体化、跨区域、无障碍旅游。二是与丝绸之路沿线周边国家开展合作。和中亚、西亚、非洲以及欧美国家开展合作，建立协作平台，实现供需对接，通过机制助推旅游发展。三是政府、学界、企业和民间应加强合作。在资本吸引、项目实施、学术研讨方面构建合作框架，完善合作举措。

三、创新旅游产品

一是优化现有产品体系。在自然观光基础上，大力推出生态休闲、文化度假、寻根祭祖、民俗体验、游学会议、边界购物、运动健体、避暑消夏等产品，丰富产品类别，满足新时代入境游客需求。二是串联节点，利用丝绸之路的廊道特性，打造跨区域长线旅游线路，真正形成一条名副其实的旅游黄金带。三是提高精准性。针对各地区各国家不同需求以及偏好，调整产品结构，对老化产品加以创新，对新型产品加以优化，对短缺产品供给加以扩张，做到各取所需，美美与共。四是强化项目和产品的文化性。文化是旅游的灵魂，丝绸之路作为文化带，必须基于文化，必须凸显文化，必须强在文化，必须亮在文化，通过旅游和文化的深度融合和发展，对文化资源加以利用，使入境游客充分领略丝路厚重历史，体验到与时俱进的时代质感，从而提升丝路旅游吸引力。

四、强化旅游质量

在旅游目的地建设方面，完善交通、水电、通信、导览、厕所、游步道、观景台等旅游基础设施，深化供给侧结构性改革，补齐旅游发展“短板”；做好标准化建设，在旅游解说方面有所突破，整体提升服务功能；加强旅游专家团队或者旅游智库建设以及指导，提高旅游产业运作的专业性；在旅游市场运作方面，委托专业团队或企业具体操作，对旅游者行为规律集中做研究总结，发现基本特征和未来趋势，有意识加以引导或启发；在旅游产品开发方面，重点突出丝绸之路的历史厚重感、发展感，满足境外游客对历史和中国发展的好奇心，对文化资源加以科学利用，适度实行商业化，做好保护性开发和创新性挖掘，加强项目的体验性、精细化，确保游客满意度；在服务人员管理方面，加强人才队伍培训，提高服务意识，转变服务理念，整体提升丝路旅游服务水平。

五、提升旅游安全指数

作为多民族、多族群和多文化交流地区，丝路沿线安全问题对旅游发展的影响至关重要。在进入风险社会大背景下，全球非传统安全（包括自然灾害、医疗卫生疫情、社会事件等）问题在这里凸显，对旅游发展产生巨大影响，有的区域和国家甚至在一段时期内出现旅游业停滞现象；中国尽管是全球最为安全稳定的国家，尤其是党的十八大以后，国家安全治理能力极大提升，西北边疆安全问题得到高度重视。未来需要采取多管齐下对策，加大旅游综合安全治理，提升安全治理水平。主要建议是：发展区域经济，改善就业情况和收入情况，提高沿线居民生活质量；加强社会流动机制建设，使弱势群体逐渐成为中间阶层乃至社会精英，增强社会认同感和国家向心力；文化方面，巩固和加强马克思主义主导地位建设，弘扬社会主义价值观，继承和发扬传统文化的精华部分，加大文化交流；在旅游区开展安全预警体系建设，防患于未然；针对突发事件应及时启动应急处置预案，减小损失；对高风险项目加大检查，严格按照安全生产管理标准开展旅游活动；完善救援救助设施建设，在相关地区增加旅游警察，增加巡逻点和警力，确保游客安全；对边界贸易旅游等给予重点关注，防止一些别有用心者利用旅游借口制造事端；加大市场环境整治，对食品安全、卫生防疫、防火、防盗等问题开展不定期检查，防止不良事件发生。

第七章

总结与展望

入境旅游既是国家或地区旅游竞争力的集中体现，也是判断国家综合国力和国家影响力的主要指标之一。丝绸之路作为世界知名目的地、中国重点旅游地带、西部热点旅游线路，发展入境旅游自然是我国旅游业的主要内容，受到国内外关注。本书基于权威文献统计、模型建构、数据分析，通过时间演变分析，对丝路入境旅游发展态势做了细致梳理和总结。本书有助于补充完善入境旅游流研究，为丝路旅游优化发展提供学术支持。

本书认为，在国际国内形势发生深刻变化背景下，丝路入境旅游市场具有如下显著特征：

基于流质流量指数演变看，2006 - 2015 年流量指数整体上升，但部分时间点或时间段内有所下降。出现下降的具体原因有二：一是世界经济危机爆发，入境客源地居民收入受到影响，居民来中国丝绸之路旅游消费的动机虽然存在，但在一定程度上受到抑制；二是丝绸之路产品存在缺少创新问题，旅游魅力有所下降。但伴随全球经济发展形势好转，入境旅游消费市场又逐渐得到启动，流量指数上升。但在规模逐渐扩张的同时，旅游流质量欠佳，流质指数趋于下降，主要原因在于：入境游客平均停留时间过短，消费水平较低，根源在于开发理念上，重视规模忽视效益；开发举措上，新型的休闲度假类、专题类产品和项目不足，观光类产品过剩，产业消费链条狭窄，旅游供需不匹配，导致经济效益受损。

基于客源市场亲景度指数演变看，各年份入境客源市场均属于强亲景市场，亲景度指数大于2.00。其中，日本、马来西亚、美国、加拿大、英国、法国、德国、澳大利亚属于强亲景市场，菲律宾、韩国、泰国属于弱亲景市场。入境客流对青海的亲景度指数最高，主要原因是环青海湖自行车比赛等大型赛事的吸引，以及受高原生态、舒适气候等因素的影响；入境旅游流对新疆的亲景度最低，主要原因在于交通距离、安全认知等要素形成的影响。

基于耦合度视角看，入境旅游流耦合发展经历了极度失调、中度失调、轻度失调、濒临失调、勉强协调、初级协调6个阶段，耦合协调度指数逐年增长。其中入境旅游与文化发展、旅游环境耦合度较好，和经济的耦合度最差，具体是：与经济耦合度指数为0.4944，耦合协调度指数为0.6332；与文化发展的耦合度指数为0.4999，耦合协调度指数为0.6839；与旅游环境的耦合指数为0.5000，耦合协调度指数为0.6905；与旅游产业的耦合度指数为0.4912，耦合协调度指数为0.6202。这说明经过多年发展，丝路沿线地区经济逐步走出滞后的尴尬局面，开始为入境旅游提供物质基础。

基于竞争力视角看，入境旅游流整体指数在不断攀升，其中陕西位居第一位，青海位居第二位，宁夏处于中间水平，新疆位居第四位，甘肃竞争力排在最后一位，并且与起点比较有所下降。主要原因是其将国内游发展作为重点，对入境游有所忽视、除敦煌外没有高级别旅游品牌、创新不足、景点分散。

根据以上分析，本书提出如下丝路入境旅游发展的对策建议：转变观念，与时俱进，高度重视入境旅游发展；全域发展，重点突破，差异化发展，针对性拓展，注重实效，讲究效益、效率和质量；既要继承发扬本地传统经验，也要善于学习借鉴外地的好做法，干中学，学中干；既要突出本地传统历史与文化，也要展示现代化建设成就，向外推介一个古老而全新的立体丝绸之路；组建专业团队和智库，对入境旅游开展研究和指导，了解基本规律；编制规划，依托规划进行旅游项目实施或产品开发；“走出去”和“引进来”战略互相配合，创意营销（如陕西策划的“寻秦记”快闪伦敦等系列活动）、捆绑营销、精细营销、事件营销（如2017年举办的“澳大利亚千人游陕西暨仿唐入城仪式盛典”）等手段多样并举，组团营销和散客营销相结合，有效塑造丝绸之路形象，整体提升旅游知晓率；创新产品和项目，确保出游安全，增强丝绸之路作为旅游目的地的安全度和旅游魅力；开展区域合作，强化可加入性，优化交通网络体系；加大基础设施建设，加大环境保护；提高服务质量。但不同路段、不同省区、不同入境旅游客源地，采取对策应各有特色，各有重点，区别对待。具体是：

陕西是丝绸之路的早期起点（后期为洛阳），工作重点是：利用中国入境旅游的先发展优势、区位优势，依托西安、延安两大核心集散功能，发挥对沿线省区的引领和带动作用；向世界展示“世界四大古都（西安、雅典、罗马、开罗）”“兵马俑故乡”“中国人的中央国家公园（秦岭）”“中华文明发祥地”“中国人精神殿堂（延安）”形象，提升陕西旅游的世界影响力；以周秦汉唐历史文化、红色文化、民间文化为核心，促进文化资源的产业化挖掘、包装和运作，强化旅游项目的体验化过程以及质量，持续建设文化型景区，进一步增强目的地吸引力，争取建设成为国际一流文化旅游中心；依托现有高级别平台，总结和不断放大兵马俑、袁家村、延安的成功效应，输出品牌；继续加大对都市社区旅游、乡村旅游、研学旅游的开发力度，推出新业态；强化合作，近距离与宝鸡、天水、咸阳、兰州、银川等城市合作，中远程距离与重庆、成都、桂林、拉萨、上海、北京等城市加强联系，对外与世界各类旅游联盟、企业等形成或加强合作关系，实现资源共享、客源互推，使陕西成为入境洲际中转旅客集散地；优化机制体制，探索新路子新思路，以制度创新、产品创新为抓手，促进入境旅游协同发展。

甘肃是丝绸之路黄金路段，历史悠久，文化多样，资源丰富，入境旅游起步早。今后的发展思路和重点是：转变观念，解放思想，在踏踏实实开发项目的同时，敢于投资搞营销，善于创新搞营销，向世界宣传“交响丝路·如意甘肃”旅游品牌，向入境市场推销甘肃旅游产品和形象；依托地段优势和文化历史优势，以兰州、敦煌为龙头，增加对外联系交流的口岸、平台、航线、航班、铁路，改善可进入性，增加增长极点，优化旅游空间布局；实现旅游促进大繁荣大交流大发展，建设中国文化旅游融合新高地；建设旅游商品和演艺娱乐项目研发基地，培养人才，形成新业态，进而培育和创新旅游品牌；在城市旅游基础上，抓住乡村振兴战略机遇，着力发展乡村旅游，促进城乡互动发展；改善生态环境，加强大气污染治理、沙尘暴治理，提高绿化率，促进可持续旅游发展；加大投资力度，积极对外招商引资，促进项目落地运作；开展外部合作，与丝绸之路沿线国家及中国典型旅游城市开展客流互送，共享共建入境旅游市场。

宁夏是丝绸之路的重要节点，发展入境旅游需要在以下方面有所坚持和突破：依托现有的沙湖、沙坡头、水洞沟、西夏影视城、贺兰山岩画等景区，完善设施，丰富游玩内容，提高入境游客满意度和推荐率；继续营销与挖掘文化特色元素，提升旅游吸引力指数；促进文化、科技、商贸、体育、农业等产业和旅游的融合发展，提高旅游的文化内涵；优化交通环境，构建陆上和空中通道；积极打造中国—阿拉伯国家博览会品牌，搭建平台，促进区域旅游合作，实现客源互推、市场共享；重点开拓阿拉伯国家市场、东盟市场。

青海发展入境旅游的重点是：依托丝绸之路南道和唐蕃古道优势，打造多民族文化和谐共生战略地带；保护生态环境，加强对环青海湖、三江源、河湟地区等生态脆弱带的保护，建设生态安全战略屏障，坚持绿色发展，提升生态文明建设水平；挖掘藏文化、宗教文化、河湟文化，促进文化创意开发利用，优化环湖旅游，提升现有品牌竞争力；利用兰州—西宁都市群建设契机，加大城市旅游建设；实施创新驱动战略，利用特殊地形气候，开展高原避暑、探险、科考、商务节会、自驾、乡村旅游，形成特色旅游品牌和新亮点；发挥西宁、格尔木等旅游节点作用，对内加强与西藏、甘肃和新疆的合作，主动融入“黄河旅游圈”“青藏铁路旅游圈”“藏文化旅游圈”“穆斯林文化旅游圈”“大香格里拉旅游圈”，对外加强与南亚等国家和地区的旅游合作，融入“澜沧江—湄公河流域旅游圈”“南亚旅游圈”“孟中印缅经济走廊”，积极拓展入境旅游；提升非传统安全治理能力，建设公共安全体系，化解社会安全风险，预防社会重大突发群体性事件的发生，塑造和谐安全的旅游发展环境。

新疆是丝绸之路核心地带，“十二五”期间累计接待入境游客 757.76 万人次，旅游外汇收入达 27.07 亿美元，是入境旅游后起之秀。未来入境旅游的努力方向和重点是：利用面向中亚、西亚和欧洲地理位置优势以及战略地位，用好国家援疆政策优势，构架开放交流和发展大格局；利用喀什、阿勒泰、伊犁特殊位置，推进跨国旅游合作区建设，打造国际旅游专线和旅游流集散副中心；利用与多国接壤、边界线漫长、跨国民族数量大、口岸众多优势，在建设完善塔什库尔干帕米尔“中国国际特色高原风情旅游目的地”、红其拉甫口岸“中国红色旅游边哨文化体验地”基础上，大力发展口岸旅游、边界旅游；发展商贸旅游，打造丝绸之路经济带沿线国家著名旅游品牌和进口免税旅游商品综合性展销中心，成为丝绸之路经济带上国际旅游名品的“免税购物天堂”；利用特殊地质、历史、气候环境地貌，开展温泉旅游、遗址旅游、沙漠旅游、医疗旅游、自驾旅游、体育旅游；规划和实施大项目，加速入境旅游发展；利用新疆少数民族成分多的优势，充分搜集、整理和挖掘民族非物质文化遗产，构建非遗旅游带；建设旅游信息系统，使旅游信息化再上新台阶，以信息建设助推入境旅游发展。

鉴于时间和精力局限，本书未对丝路入境旅游的驱动机制、网络结构体系特征、旅游者行为模式等问题做具体分析。在后续项目中，将开展实地调研和问卷调查，对此加以深入探究。

主要参考文献

[1] Mike W. Managing Tourism in Cities, Annals of Tourism Research, 2000 (2).

[2] ENRIGHTM J, NEWTON J. Tourism destination competitiveness: a quantitative approach, Tourism Management, 2004 (25).

[3] TOH RS, KHANH, LIM LAFLING. Two - stage shift - share analyses of tourism arrivals and arrivals by purpose of visit: the Singapore experience, Journal of Travel Research, 2004 (8).

[4] Charles CL, Chris C. Beyond sustainability. optimizing island tourism development, Journal of Tourism Research, 2009 (2).

[5] Rachel Dodds, Koh Phi Phi. Moving towards or away from sustainability, Asia Pacific Journal of Tourism Research, 2010 (3).

[6] 唐顺铁，郭来喜．旅游流体系研究［J］．旅游学刊，1998 (3).

[7] 马耀峰，李永军．中国入境旅游流的空间分析［J］．陕西师范大学学报（自然科学版），2000 (3).

[8] 张红．我国旅游热点城市境外游客旅游流空间分布特征分析［J］．人文地理，2000 (2).

[9] 万绪才，李刚，张安．区域旅游业国际竞争力定量评价理论与实践研究［J］．经济地理，2001 (3).

[10] 马耀峰，李永军．中国入境后旅游流的空间分布研究［J］．人文

地理，2001（6）.

[11] 保继刚．广东省城市入境旅游发展动力因子量化分析［J］．旅游学刊，2002（1）.

[12] 苏伟忠，杨英宝，顾朝林．城市旅游竞争力评价初探［J］．旅游学刊，2013（3）.

[13] 孙根年，冯茂娥．西部入境旅游市场竞争态与资源区位的关系［J］．西北大学学报（自然科学版），2003（4）.

[14] 马晓龙，吴必虎．西安旅游区旅游流空间结构研究［J］．地理与地理信息科学，2004（5）.

[15] 生延超．国外居民旅游需求对中国入境旅游贸易增长的影响研究［J］．江西财经大学学报，2006（4）.

[16] 黄耀丽，李凡，郑坚强，等．珠江三角洲城市旅游竞争力空间结构体系初探［J］．地理研究，2006（4）.

[17] 董亚娟，马耀峰，谢雪梅．基于游客感知的西安入境旅游驱动力因素研究［J］．资源开发与市场，2008（12）.

[18] 贾英．中国6大热点城市入境旅游消费结构比较研究［J］．旅游科学，2008（3）.

[19] 黄芳，黎洁，连传鹏．西安市入境旅游市场特征及趋势预测研究［J］．西北农林科技大学学报（社会科学版），2008（3）.

[20] 陈晓，李悦铮．环渤海主要滨海城市旅游竞争力定量研究［J］．经济地理，2008（1）.

[21] 吴晋峰，潘旭莉．入境旅游流网络与航空网络的关系研究［J］．旅游学刊，2010（11）.

[22] 李创新，马耀峰，张佑印，等．中国旅游热点城市入境客流与收入时空动态演化与错位：重力模型的实证［J］．经济地理，2010（8）.

[23] 魏颖，马耀峰，李创新．口岸城市入境旅游流空间扩散路径实证研究——以上海市为例［J］．旅游科学，2010（5）.

[24] 王永明，马耀峰，王美霞．上海入境旅游流对长江流域各省区空间场效应研究［J］．经济地理，2010（5）.

[25] 褚玉良，马耀峰．入境旅游流空间转移与旅游经济联系研究——以北京向丝绸之路转移为例 [J]．资源开发与市场，2010 (5)．

[26] 刘宏盈．长三角入境旅游流西向扩散效应分析——以向陕西扩散为例 [J]．地域研究与开发，2010 (4)．

[27] 王中波．从地理视角看海南国际旅游岛的建设 [J]．地理信息科学，2010 (2)．

[28] 李创新，马耀峰，郑鹏，等．基于 STSM 的入境旅游流集散地域结构特征分析——以中国入境旅游六大典型区域为例 [J]．地理科学，2011 (5)．

[29] 徐海军，黄震方，侯兵．海岛旅游研究新进展对海南国际旅游岛建设的启示 [J]．旅游学刊，2011 (4)．

[30] 郭安禧，黄福才．香港入境旅游客源市场竞争态与亲景度研究 [J]．地域研究与开发，2012 (1)．

[31] 张岩君，马耀峰，胡巧娟．基于流量与流质变化的我国东部地区入境旅游成长分析——以山东省为例 [J]．河南科学，2012 (12)．

[32] 李振亭，马耀峰，李创新，等．近 20 年来中国入境旅游流流量与流质的变化分析 [J]．陕西师范大学学报（自然科学版），2012 (2)．

[33] 文艳，郑向敏，李勇泉．基于锡尔系数的西部 12 省旅游竞争力差异研究 [J]．重庆师范大学学报（自然科学版），2013 (2)：128－134．

[34] 王兆峰．入境旅游流与航空运输网络协同演化及差异分析——以西南地区为例 [J]．经济地理，2012 (7)．

[35] 张河清，何奕霏，田晓辉．广东省县域旅游竞争力评价体系研究 [J]．经济地理，2013 (9)．

[36] 阎友兵，贺文娟．国内旅游流流量与流质的时空演化分析 [J]．经济地理，2013 (4)．

[37] 董亚娟，马耀峰，李振亭，高楠．西安入境旅游流与城市旅游环境耦合协调关系研究 [J]．地域研究与开发，2013 (1)．

[38] 詹新惠，马耀峰，刘军胜．入境旅游流与区域经济发展的耦合协调度研究——以河南省为例 [J]．河南科学，2013 (3)．

[39] 张春晖，马耀峰，吴晶，朱环．供需视角下西部入境旅游流与目的地耦合协调度及其时空分异研究［J］．经济地理，2013（10）．

[40] 郑鹏．基于社会宏观与个体微观视角的入境旅游流驱动模式［J］．地理科学进展，2013（10）．

[41] 纪小美，陈金华，付业勤．中国入境旅游流的收敛与空间溢出效应分析［J］．旅游科学，2015（8）．

[42] 李振亭，张晓芳．中国入境旅游流流量与流质的空间错位分析［J］．资源开发与市场，2013（7）．

[43] 王金莹，吴晋峰，唐澜，杨新菊．亚洲入境旅游流地理分布及网络结构特征分析［J］．旅游科学，2013（8）．

[44] 汪德根．京沪高铁对主要站点旅游流时空分布影响［J］．旅游学刊，2014（1）．

[45] 张琰飞，朱海英．西南地区文化演艺与旅游流耦合协调度实证研究［J］．经济地理，2014（7）．

[46] 张妍妍，李君轶，杨敏．基于旅游数字足迹的西安旅游流网络结构研究［J］．人文地理，2014（8）．

[47] 薛华菊，马耀峰，黄毅，等．基于 ESDA—GIS 中国入境旅游流质时空演进模式及影响因素研究［J］．资源科学，2014（9）．

[48] 郑赤建，张亚昶，向瑶琪．基于组合预测模型的我国入境旅游收入预测研究［J］．湖南财政经济学院学报，2014（8）．

[49] 黎霞，雷丽．西部地区入境旅游流流量与流质的时空差异分析［J］．西南大学学报（自然科学版），2014（12）．

[50] 张春晖，马耀峰，白凯．旅游流与目的地系统耦合研究——以六大城市入境旅游为例［J］．资源科学，2016（6）．

[51] 陈小娟，陈磊，胡静，龚箭，付琼鸽．浙江省入境旅游流流量与流质演化研究［J］．地域研究与开发，2015（4）．

[52] 阎友兵，贺文娟．国内旅游流流量与流质的时空演化分析［J］．经济地理，2013（4）．

[53] 郭向阳，明庆忠，穆学青，吴建丽，杨亚萍，娄思元．云南省入

境旅游流流量与流质的耦合度时空演变分析［J］. 旅游研究，2017（1）.

［54］顾振华，高翔. 出入境旅游人数增加促进服务业监管趋同——基于44对中外国家数据的实证研究［J］. 旅游学刊，2021（3）.

［55］文艳，孙根年. 中国入境旅游贸易效率及其影响因素研究——基于异质性随机前沿引力模型的估计［J］. 旅游学刊，2021（3）.

［56］郑竹欣，郭峦. 东盟赴华入境旅游市场特征与影响因素研究［J］. 资源开发与场，2021（3）.

［57］张子昂，保继刚. 多重距离对中国入境与出境旅游流的影响：基于组态的视角［J］. 地理科学，2021（1）.

［58］卢淑莹，黄鑫，陶卓民. 基于地理标记照片的入境游客空间特征与移动轨迹——以南京市为例［J］. 自然资源学报，2021（2）.

［59］黄丹，李东，由亚男，刘丽丽，代传煊. 目的地形象对感知价值及行为意向的影响机制——以新疆入境游客为例［J］. 内蒙古师范大学学报（自然科学版），2021（1）.

［60］马耀峰，李天顺，刘新平. 中国入境旅游研究［M］. 北京：科学出版社，1999.

［61］中国旅游研究院. 中国入境旅游发展年度报告［R］. 2017.

［62］宿倩. 城市旅游产业竞争力研究［D］. 大连：大连理工大学，2004.

［63］易丽蓉. 区域旅游产业竞争力模型及区域旅游产业“竞合”模式研究［D］. 重庆：重庆大学，2007.

［64］庞闻. 中国入境旅游流复杂网络的结构特征与角色定位研究［D］. 西安：陕西师范大学，2012.

［65］凌常荣. 中国农民旅游流扩展研究［D］. 成都：西南交通大学，2012.

［66］赵现红. 中国典型区域入境旅游流空间扩散驱动机理研究［D］. 西安：陕西师范大学，2009.

［67］刘宏盈. 中国长三角入境旅游流西向梯度扩散研究［D］. 西安：陕西师范大学，2009.

[68] 张铁生．热点景区客流量峰林结构、时间分行与分流调控研究［D］．西安：陕西师范大学，2015.

[69] 曹江松．入境旅游质量与动力因素研究［D］．杭州：浙江大学，2017.

[70] 贾垚焱．长江经济带入境流集散的时空动态研究［D］．武汉：华中师范大学，2017.

[71] 田蓓．西北五省区域旅游流与交通网络耦合协同关系研究［D］．西安：长安大学，2017.

[72] 吴晨．网络视角下目的地城市旅游流空间结构与空间自相关效应研究［D］．南京：南京大学，2017.

[73] 董尊孟．新疆旅游流网络结构特征与角色定位研究［D］．乌鲁木齐：新疆大学，2017.

[74] 路喜青．基于市场生命周期理论的韩国入境旅游流演变与市场开拓研究［D］．郑州：郑州大学，2017.

[75] 米晓洁．河北省入境旅游时空动态演变及优化对策研究［D］．西安：西安外国语大学，2017.

[76] 徐凡．景区网络关注度与景区旅游经济发展耦合研究［D］．南京：南京师范大学，2017.

[77] 陈峰．山西省入境旅游的时空分布及竞争态分析［D］．太原：山西大学，2020.

[78] 郑芷雪．上海市入境旅游人数预测及客源市场分析［D］．武汉：湖北工业大学，2020.

[79] 奥尔（MUNKHORGIL BOLD）．入境旅游对蒙古国经济增长的影响［D］．哈尔滨：哈尔滨工业大学，2020.

[80] 余梦雪．“一带一路”背景下我国入境旅游产业效率评价及其影响因素分析［D］．合肥：安徽大学，2020.

[81] 青海省旅游发展委员会．青海省“十三五”旅游业发展规划［Z］．2016.

[82] 甘肃省旅游发展委员会．甘肃省“十三五”旅游业发展规划

[Z]. 2016.

[83] 陕西省旅游发展委员会. 陕西省旅游业“十三五”发展规划 [Z]. 2017.

[84] 新疆旅游发展委员会. 新疆维吾尔自治区旅游业发展第十三个五年规划 [Z]. 2017.

[85] 宁夏旅游发展委员会. 宁夏回族自治区“十三五”全域旅游发展规划 [Z]. 2016.

[86] 陕西省旅游发展委员会. 陕西省“十三五”文化和旅游融合发展规划 [Z]. 2017.

致　谢

专著出版之际，我特向家人、领导、朋友和同事表示感谢。

感谢我的家人，没有父母的养育，没有兄弟妹妹的支持，我不可能走出农村，走向城市，在大学工作。

感谢爱人陈淑琳，无怨无悔承担了家庭家务，照顾孩子、校对书稿，付出了辛勤的劳动，没有她长时期的支持，我很难静下心来做调研、写论著。在此，我由衷感谢一句：辛苦了，我的爱人！

感谢给予我教诲和指导的老师，尤其是各位导师，没有你们的支持，我不会走上学术研究之路，更不会著书撰文。他们是西北师范大学经济学院原院长李兴江教授、博士（已去世），兰州大学历史文化学院原院长王希隆教授、博士，陕西师范大学地理与环境学院马耀峰教授，四川大学邓玲教授，北京大学经济学院杜丽群教授、博士。在此，真诚说声：谢谢你们！

感谢兰州财经大学经济研究所领导张贡生、雷兴长、蔡国峰、蒋俊生、郭北辰、王娟娟以及同事何国长、史菊美，我们相处愉悦，互相切磋学术，互相勉励提高，情感醇厚，如沐春风，为我营造了一个宽容和谐的学术环境。

感谢各地领导和朋友，给我调研工作的积极支持。他们是：永昌县委办公室副主任王玉鲲，永昌县宣传部祁尚明、张铭功、仁怀明，甘肃公航旅集团永昌分公司主任丁永琴，永昌县旅游局局长张崇洋，永昌县文化馆王克芝、曹成魁，永昌县委党校陈学军，永昌县第四中学王明光、杨延魁、严占学、杨斌元，永昌县第一中学刘鸿林、侯有铭、黄生炎、蔡昌，永昌县档案馆刘玉辉，古浪县县委郑天书，古浪县旅游局副局长张国武，古浪县定宁乡廉宗仁，古浪县委党校高康泰，古浪县马路滩林场刘学鹏，古浪县发改委陈天资；永昌县前旅游局局长张和平，陇西县宣传部杜冰，陇西县旅游局局长张凯、安主任、李早霞，陇西县薛宏彪、刘伟伟；永靖县政协张主席，永靖县旅游局局长陈忠义、齐勇，永靖县政协孔令俊，永靖县三塬镇党委书记李昌赟，甘肃民族师范学院刘玉中副教授，夏河县宗教局华浩春。没有你们的支持，许多信息和资料无法获得。

感谢甘肃及省外的一些专家学者，他们是：陕西师范大学旅游学院王晓峰教授、博士，河西学院贾小军博士、教授，敦煌研究院丁得天博士，西北师范大学旅游学院南宇教授、博士，兰州文理学院旅游学院院长牛海帧教授，兰州文理学院乡村旅游研究中心常务副主任高亚芳教授，兰州文理学院旅游学院吴煜群老师等。你们的建议使本书愈加完善，也使我获益匪浅。

感谢兰州财经大学统计学院研究生程钦良，为我调研做了大量工作，提供了各方面支持，使我调研得以顺利高效开展。

感谢中国财政经济出版社领导和编辑同志，为本书出版付出了大量劳动和心血，你们的严谨和热情，使我感动。

感谢参与本书写作人员，他们是陈淑琳、李杏丽、任巧民、刘艳、曲静等。她们做了大量资料搜集整理工作，提供了各方面支持，使专著出版得以顺利高效开展。

从 2001 年走上学术研究之路，18 个年头不知不觉走过，但学术之路，何其艰难，有所成就，何其艰辛。我将继续认真研讨，关注甘肃旅游发展，使自己的思考得到提升。如能对实践有些许借鉴价值，我将不胜喜悦！

窦开龙

2020 年 11 月

第一作者简介

窦开龙（1974－），男，汉族，甘肃古浪人。1993－1996年求学于河西学院外语系；1997－2001年在甘肃永昌县从事教育工作；2001－2004年在西北师范大学经济学院攻读硕士学位，获人文地理学硕士；2005－2008年在兰州大学民族学研究院攻读博士学位，获民族学博士学位；2008－2010年在陕西师范大学旅游与环境学院从事博士后研究，获人文地理学博士后资质；2011－2014年在四川大学经济学院从事博士后研究，获理论经济学博士后资质；2014－2015年在北京大学经济学院做高级访问学者。目前在兰州财经大学从事旅游经济研究工作，荣获“兰州财经大学中青年骨干人才”称号。

研究兴趣集中在区域经济学、旅游经济学、中国少数民族经济方面。主持国家社会科学项目2项（《非传统安全视域下西北民族地区旅游危机预警管控研究》《西北地区民族文化旅游产业发展模式研究》）、中国博士后项目1项（《西部民族地区旅游目的地国际竞争力研究》）、广西人文社会科学重点项目1项（《广西旅游业国际竞争力：2001－2011》）、广西社科规划项目1项（《广西地级城市旅游竞争力研究》）、兰州财经大学重大招标项目1项（《西北丝路旅游时空演变研究》）、兰州财经大学丝绸之路经济研究院重点项目1项（《丝绸之路入境旅游流时空演变研究》）、西藏文化传承发展协同创新中心招标项目1项（《“一带一路”背景下西藏区域旅游合作发展研究》）、古浪县乡村旅游规划项目2项。独立在人民出版社、中国社会科学出版社、内蒙古人民出版社出版专著3部，分别为《甘肃文化旅游开发论》《民族地区旅游业发展的民生效应研究》《民族地区旅游发展研究》。在 CSSCI 期刊发表论文 10 多篇，其中 3 篇被中国人民大学报刊复印资料转载。多次受邀在多所大学和地方政府做学术报告、规划评审与社科项目申报辅导。